KB191015

평생 투자자

평생 투자자

일본 주식시장의 판을 흔들어 깨운 담대한 도전들

무라카미 요시아키 지음

김정환 옮김

심혜섭 감수·해제

에프엔미디어

일러두기

1. 지은이의 주석은 미주로, 옮긴이의 주석은 각주로 표기했다.
2. 단행본은 《 》, 잡지(일·월간지, 비정기 간행물)는 〈 〉, 영화와 기사와 논문은 ' '로 표기했다.
3. 외국 단행본 중 국내 번역서가 있는 경우는 《불모지대(不毛地帯)》, 번역서가 없는 경우는 《日本映画産業最前線(일본 영화 산업 최전선)》 식으로 표기했다.

투자를 진정 사랑한다면 평생 투자

심혜섭
변호사 겸 투자자

무라카미 리턴즈

무라카미 요시아키는 40세인 1999년 통산성을 퇴직하고 외부 투자자를 유치해 주주행동주의 펀드를 운용하다가 형사 사건으로 펀드를 청산했다. 이 2000년대 초중반의 무라카미를 '무라카미 1기'라고 한다면, 2010년대 중반부터 현재까지의 무라카미를 '무라카미 2기'라 할 수 있다. 이때부터 무라카미는 개인 재산으로만 투자한다. 머무르는 본거지도 싱가포르다.

펀드를 운용하는 게 아니기에 공개 자료를 통해 투자 수익률을 확인할 방법은 제한적이다. 다만 추측할 방법이 있다. 무라카미는 C&I홀딩스, 미나미아오야마부동산, 에스그랜트코퍼레이션, 시티인덱스일레븐스, 시티인덱스써드 등 가족들이 소유한 여러 법인을 투자 주체로 활용하는데 이들 법인은 투자 기업 상당수에 지분 공시를 했다. 이 공시를 추적하면 된다.

실제로 무라카미의 투자를 추적하고 추종하는 사람도 많다. 그중 하나인 CLSA증권 존 시그림(John Seagrim)이 2024년 5월 발간한 보고서에 따르면 무라카미 패밀리는 2015년경부터 2024년경까지 9년 동안 9배 이익을 거두었고, 2024년 5월 현재 일본 주식시장에 투자한 돈만 4,000억 엔이다.*

2013년 〈도요게이자이신문〉에서 보도한 무라카미의 개인 자산이 200억 엔이었으니 니케이225지수가 2013년 이래 3배 상승한 동안 자산은 20배 증가하고, 2015년 이래 2배 상승한 동안 이익은 9배 상승해서 놀라운 투자 수익률이다.

일본 주식에 투자한 개인 재산 4,000억 엔 외에 부동산, 벤처, 채권에도 투자하고 있다고 하니 실제 개인 재산은 더 많을 것으로 추측된다. 무라카미는 수익률과 재산만 보더라도 우리 시대 세계적인 투자 구루라 부르기에 손색이 없다.

그러나 성공한 투자자는 많다. 투자 수익률과 재산만으로는 서사로서의 '감동'이 전해지지 않는다.

* 존 시그램은 2025년 5월, 1년 만에 새로 펴낸 보고서에서 무라카미 패밀리의 재산을 6,000억 엔으로 추정하고, 2015년 이래 10년 동안 12배 증가했다고 밝혔다. 또한 자신이 파악한 투자금 규모는 4,700억 엔이지만 이는 전체 투자금의 3분의 2밖에 되지 않을 것으로 본다면서, 외부로 드러나지 않은 투자금까지 포함하면 최대 1조 엔이 될 수 있다고도 설명했다.

투자를 진정 사랑하는 사나이

무라카미펀드가 일본에서 맹위를 떨치던 무렵 우리나라에도 그와 비슷한 가치 지향적인 장하성펀드가 나와 시장에서 주목을 받았다. 장하성펀드가 매수할 것 같은 주식을 예측하는 증권사 리포트와 기사도 있었다. 그러나 현재 장하성펀드를 기억하는 사람은 많지 않다. 장하성 교수 본인도 지난 정권에서 정책실장과 주중 대사를 역임하며 사회, 정치적으로는 성공했지만 투자를 계속하는지는 알 수 없다.

보통 사람은 체포되고 실형을 살면 의지가 꺾인다. 대법원까지 다투고도 유죄가 확정되었다면 사회적으로는 엄청난 낙인이 찍힌 것이나 다름없다. 무라카미는 후지TV 투자 과정에서 내부자 정보 혐의로 유죄 판결을 받았기에 법적으로는 일본에서 펀드를 운용할 수도 없다.

나 역시 무라카미를 낙인찍었던 사람 중 한 명이다. 나는 2008년 무렵 로펌에서 변호사 생활을 시작했다. 칼 아이칸과 스틸파트너스가 KT&G에 투자하며 주주총회에서 주주행동주의 투자가 무엇인지 우리나라에 보여준 것이 2006년이었다. 선배 변호사들로부터 당시의 '전투'에 관한 이야기를 들으면 가슴이 두근거려 종종 과거의 기사와 논문, 회사 내부 기록으로 남은 의견서, 소송 서류를 찾아보기도 했다.

우리나라 언론에 기록된 무라카미펀드는 2007년경의 기사가 마지막이다. '日서 폭풍 일으켰던 무라카미펀드 결국 해산', "神의 손' 무라카미펀드 매니저에 3년형' '기업 사냥꾼 무라카미의 몰락',

제목만 보더라도 어떤 시각으로 무라카미를 묘사했을지 쉽게 짐작할 수 있다. '주주행동주의 투자를 내세웠지만 내부자 정보 혐의로 유죄 판결을 받고 사라진 인물', 여기까지가 내 마음속 무라카미에 대한 피상적인 낙인이었다.

타국인인 나도 그럴 정도이니 일본에서야 말할 것도 없다. 이 책에도 나오듯 무라카미의 딸 노무라 아야가 임신 7개월에 유산하게 된 수사는 2015년경의 일이다. 당시 노무라 아야는 수사 대상이 된 거래 시점에 출산휴가 중이었기에, 설령 무라카미가 어떤 혐의를 받고 있었든 딸까지 무리하게 수사할 이유는 없었다. 결국 이 수사는 독립적인 위원회까지 꾸려져 엄격하게 검증한 끝에 혐의가 없다고 확인되었다지만, 이처럼 강도 높은 수사를 받았다는 것만으로도 일본 사회가 무라카미에게 찍은 부정적 낙인의 강도를 짐작할 수 있다.

그럼에도 돌아왔다. 그랬기에 '평생 투자자'다. 또 신념에 변함이 없기에 '평생 투자자'인 것이다. 사실 투자를 좋아하는 사람이라면 투자를 평생 계속할 수밖에 없는 건 당연하다. 무라카미 아버지의 일화 중 인지증에 걸려 병상에 누워서도 항상 "투자 세계에선 네놈한테는 안 진다!" 하는 모습이야말로 투자를 좋아하는 사람의 마지막을 현실적으로 묘사한 것이다. 도리어 인지 능력이 떨어지는 나이가 되었을 때 어떻게 하면 스스로 멈추게 할까를 고민해야 하는 것이 투자자다. 그러므로 단순히 평생 투자자라는 사실 하나에 감동할 수는 없다.

진정으로 나를 감동시키는 건 신념에 변함이 없는 평생 투자자라는 사실이다. 무라카미는 보통의 투자자가 겪기 어려운 고난을 겪었음에도 결코 의지를 굽히지 않고 투자 세계로 돌아와 원래 가졌던 신념, 즉 일본 거버넌스를 개선하기 위한 주주행동주의 투자 전략을 일관되게 추진하고 있다.

무라카미가 과연 진정으로 내부자 정보를 주고받은 범죄를 저질렀다고 볼 수 있는지도 짚고 넘어갈 필요가 있다. 일본의 해석도 비슷하겠지만 우리나라 법원의 해석으로 내부자 정보가 되려면 그 정보가 상당히 구체적이어야 한다. 즉 "합리적인 투자자가 정보의 중대성과 현실화될 개연성을 평가하여 투자에 관한 의사결정에 중요한 가치를 지닌다고 받아들일 수 있을 정도로 구체화된 것"이어야 한다는 게 내부자 정보에 대한 우리나라 법원의 정의다.

그런데 무라카미에 의하면 라이브도어의 호리에가 "이제 닛폰방송에 대해 할 수 있는 일은 아무것도 없는 겁니까? 뭔가 라이브도어가 할 수 있는 일은 없습니까?"라고 물은 것이 공개매수에 대한 내부자 정보로 인정되었다. 과연 이것이 내부자 정보일까. 무라카미는 국가 기관의 판단을 받아들일 수밖에 없다고 하지만, 수십 년 누적된 기득권에 거듭 도전한 무라카미를 일본 사회가 수용하지 못한 채 무리하게 단죄했다는 인상을 피할 수 없다. 특히 후지TV 같은 거대 언론사는 외형상의 시가총액과 무관하게 사회적 영향력이 막강하기에 버거운 상대다.

기업 거버넌스 개선을 위한 큰 뜻

작년 2월에 한국을 방문한 〈니케이신문〉 고다이라 기자에게 일본의 주주행동주의를 공부한다면 누구부터 공부하면 좋겠냐고 물으니 그는 무라카미 요시아키라고 답했다. 우리나라 언론에 나온 피상적인 편견만 가지고 있던 나에게 무라카미라는 이름은 다소 의외였다.

이어 고다이라 기자는 무라카미가 일본 거버넌스 개혁의 선구자이며 그가 과거에 했던 주장이 결국 현재 일본에서 수용되었다는 이야기, 현재 일본에서 활동 중인 주주행동주의자는 외국계와 일본 토종으로 나뉘는데 일본 토종 주주행동주의자의 주류는 과거 무라카미펀드에서 활동했던 동문들(alumni)이라는 이야기도 해주었다. 고다이라 기자는 무라카미를 존경한다며 대화를 마무리했다.

나는 주주행동주의를 다룬 책《가장 사업처럼 하는 투자 주주행동주의》를 감수했고, 역시 같은 주제의《주식시장을 더 이기는 마법의 멀티플》을 번역하고 해설했다. 이 외에도 책, 논문, 기사, 리포트 등을 통해 벤저민 그레이엄, 워런 버핏, 칼 아이칸을 비롯해 미국의 주주행동주의를 공부하려 노력해왔다. 그러나 아무리 미국의 주주행동주의를 공부해도 마음 한구석 채워지지 않는 공허함이 있다.

사실 미국은 과거부터 현재까지 전 세계에서 기업 거버넌스가 가장 좋은 나라다. 예를 들어 벤저민 그레이엄이 노던파이프라인에 투자한 에피소드만 하더라도 당시가 워낙 옛날이기에 현재의 우리나라와도 비슷한 점이 없지 않지만, 아무리 그래도 미국의 기업 거버넌스는 다른 나라와 비교해 당대 최고였다.

'이러이러한 좋은 기업이 있었는데 거버넌스의 잘못으로 반영이 안 되고 있기에 어떤 어떤 인사이트를 발휘해 이런저런 전략을 세워 투자함으로써 큰돈을 벌었다.' 그들의 이야기는 이런 내용이 대부분이다. 기업 거버넌스가 취약해 사회 전반에 악영향을 미치는 것을 고민한다거나, 이러다가는 나라가 망할 것 같은 위기감이 들었다거나, 우리 이웃과 자라나는 아이들이 고통받을 것 같아 피가 끓었다는 등의 이야기는 찾아볼 수 없다. 세상을 바꾸려다가 감옥에 갈 수도 있다는 두려움을 가진 미국의 투자 구루를 나는 상상조차 할 수 없다.

근대화 초기의 일본엔 변곡점마다 나라를 위해 희생한 지사(志士)들의 노력이 있었다. 작년부터 일본 만 엔권 지폐의 주인공이 된 시부사와 에이이치도 한때 막부를 무너뜨리고 사회 모순을 해결하겠다는 꿈을 키웠던 사람이다. 시부사와는 우여곡절 끝에 부국강병을 하려면 자본주의 시장경제를 발전시키는 것이 필요함을 깨닫고 수백 개 기업을 설립해 일본 자본주의의 아버지가 되었다. 그의 일대기를 살펴보면 사회에 이바지하고자 하는 뜻을 가진 지사적 풍모가 드러난다. 국가적 위기를 극복하려면 엘리트층이 앞장서야 한다는 감수성은 당시 우리나라 엘리트들도 공유했기에 존경하는 독립지사들이 많이 탄생했다.

어쩌면 무라카미가 이룬 수익률과 재산은 그 자체로도 대단하지만, 세상이 옳은 방향으로 바뀔 때 그 변화에 기여하고 그에 발맞추어 투자하면 개인적으로도 큰 부를 이룰 수 있음을 증명하는 엄청난 시사점을 제공한다는 점에서 더욱 대단하다.

나는 올해 1월 다시 한국을 찾은 고다이라 기자를 만난 자리에서 지난번 만남 이후 AI 번역을 이용해 이 책 《평생 투자자》를 다

읽었고 출판사에 번역도 권유했다는 사실을 알렸다. 나는 한국 사람들은 무라카미펀드 시절의 무라카미만 알고 체포된 것에서 편견을 가진 채 끝나지만 무라카미의 진정한 이야기는 그 후에 시작된다고 생각한다고 말했다. 고다이라 기자는 반가워하는 표정을 지으며 거듭 말했다. "정확해요! 정확해요!"

천지개벽 일본 기업 거버넌스

본문에도 등장하는 이토요카도는 일본에 세븐일레븐을 들여온 기업이다. 세븐일레븐은 약 100년 전 미국에서 얼음을 판매하며 시작한 소매점이 원류이지만 현재와 같은 편의점 모델을 만들고 전 세계적으로 유행시킨 것은 슈퍼마켓 기업 이토요카도다. 이토요카도는 2005년 슈퍼마켓과 백화점, 편의점을 아우르는 현재의 세븐앤아이홀딩스로 통합했다.

세븐일레븐은 세계에서 점포가 가장 많은 편의점일 정도로 번성했고 경쟁력도 높지만, 일본 증시가 상승하는 동안에도 세븐앤아이홀딩스 주가는 그리 상승하지 않아 주주들의 불만이 많았다. 이 때문에 밸류액트 등 행동주의 펀드가 2023년 주주총회에서 위임장 대결을 벌이기도 했다.

그러던 중 2024년 8월 19일 놀라운 일이 벌어졌다. 바로 캐나다의 편의점 기업 알리멘타시옹 쿠시타르(Alimentation Couche-Tard)가 세븐앤아이홀딩스 경영진에게 인수를 제안했다는 사실이 공개된 것이다. 이 사실을 공개한 주체는 다름 아닌 세븐앤아이홀딩스 스스로였다. 세븐앤아이홀딩스는 홈페이지에 공개한 서한에서 쿠시타르로부터 진지한 인수 제안을 받았고 이사회는 이를 독립적인 이사들로 구성된 특별위원회에 알려 검토를 시작했다고 밝혔다.

이는 일본 기업 거버넌스의 변화를 보여주는 상징적인 사건이다. 우리나라라면 감히 경영진의 동의 없이 인수 제안을 할 사람도 없겠지만, 설령 누군가 인수 제안을 한다고 해도 부질없는 소리로 치부할 뿐 주주들에게 사실을 공개할 이유도, 독립적인 이사들로 구성된 특별위원회를 만들어 기존 경영진이 경영하는 게 나을지 아니면 인수 제안을 받아 기업을 매각하는 게 주주들에게 이익일지 판단할 일도 발생하지 않았을 것이기 때문이다.

이후 세븐앤아이홀딩스는 창업자 이토 일가가 자금을 조달해 인수를 시도하는 놀라운 일이 또 있었다. 우리나라라면 창업자 가문의 직계 후손뿐만 아니라 방계의 3세, 4세까지 회장, 부회장을 비롯한 각종 직함을 달고 수많은 계열사의 임원으로 재직하고 있을 테니 창업자 가문이 경영진과 구분된다는 사실 자체를 상상하기 어렵다. 게다가 회삿돈을 이용해 경영권을 방어하지 않고 스스로 위험 부담을 안으면서 자금을 조달해 일반 주주의 지분을 100% 인수한 후 기업을 비상장으로 만든다는 것은 더욱 상상하기 어려운 일이기에 놀랄 수밖에 없다.

이 글을 쓰는 2025년 4월 현재, 창업자 가문의 인수는 자금 조달의 한계 때문에 어려워지는 분위기다. 대신 세븐앤아이홀딩스 경영진은 자신들이 계속 경영하는 것이 쿠시타르에 인수되는 것보다 더 낫다고 주주들을 설득해야 하는 상황에 직면했다. 세븐앤아이홀딩스는 기존 사장이 은퇴하고 외국인을 새로운 사장으로 선임하는 등 변화의 몸부림을 계속하고 있다. 현 주가는 2,000엔대 초반이기에 쿠시타르가 인수를 제안한 2,700엔까지는 갈 길이 멀다. 적어도 쿠시타르의 인수 제안 가격에 근접해야 현 경영진의 계속 경영이 정당성을 인정받을 것이다.

그런데 도대체 일본에선 어떤 일이 있었기에 세븐앤아이홀딩스처럼 흔히 적대적 인수 제안이라고도 부르는 비동의 인수 제안(unsolicited offer)을 이사회가 진지하게 검토해야 하는 상황이 생긴 것일까? 내가 감수한 《가장 사업처럼 하는 투자 주주행동주의》에서도 저자는 서두에서 소유 구조의 집중과 분산을 중심으로 20세기 미국의 기업 거버넌스 변화를 설명한다. 《평생 투자자》도, 세븐앤아이홀딩스 사례도 소유 구조의 변화를 알아야 깊게 이해할 수 있다.

이 책을 이해하는 데 필요한 역사적 배경

본문에서 무라카미는 소유와 경영이 분리된 제도의 예로 에도시대의 반토(番頭) 제도를 들었다. 너무 옛날 이야기 아닌가 싶기도 하지만 소유와 경영의 분리를 제도적으로 운영해온 역사적 경험은 소중한 자산이다. 이런 선례가 있기에 일본 독자들에게 선진 거버넌스가 그리 낯선 게 아님을 쉽게 설명하고 동의를 구할 수 있다.

이후 일본이 근대화 초기에 자본주의를 도입하면서 나타난 소유 구조의 흐름은 크게 두 가지다. 우선 시부사와 에이이치 등 선구적 기업가들은 기업을 많이 만들었다. 시부사와는 명망가였기에 그를 따라 투자하는 사람이 많았다. 그는 오늘날의 벤처 캐피털리스트와 같은 역할을 했다고 볼 수 있다. 이런 부류의 기업은 소유 분산의 정도가 높았다.

한편 미쓰이와 스미토모 같은 상인 가문도 자본주의 제도의 틀에 맞추어 변화했다. 이들은 최상단에 가문이 지분을 소유한 합명회사를 놓고 이를 중심으로 자회사, 손자회사, 증손회사로 이어지는 피라미드식 소유 구조를 확립했고 소유와 경영을 분리하지 않았다. 이들을 가리켜 자이바츠(財閥)라 부른다. 일본의 자이바츠는 한국의 재벌과 마찬가지로 극소수가 적은 실질 지분으로 막강한 자원을 배분할 권한을 가지게 되었고 분별없이 탐욕스러운 팽창을 추구하는 등 많은 부작용을 낳았기에 제2차 세계대전 직후 군국주의의 원흉으로 지목되어 해체되었다.

일단 자이바츠가 해체되긴 했지만 전후 일본에선 다른 방식의 소유 집중 현상이 나타나는데 바로 여러 기업이 서로 주식을 보유하는 형태, 즉 상호주를 소유하는 형태의 소유 집중이다. 예를 들어 12개 기업이 5%씩 주식을 상호 보유하는 형태를 가정해보자. 이 경우 각 기업은 5%씩 합계 55% 주식을 보유한 우호 주주 11개가 존재하고, 일반 주주는 경영자에 대한 영향력을 가지지 못한다. 상호주 보유 비율은 1990년대 초까지 지속해서 상승한다.

이처럼 상호주를 이용한 소유 집중을 통해 기업은 저마다 철옹성을 구축했다. 경영자는 노동자 중에서 가장 높은 위치까지 승진한 사람이 맡게 되었다. 우리나라에도 유명한 일본 만화 '시마 과장' 시리즈에서 만화 제목이 과장, 부장, 이사, 상무, 전무, 사장으로 바뀌어가며 주인공이 승진하는 전개에도 이런 배경이 있다.

우리나라에서 지배주주와 일반 주주 사이에 이해관계 불일치가 발생한다면, 이런 구조에서는 이해관계 충돌이 경영자와 주주

사이에 발생한다. 이 책에서 현재의 사장이 다음 사장을, 즉 경영자가 다음 경영자를 지명하는 관행, 임원들의 능력이 주주의 의향이 아니라 자신을 임원으로 선택해준 사장의 의향을 따르는 쪽으로만 발휘되는 문제점을 지적하고 유감스러워하는 이유가 여기에 있다.

사실 상호주를 통한 경영 안정, 종신고용을 통한 고용 안정이 단점만 있지는 않았을 것이다. 도움이 되지 않았다면 일본이 전후에 고도성장하지 못했을 것이고, 한때 세계 경제를 호령하지도 못했을 것이다. 특히 카이젠(改善)이라 불리는 지속적인 발전은 외부 영향에 흔들리지 않는 경영진의 장기 투자와 종신고용 관행으로 대표되는 안정적 고용이라는 두 기둥이 있었기에 가능했다고 보는 견해도 있다.

그러나 20세기 말을 전후로 세상이 바뀌었다. 적응과 개선을 통해 더 좋은 전화기, 더 좋은 텔레비전, 더 좋은 팩시밀리를 만들 때까지는 상호주와 종신고용을 기반으로 한 장기적이고 지속적인 발전 전략이 유효했을지도 모른다. 하지만 PC가 등장하고 인터넷으로 세상이 연결되어 지금까지 누적적으로 발전하며 쌓아온 전화와 팩시밀리 제조 노하우가 아예 필요 없는 세상이 온다면 어떨까?

이런 세상에서는 오히려 창조적인 혁신과 과감한 투자 의사결정이 더 중요하지 않을까? 이 책에서 자금 순환의 중요성을 설명하는 것처럼, 벌어들인 돈을 한 기업에 모아놓고 안주하는 대신 더 높은 성장이 가능한 곳, 더 높은 ROE가 나오는 곳에 투자해야 일본 경제를 위해 바람직하지 않을까?

무라카미가 통산성을 그만두고 펀드를 만든 것은 그런 문제의식이 있었기 때문이다. 다만 2000년대 초중반의 일본은 무라카미의 생각을 수용하기에는 성공의 기억이 너무도 강렬했다. 버블 경제가 꺼진 게 불과 10여 년 전의 일이니, 과거에 통했던 성공 방정식을 버리고 무라카미의 주장에 동조하도록 설득하는 건 쉬운 일이 아니다.

그러나 잃어버린 10년이 아니라 잃어버린 20년마저 넘어서게 되자 일본 사회의 생각이 바뀌었다. 2012년 말 아베 총리가 정권을 잡고 2013년 7월 경제산업성(무라카미가 재직했던 구 통산성)에서 이토 구니오 교수를 좌장으로 구조개혁을 위한 연구 모임이 조직되었고, 2014년 스튜어드십 코드가 제정되고 〈이토 보고서〉가 발표되었으며, 2015년 기업 거버넌스 코드가 제정되었다. 무라카미의 생각이 드디어 수용된 것이다.

기업 사이의 상호주는 점차 해소되었고, 해소하는 게 옳다는 생각이 퍼져나갔다. 기업들은 저마다 ROE 중심 경영을 선언했고 적어도 PBR 1배 이상을 달성하겠다고 천명했다. 구조개혁이 이루어졌고 자금이 순환하게 되었다. 이 영향으로 주식시장 역시 대세 상승한다. 무라카미 역시 큰돈을 벌었다. 에피시모, 스트래티직캐피털처럼 과거 무라카미펀드에서 일했던 동료들이 만든 자산운용사도 큰 성과를 거두었다. 워런 버핏을 비롯한 영미권 투자자도 다투어 일본 시장에 큰 자금을 투자했고 높은 수익을 거두었다.

우리나라가 마주할 장기 트렌드

일본이 변했다고 해서 막연하게 우리나라도 일본 시장의 발전

경로를 그대로 따를 것이라 주장하고 싶지는 않다. 그러나 우리나라 역시 변화의 초입에 있다고 본다. 일단 우리 사회가 마주한 변화 압력의 크기와 무게감이 상당하다. 일본이 아날로그에서 디지털 시대로 변화하는 압박에 적응하는 정도였던 데 반해, 우리나라는 AI 시대, 중국의 부상 등 훨씬 크고 막강한 압박에 직면해 있다. AI에 대응해 미국의 테크기업은 막대한 자본을 모집해 거액을 투자하고 있다. 자본이 있기에 AI 서버도 구축하고 높은 보수와 주식 보상이라는 인센티브를 미끼로 세계의 인재들을 끌어들인다. 중국 역시 공산당 주도로 자본과 인재를 집중 투입하면서 AI, 자율주행, 드론, 로봇, 이차전지, 재생에너지 등 미래 산업뿐 아니라 자동차, 철강, 화학, 조선, 반도체 등 우리나라가 경쟁력이 있다고 믿었던 산업마저 침식하고 있다.

그러나 우리 재벌은 AI 투자에도, 중국의 부상에도 속수무책이다. 근본적으로 기업 거버넌스가 후진적이기 때문이다. 물적분할, 대규모 자회사·손자회사 유상증자, 자회사·손자회사 상장, 심지어 해외 자회사·손자회사 상장까지 해가며 자본을 끌어모으지만 사업이 조금만 잘되면 과실을 공유하지 않고 주주의 신뢰를 배신할 것을 투자자가 뻔히 아는데 어떻게 큰 자본이 모이겠는가. 또 재벌기업마다 막대한 현금과 투자 부동산을 보유한 채 낮은 ROE를 기록하고 있음에도 자금 순환이 이루어지지 않고 있다. 주주환원을 해보아야 ROE가 높아지는 대가로 주가가 상승하고 상속증여세가 올라 승계만 어려워진다고 생각하기도 한다.

물론 우리 사회가 변화 압력을 마주하고 있고 현 체제가 대응에 실패하고 있다는 이유로 곧바로 변화가 찾아오는 건 아니다. 일본도 20년 이상 고생하고서야 변화를 수용했다. 그렇다면 우리나라도 그 정도로 오래 걸릴 것인가?

그렇지 않다고 본다. 우리 국민은 어느 나라 국민보다 똑똑하고 수준이 높다. 우리나라는 세계 어느 나라와 비교하더라도 국민 개개인의 학력 수준이 높고 투자에 관한 관심, 지식, 경험이 많다. 우리나라의 수준과 역량이 과거와는 다르다는 소리다. 투자 환경 변화로 자본에 국경이 없어진 것도 변화의 동력이다. 많은 이가 선진 자본시장인 미국 주식에 투자해 지식과 경험을 쌓았다. 스스로 돈을 걸고 하는 공부가 진짜 공부다. 미국 거버넌스를 공부해봤기에 더 이상 재벌과 정치, 언론의 주장에 잘 속지 않는다.

나아가 AI도 투자자를 자유롭게 한다. 예를 들어 AI는 한화에어로스페이스 유상증자가 무엇이 문제인지, 두산밥캣 분할합병과 같은 사안을 미국 기업이라면 어떻게 해결할지 같은 문제의 해답을 금방 내놓는다. 과거라면 소수의 학자가 독점하고 유리하게 왜곡했을 법한 지식이다. 국가 간 자본 이동의 용이함과 AI가 시너지를 내기도 한다. AI 번역과 요약 기술이 발달해 언어 장벽을 없애고 국경을 넘는 투자를 더욱 수월하게 하기 때문이다.

사실 이사의 주주 충실의무 상법 개정은 그 내용도 중요하지만 현 체제로는 문제가 해결되지 않는다는 국민의 인식, 자본시장의 변화와 개혁을 향한 국민의 의지와 열망이 투영된 상징적 법안이다. 강한 열망이 투영되지 않고서는 불과 수년 사이에 이사의 주주 충실의무 입법 논쟁이 학계의 소수설에서 우리 사회를 뒤흔드는 이슈로 올라오지 못했을 것이다. 국민의 의식과 의지가 법 제도의 변화를 이끌고 있다는 점에서 엘리트층이 변화를 주도한 일본보다 더 강력하고 견고하다. 그래서 대통령 권한대행의 거부권 행사에 분노하면서도 결국 시대의 흐름을 거스를 수 없다는 것을 알기에 좌절하지 않는다.

더욱이 자본이 국경을 넘어 이동하는 건 우리 자본시장을 황폐화해서 재벌들마저 피해를 볼 수 있는 무거운 이슈이기에 보수적인 관료와 기업, 지배주주 역시 어느 정도 대응하는 중이다. 예를 들어 상법 개정의 대안으로 불공정 합병 등을 막는 자본시장법 개정을 들고 나오는 식이다. 합병가액을 시가로만 평가하게 한 자본시장법 시행령의 문제점을 수십 년간 지적했지만 꿈쩍도 하지 않았던 것을 생각하면 의미 있는 변화다. 또한 우리나라 상장기업은 2024년 한 해 동안 사상 최대로 자사주를 취득하고 소각했다. 2024년 말 결산 현금배당의 규모도 48조 1,458억 원으로 전년 대비 5조 원 이상 증가해 사상 최대다. 지배주주와 일반 주주가 세제 혜택을 보는 감액배당을 결정한 상장기업도 크게 늘었다. 우리나라는 곧 대통령 선거를 치르게 되는데 이렇게 중요한 선거에서는 정치세력 사이의 정책 경쟁도 격화될 것으로 예상된다. 지금보다 더 나아지면 나아졌지, 후퇴할 수는 없을 것이다.

다시 처음으로 돌아가 이야기를 계속하자. 일본 주식시장이 지수 기준으로 3배 상승하는 동안 무라카미의 재산은 20배 증가했다. 이는 근본적으로 무라카미가 투자를 포기하지 않고 신념을 유지한 끝에 추구한 전략이 결국 일본의 거버넌스 개선 흐름에 부합했기 때문이다. 우리나라의 가치투자자도 그렇게 될 수 있다고 본다.

일본 기업의 거버넌스 개선 흐름이 10년 넘게 지속되고 있는 것과 마찬가지로 우리나라 기업의 거버넌스 개선도 장기간 구조적으로 이어질 트렌드다. 그리고 이 트렌드는 이미 시작되었다. 거품이 낀 미국 주식에 비해 한국 주식은 싸다. 거버넌스 개선으로 큰 효과를 볼 수 있는 가치주는 저평가 정도가 심각하다.

단순히 PER, PBR이 낮은 주식이 많다는 이야기가 아니다. 기업은 이미 배당과 자사주 매입·소각을 늘리는 등 분명 변화하고 있고 법과 제도, 사회의 의식까지 변화하고 있는데, 많은 투자자가 깊은 생각 없이 K주식 외면과 가치주 외면에 동조하면서 그 흐름을 놓치고 있다고 생각한다. 그리고 나는 이 흐름을 읽고 발맞춰 투자하면 큰돈을 벌 것이라 확신한다.

이 책이 그런 투자자를 위한 길잡이가 되길 바란다. 평생 투자자 무라카미를 읽어야 하는 이유다.

차례

3장 도쿄스타일에 위임장 대결을 시도하다

4장 닛폰방송과 후지TV

5장 한신철도 대재편 계획

6장 IT 기업 투자: 벤처기업의 경영자들

7장 일본의 문제점: 투자자의 관점에서

8장 일본을 향한 제언

9장 체포 이후 10년

머리말

왜 나는 투자자가 되었는가

어린 시절 나의 즐거움은 저금통장에 찍힌 숫자가 늘어나는 것을 보는 일이었다. 그래서 아버지에게 "아빠, 용돈 주세요, 용돈 주세요" 졸라대곤 했다. 돈을 쓰고 싶어서가 아니라 모으고 싶어서였다. 용돈을 받으면 곧바로 은행에 저금하고 통장에 찍힌 잔액을 흐뭇하게 바라봤다.

백화점에 가는 것도 좋아했다. 다만 부모님에게 장난감을 사 달라고 조르거나 내가 모은 돈으로 무엇인가를 사려고 간 것은 아니었다. 이런저런 상품들의 가격표를 보면서 "와, 이건 비싸네", "이건 싸네" 신나게 떠들어댔다. 상품 자체보다 상품의 가치에 흥미가 있었던 것이다. 나는 조금 특이한 아이였다.

전업 투자자였던 아버지는 내게 늘 말씀하셨다. "돈이라는 놈은 외로움을 많이 타서 항상 모여 놀고 싶어 한단다. 그래서 계속 한곳으로 모여들지.” 그 말을 들은 나는 어린 마음에 ‘그렇다면 돈을 저금할수록 더 늘어나겠네’라고 믿고 열심히 저금했다.

부모님은 내가 대학교에 들어가기 전까지 매년 11만 엔씩 나에게 증여하고 내 명의로 주식을 사주셨다. 11만 엔인 것은 당시 10만 엔까지는 증여가 비과세였기 때문이다. 11만 엔을 증여하면 1,000엔을 증여세로 내야 해서 납세 기록이 남으니 미래에 내 재산임을 증명하기가 쉬웠다. 그렇게 받은 돈이 총 200~300만 엔이었고, 그 돈으로 산 주식의 가치가 2,000만 엔 정도 되었던 것으로 기억한다. 그때 산 미쓰이부동산, 긴테쓰 같은 기업의 증권 사본과 증여세 납세증명서 등이 지금도 남아 있다.

다만 그 주식을 내가 직접 매매할 수는 없었고 매매에 의견을 낼 수도 없었다. 나중에 내 명의로 부동산을 구입하는 데 쓸 자금이었기 때문이다. 실제로 1980년에 도쿄 미나토구 다카나와에 있는 페어시티르네상스라는 아파트를 사는 데 이 돈을 썼다. 당시 도쿄 최고급 아파트로 안에 테니스코트까지 있었다. 야마구치 모모에* 부부도 신혼집으로 여기 살아서 종종 인사했다.

* 1970년대에 활동한 전설적인 가수 겸 배우. 인기가 절정이던 1980년에 연예계에서 은퇴하고 결혼했다.

내가 내 의지로 주식 투자를 시작한 것은 초등학교 3학년 때였다. 어느 날 아버지가 지폐 다발로 100만 엔을 내 앞에 놓아두고는 말씀하셨다.

"요시아키. 툭하면 용돈을 달라고 하는데, 그냥 지금 100만 엔을 한꺼번에 줄 수도 있어. 대신 이걸 받으면 네가 대학교를 졸업할 때까지 용돈은 없는 거다. 그러니까 이게 네가 대학교를 졸업할 때까지의 용돈인 셈이지. 어떻게 하겠니?"

나는 그때까지 본 적 없는 큰돈을 눈앞에 두고 흥분했다. 하지만 곧 이성을 찾아 머릿속으로 계산해보고는 아버지에게 말씀드렸다.

"아빠, 대학교를 졸업할 때까지라면 앞으로 14년이잖아요. 14년 동안 100만 엔은 너무 적어요. 근데 대학교에 들어갈 때까지라면 딱 10년이니까 매년 10만 엔씩인 셈이에요. 그러니까 대학교에 들어갈 때까지의 용돈으로 해주세요!"

그렇게 10년 치 용돈으로 아버지와 합의를 보고 현금 100만 엔을 받았다. 그리고 이 100만 엔을 밑천 삼아 주식 투자를 시작했다. 우선 절반인 50만 엔으로 1주에 2백 수십 엔이던 삿포로맥주 주식 2,000주를 샀다. 나의 첫 투자였다. 삿포로맥주를 고른 이유는 지극히 단순했다. 아버지가 즐겨 마시는 맥주였기 때문이다. 증권회사에서 주식을 사는 절차는 어머니에게 부탁했다.

그날 이후로 나는 매일 신문에서 주가를 확인하고 경제면 기사도 읽었다. 삿포로맥주 주식은 2년 정도 보유해 10만 엔쯤 이익을 냈다. 100만 엔은 그 후로도 순조롭게 불어났다.

고등학생 시절에는 도와광업이라는 투기주에 투자했다. 당시는 오일쇼크의 영향으로 금 가격이 상승하기 시작한 때였는데, 도와광업은 금 광산을 보유하고 있었다. 그래서 금의 가치가 상승하면 이 기업의 주가도 오르지 않을까 하는 기대감으로 주당 400엔 정도에 2,000주, 합계 80만 엔어치를 샀다. 그랬더니 정말 얼마 후부터 연일 상한가를 기록하는 것이 아닌가! 매일 주가가 100엔씩 올랐고 평가익도 20만 엔씩 늘었다. 그 쾌감에 주가 차트를 보는 것이 더할 나위 없이 즐거웠다.

도와광업은 일주일 정도 상한가 행진을 계속해 한때 900엔까지 올랐다. 그러나 나는 꼭대기에서 판다는 결단을 내리지 못했고, 그 후 주가가 급락하는 도중 700엔에 매각했다. 결과적으로 60만 엔 정도 이익을 냈지만, 이익을 냈다는 기쁨 대신 최고가인 900엔에 팔지 못했다는 아쉬움만 가득했다.

이 롤러코스터 장세를 경험하면서 나는 주식의 무서움을 실감했다. 아버지는 항상 말씀하셨다. "오르기 시작하면 사고, 내리기 시작하면 파는 것이 원칙이란다. 제일 쌀 때 사서 제일 비쌀 때 팔 수 있을 거라고 생각해서는 안 돼." 백번 지당한 말씀이다.

내가 가장 존경하는 투자자는 아버지다. 나의 투자철학은 전부 아버지에게서 배운 것이다. '오르기 시작하면 사고, 내리기 시작하면 팔아라.' 이 교훈은 지금도 나의 기본적인 투자 전략이다.

아버지는 대만에서 태어나셨다. 당시 대만에서 태어난 사람은 일본인으로 대우받았고, 그중에서 유복한 집은 대개 자녀를 일본으로 유학 보냈다. 아버지도 그중 한 명이었다. 아버지는 일본에서 중고등학교를 나온 뒤 대만으로 돌아가 대학생이 되었다. 제2차 세계대전이 발발하자 일본군으로 징집되었고, 특기인 중국어와 말레이어를 활용하기 위해 인도네시아, 말레이시아로 보내졌다. 전쟁이 끝나고 싱가포르의 창이형무소에서 포로 생활을 하다 일본으로 돌아왔는데, 귀국하자마자 일본 정부가 일본 국적을 박탈하고 대만으로 보냈다.

아버지는 1950년대에 일본으로 돌아와 어머니를 만나 결혼하고서 일본 국적을 취득했다. 그리고 대만의 인맥, 전쟁 중에 얻은 동남아시아 인맥을 활용해 오사카에서 무역상을 시작했다. 오사카에 본사를 두고 도쿄에도 지점을 냈고 대만, 홍콩, 싱가포르에도 거점을 마련해 한때는 직원을 50명 정도 고용할 만큼 규모를 키웠다. 그러나 경영은 아버지의 적성에 맞지 않았던 모양이다. 직원이 돈을 들고 도망치는 등의 사건을 겪자 1980년경에는 기업 경영에 회의를 느끼고 점점 투자에 중점을 두게 되었다.

내가 초등학교 4학년이었을 무렵, 우리 집에는 미에현 마쓰자카시 출신인 입주 가정부가 있었다. 그분은 고향에 다녀올 때마다 일본에서 제일 맛있다는 식당 와다킨에서 마쓰자카 소고기를 사 오셨다. 어느 날은 아버지가 나와 형을 부르더니 이렇게 말씀하셨다.

"아주머니가 이번에도 마쓰자카 소고기를 사 오셨으니 마음껏 먹거라. 하지만 이번이 마지막일지도 모른다는 것을 말해주고 싶구나. 아버지는 이제부터 큰 승부에 나설 생각이거든. 만약 실패하면 이런 건 두 번 다시 먹을 수 없을 거야."

아버지가 말씀하신 승부란 '홍콩 플라워'를 만드는 기업에 투자하는 일이었다. 그 무렵 홍콩제 플라스틱 조화를 홍콩 플라워라고 불렀고, 아버지는 홍콩 플라워에 상당한 돈을 투자하는 일생일대의 승부를 감행하신 것이었다.

그로부터 약 1년 후, 아버지는 나를 홍콩으로 데려가 당신이 투자한 홍콩 플라워 공장을 보여주셨다. 최신형 벤츠 두 대로 마중 나온 현지의 공동 투자자를 보고서 나는 어린 마음에도 아버지의 투자가 성공했음을 짐작할 수 있었다. 벤츠를 타고 곧바로 공장에 갔다. 화학 약품 냄새가 가득했고 둘러보니 내 또래 10대 여자아이들이 일하고 있었다. 아버지는 투자가 성공했음을 아들에게 보여준다는 생각에 기분이 좋아 보였다. 그러나 나는 그런 아버지에게 말했다.

"아빠, 이런 환경에서 일하는 아이들이 너무 불쌍해요. 이건 뭔가 잘못됐어요. 너무 끔찍해요."

아무 말도 하지 않은 채 일그러지던 아버지 표정을 지금도 기억한다. 그리고 얼마 후 아버지는 공장을 파셨다. 이익은 그럭저럭 났던 모양이다. 그런데 그 후 홍콩 플라워 업계에 재편 움직임이 일어나, 세계 톱 클래스 투자자인 리자청이 스무 개 정도 난립했던 중소 공장을 통합해 큰 재산을 쌓았다고 한다. 만약 아버지도 주식을 계속 가지고 있었다면 막대한 이익을 얻었을 것이다. 아버지는 이따금 내게 "그때 네가 쓸데없는 소리만 안 했다면 큰돈을 벌었을 게다"라고 말씀하셨다.

대학교 입학 직전에는 아버지의 짐꾼 역할로 3주 동안 하와이, 로스앤젤레스, 뉴올리언스, 코스타리카, 엘살바도르, 멕시코시티, 뉴욕을 여행했다. 각지에서 활약하고 있는 아버지의 친구들과 투자 안건에 관해 이야기를 나누는 것이 목적이었다.

그중에서도 뉴올리언스 미시시피강 근처 연못에서 미국가재를 양식하는 투자 건을 시찰하러 갔을 때가 지금도 인상에 강하게 남아 있다. 연못 근처에 있는 큰 집으로 초대를 받았다. 집으로 들어서니 사업을 하는 동료와 가족 들이 모여서 양동이 하나에 가득 담긴, 새빨갛게 익은 가재를 술과 함께 맛있게 먹고 있었다. 나는 가재를 먹어본 적이 없어서 차마 손을 내밀 용기가 없었다. 그들 틈에 섞여 가재를 드시는 아버지를 곁눈질하며 조용히 앉아 있었더니 아버지는 내 귀에 대고 조용히 호통을 치셨다. "그냥 참고 먹어!"

용기를 내서 먹어는 봤지만 역시 맛있다는 생각은 들지 않았다. 호텔로 돌아와 아버지에게 말했다.

"맛도 별로 없던데 참 많이도 드시데요."

"투자하려면 먼저 상대를 기분 좋게 해야 하니 어쩔 수 없지."

아버지의 대답을 듣고서 나는 투자철학을 하나 더 배웠다. 그러나 결국 이 가재 양식에는 투자하지 않았다.

뉴욕에서는 이웃한 뉴저지주에 있는 가수 스티비 원더 소유의 물건을 사지 않겠느냐는 제안이 들어와 큰 숲 속에 지은 저택을 보러 갔다. 아버지는 가능하면 살 생각으로 상당히 진지하게 검토하셨지만, 같은 타이밍에 앞에서 이야기한 다카나와의 아파트를 사면서 결국 저택은 구입하지 않았다.

그 후 다카나와의 아파트는 버블 덕에 가격이 10배로 뛰었다가 지금은 구입 당시의 가격으로 돌아왔다. 뉴저지의 저택은 이후 수십 년간 가격이 거의 오르지 않았다가 지금은 당시의 30~50배가 되었다고 한다. 집 자체가 굉장히 멋지기도 해서 조금은 아쉬운 마음이다.

아버지와 둘이서 3주 동안 같이 다닌 여행은 굉장히 자극적이었다. 나는 즉시 아버지의 뒤를 이어 투자자의 길을 걷고 싶어졌다. 그러나 아버지는 단호하게 말씀하셨다.

"부디 관료가 되어서 국가라는 것을 공부하도록 해라."

나는 이 조언을 따라 결과적으로 16년 동안 공무원 생활을 했다. 내가 투자자로 돌아간 때는 40세를 눈앞에 둔 1999년이었다.

대학교를 졸업한 뒤에는 통상산업성(통산성)*에 들어갔다. 관료는 공복(civil servant)이며, 국민의 생활을 더 낫게 만들고자 최선을 다하는 것이 소임이다. 나는 통산성에서 16년간 나라를 위해, 국민을 위해 열심히 일하면서도 일본의 바람직한 모습이 무엇일지 끊임없이 생각했다. 그런 가운데 일본 경제의 지속적인 성장을 위해 기업 거버넌스(corporate governance)가 중요함을 실감했다. 그리고 내가 플레이어로서 직접 이를 바꿔보고자 40세를 눈앞에 두고 펀드를 설립했다.

기업의 돈은 사람 몸의 피와 같다. 피의 흐름이 막히면 건강 전체에 악영향을 끼친다. 마찬가지로 기업이 성장하기 위해서나 새로운 사업을 하기 위해서 투자하려면 돈의 원활한 흐름이 중요하다. 그럼에도 일본 상장기업에는 사용할 계획이 없는 돈이 잔뜩 쌓여 있었다. 이 '유휴 자산'을 활용하면 기업 가치 향상으로 이어진다. 그러니 이를 주주의 지위에서 실천해 기업 거버

* 지금의 경제산업성이다.

넌스를 개선하는 일이 중요한 과제이자 내 필생의 과제가 되어 갔다.

애초에 '투자란 무엇인가'라는 근본을 생각해보면 '장기적으로 리턴(수익)을 낳으리라는 기대를 바탕으로 자금(돈뿐만 아니라 인적 자원 등도 포함될 수 있다)을 어떤 대상에 투입하는 것'이다. 그리고 투자에는 반드시 어떤 리스크가 따르는데 투자 안건 중에는 리스크와 리턴의 관계가 균형을 이루지 않는 것이 있다. 그것을 찾아내 '리턴 > 리스크'인 투자를 하는 존재가 투자자다.

나는 리스크와 리턴의 이러한 관계를 '기댓값'이라고 부른다. 기댓값이 크지 않다면 금전적으로는 투자할 의미가 없다. 이를 적확하게 판단하는 것이 우수한 투자자의 조건이다. 그리고 기댓값을 적확히 판단하는 데는 숫자뿐만 아니라 그 투자 대상을 경영하는 사람의 자질을 꿰뚫어 보고 세상의 상황을 꿰뚫어 보는 등 실로 다양한 요소가 관여한다.

아버지는 투자철학과 경험뿐 아니라 소중한 인맥 같은 많은 것을 내게 남기고 2009년에 타계하셨다. 내가 무라카미펀드로 유명해지고 4,000억 엔 넘는 돈을 운용하고 있을 때도, 병상에서 마지막까지 "투자의 세계에서는 네놈 따위한테 안 진다"라고 말씀하셨다.

지금 내가 살고 있는 싱가포르는 아버지와 인연이 깊은 땅이다. 1970년대 후반부터 1980년대에 걸쳐 아버지는 1년의 절반을 싱가포르에서 지내셨다. 그리고 싱가포르에서 두 번째로 큰 재벌인 홍룽그룹의 사외이사가 되어 아시아에서 공동 투자를 하셨다. 홍룽그룹 창업자인 궈팡펑 씨는 아버지의 가장 친한 친구였다. 지금은 내가 그의 아들인 궈링밍과 가족들까지 친하게 지내고 있다. 2006년에 내가 체포되자 일본의 주간지가 궈링밍을 취재하러 몰려들었는데 그때 그는 "우리는 아버지 세대부터 줄곧 가족처럼 교류해왔습니다"라고 당당하게 대답했다. 나는 그 대답이 너무나도 기뻤다.

나는 투자자의 자질 중 30%는 DNA로 물려받는 것이고 70%는 경험이라고 생각한다. 내 경우는 전체의 30%인 DNA 부분을 아버지에게 물려받았다. 어렸을 때부터 수학을 잘했고 투자에 대한 센스도 있다고 자부한다. 여기에 지금까지의 경험 중 절반은 아버지에게서 받은 것이니 아버지가 나를 투자자로 만들었음을 실감한다. 투자자의 아들로 태어난 나는 필연적으로 투자자가 된 것이다.

무라카미펀드를 설립한 나는 유명한 펀드매니저가 되었다. 그러나 한편으로 시대에 뒤떨어진 투자자라는 사실도 뼈저리게 느낀다. 2000년대 들어 IT 열풍이 불면서 유형 자산을 갖지 않은 IT 기업의 주가가 '성장성'을 바탕으로 높게 평가되고 있으나 나로서는 이해할 수 없는 세계다. "매출이 매년 2배 증가할 것으로 전망되며…." "지금은 적자지만 10년 후에는 1,000억 엔의 이익이 날 것입니다." 나로서는 이런 사업 계획을 자세히 검증할 능력이 없다. 그래서 IT 기업에 대한 투자를 주저해왔다.

나의 투자는 철저한 가치투자다. 보유 자산에 비해 시가총액이 낮은 기업에 투자하는 지극히 단순한 방식이다. 이런 기업은 경영에 문제가 있는 경우가 종종 있다. 주주의 위치에서 그 문제를 개선하려 하면 '벌처 펀드(vulture fund)'라는 비판이 쏟아진다. 매우 유감스럽다.

나는 오래도록 내 의도를 이해시키고자 노력해왔다. 그러나 천성적으로 성미가 급해서, 내가 전하고자 하는 바를 사람들이 이해해주지 않거나 내 질문에 본질을 흐리는 답이 돌아오면 나도 모르게 앞뒤를 생략하고 요점만 강하게 말하거나 표현이 거칠어진다. 밑바탕에는 나를 이해해주면 좋겠다는 바람이 자리하지만, '좀 더 표현 방식을 궁리하면 좋겠다'라는 지적처럼 내 커뮤니케이션 방식이 서툴러서 아직도 나에 대한 세간의 인상은 좋지 않다.

나는 대학교에서 법을 전공하고 관청에서 일한 사람이기에 규칙을 준수하는 세상이 되기를 바란다. 자본주의의 규칙을 지키지 않으면 국가 경제는 발전하지 못하며, 경영의 규칙인 기업 거버넌스 원칙을 지키지 않으면 기업은 존속할 의미가 없다. 그러나 일본 사회에서는 다른 현실이 펼쳐지고 있었다. 나는 이를 바로잡아 일본 사회를 바꾸고 싶었다. 관청 내부에서 사회를 바꿀 방법은 법률이나 제도를 만드는 것이다. 그러나 이것은 내가 아니어도 할 수 있는 일이다.

실제로 최근 들어 기업의 수익성을 측정하는 자기자본이익률(ROE)을 지표로 삼는 경영이 마침내 주류가 되었다. 미국에서는 당연했던 ROE 중시 경영을 일본에서 본격적으로 제창한 최초의 인물은 나라고 자부하지만, 구체적인 제도는 통산성 시절의 후배들이 만들었다. 나는 제도를 만드는 쪽에 있기보다 플레이어로서 일본을 바꾸고 싶었다. 제도를 만들더라도 이를 실천하는 플레이어가 일본에는 없었기 때문이다. 이것은 나만이 할 수 있는 일이라고 생각했다. 그래서 사표를 내고 통산성을 나와 무라카미펀드를 만들었다.

이제부터 내가 줄곧 지향해온 것과 하고 싶었던 것이 무엇인지, 왜 기업 거버넌스에 집착하는지 등에 관해 여러분에게 이야기하려 한다.

1장

生涯投資家

무엇을 위한

통산성 시절에 느꼈던 일본 기업의 비정상적인 경영.
기업의 경영 방침은 주주총회를 통해서
주주가 결정한다고 법으로 정해져 있음에도,
의사결정의 실태는 너무나도 달랐다.

주식 상장인가

주식을 상장하는 것을 영어로 'going public'이라고 한다. 상장 폐지는 'going private'이다. 주식 상장의 의미를 매우 알기 쉽게 표현한 말이라고 생각한다. 상장은 주식을 일반에 널리 매매하는 것이고, 상장기업은 주주와 주식을 사려는 사람들을 위해서 필요한 정보를 공개해야 한다. 상장기업의 경영자라면 투자자의 기대에 지속적으로 부응할 각오가 있어야 한다. 경영자 마음대로 주주를 고르거나 자기 뜻대로만 행동할 수는 없다. 상장이란 사기업이 '공기(公器)'가 되는 것이다.

그러나 일본에는 애당초 상장이란 무엇이며 기업이 무엇을 위해 주식을 상장하는지 정확히 이해하는 사람이 적은 것 같다.

공기가 된 기업은 정해진 규칙을 따르면서 투자자의 기대에 부응하고자 투명하고 성장성 높은 경영을 해야 한다. 그리고 주주를 위해 이익을 내야 한다. 이것이 싫다면 상장을 포기하고 비상장기업이 되거나, 사회 공헌을 중심축으로 삼아 자금 제공자에게 이익을 환원하지 않는 비영리단체가 되거나, 선택해야 한다.

이것이 내가 생각하는 상장의 의미다. 이 정의가 투자자의 관점에 치중되어 있음은 잘 안다. 대학을 졸업하고 그 기업에 취직해 계속 일한 결과 최고의 자리에 오른 경영자가 주주에게 이러쿵저러쿵 간섭받지 않고 싶어 하는 심정도 전혀 이해하지 못하는 바는 아니다. 그의 눈에는 주주가 '외부인'으로 비칠 것이다. 그러나 상장기업인 이상, 그리고 외국인 투자자와 연금의 주식 보유액이 일본 주식시장의 절반을 넘어선 현재, 전 세계에서 일본만이 거버넌스의 룰을 위반하는 행동을 할 수는 없다. 이 부분을 조금 더 깊게 파고들어 생각해보려 한다.

상장의 장점과 단점

기업과 경영자에게 상장의 장점은 두 가지다. 첫째, 주식의 유동성이 높아진다. 즉 주식을 돈으로 바꾸기가 쉬워진다. 둘째, 자금 조달이 쉬워진다. 바꿔 말하면 이 두 가지 장점을 누릴 필요가 없다면 상장할 필요도 없다는 게 내 생각이다.

가령 창업자 개인이 주식 100%를 보유한 기업을 상장하면 창업자는 주식을 매매해 이익을 얻을 수 있다. 벤처캐피털 등이 출자한 기업이라면 상장 이후 투자자는 투자 자금을 회수할 수 있다. 스톡옵션 등으로 직원에게 인센티브를 제공할 수도 있다. 이것이 주식의 유동성을 높임으로써 얻는 이점이다. 아울러 주가라는 숫자로 자기 기업에 대한 평가를 볼 수 있으니 경영에 귀중한 피드백도 된다.

두 번째 장점인 자금 조달은 상장기업에 큰 의미가 있다. 새로 주식을 발행하면 그 주식을 사는 사람들에게서 거액의 자금을 모을 수 있기 때문이다. 기업이 자금을 조달하는 방법은 두 가지다. 주식을 신규 발행하는 직접 금융, 은행에서 빌리는 등의 간접 금융이다.

그런데 실제로 상장한 기업을 조사해보면 과거 수십 년 동안 직접 금융, 즉 주식을 새로 발행해 자금을 조달하는 일을 실시한 적이 없는 곳도 많다. 현금이 풍부해서, 설비 투자를 할 필요가 없어서 자금을 조달할 필요를 느끼지 못하는 기업, 또는 은행으로부터 돈을 빌릴 여력이 충분한 기업이다. 이런 기업은 상장의 이점을 살리고 있다고 말하기 어렵다.

반대로 상장의 단점을 생각해보면 우선 비용이 든다는 점을 꼽을 수 있다. 기업 규모에 따라 차이는 있어도 IR(투자자 대상 홍보) 등에 필요한 부서를 만들고 인재를 확보하는 일부터 주주총회 소집을 위한 통지를 발송하는 비용, 감사 비용 등을 합치면 적어도 연간 5,000만 엔, 많으면 수억 엔에서 수십억 엔이 든다. 직접적인 비용 외에도 주식을 상장함에 따라 수반되는 업무가 많아 눈에 보이지 않는 비용도 쌓인다. 그리고 언제 누가 자기 기업의 주주가 될지 알 수 없다는 단점도 있다.

이런 점들을 고려하면 내 생각에는 주식을 발행하는 직접 금융으로 자금을 조달할 필요가 없는 기업이라면 상장을 폐지하고 비상장기업이 되는 선택지를 검토하는 편이 좋다. 특히 최근에 유행한 '포이즌 필(poison pill)'*을 도입한 기업들은 진심으로 적대적 인수를 회피하고 싶다면 상장 폐지가 바람직하다.

비단 포이즌 필에 국한된 이야기가 아니다. 주주와 마주하는 경영이 부담스럽다면 경영자가 직접 주주가 되는 경영자 매수(MBO)**를 시행해 상장을 폐지하는 것이 바람직하다. 상장하면 단적으로 '누가 주식을 사든 상관없는, 즉 누구나 주주가 될 수 있는' 상태가 된다. 경영상 이런 상태를 원하지 않는다면 상장을 폐지하고 비상장기업이 된다는 선택지를 검토해야 한다.

나는 내가 투자한 기업에 같이 MBO를 실시해 상장을 폐지하

* 적대적 인수 합병이나 경영권 침해 시도에 맞서 경영권을 방어하기 위해 사용하는 전략이다. 주로 기존 주주에게 할인가로 신주를 대량 발행하는 방식이 사용된다.

** Management Buyout. 경영자가 중심이 되어 경영 중인 기업의 주식을 사들임으로써 비상장기업이 되는 것이다.

자고 거듭 제안했다. 내가 투자하는 기업은 현금·예금을 많이 보유하고 있거나, 재무 상황이 좋고 은행에서 돈을 빌릴 여력도 충분해 직접 금융으로 자금을 조달할 필요가 없는 기업이 대부분이라 주식을 상장하는 의미를 찾을 수가 없기 때문이다. 게다가 주가가 장기간 저조한 기업은 MBO를 하면서 주가에 적당한 프리미엄을 붙임으로써 주주에게 매각할 기회를 제공할 수도 있다. 이것은 주주에게도 바람직한 일이라고 생각했다.

그러나 이런 기업들에 상장 폐지를 제안할 때마다 같은 이유로 거절당했다. “당신 말도 분명 일리가 있지만 주식을 상장함으로써 얻은 신용을 잃지 않겠습니까?” “거래처와 관계를 유지할 수 없게 됩니다.” 이런 말들이 내게는 상장을 유지하기 위한 구실로 들릴 뿐, 상장을 유지해야 할 근본적인 이유로 받아들여지지 않았다.

주식을 상장하면 시장의 눈이 있고 규제도 받게 되므로 그 시스템 안에 있는 것이 분명 신용의 요소가 되기는 한다. 상장기업하고만 거래한다는 방침을 둔 기업이 존재하기도 하고, 상장기업 직원은 주택담보대출이나 임대 계약 같은 심사에 통과할 가능성이 크다는 등의 사회 배경도 분명히 존재한다.

그러나 최근에는 대규모 부정 회계 등을 일으킨 상장기업도 있어서 ‘상장기업=무한 신용’인 상황은 아니게 되었다. 그리고 일본 유수의 기업 중에도 YKK, 다케나카공무점, JTB(Japan

Tourist Bureau) 같은 비상장기업이 얼마든지 있다. 산토리, 리크루트도 얼마 전까지 비상장기업이었다. '상장하지 않은 기업=사회적 신용 없음'이라는 도식은 성립하지 않는다.

상장의 장단점을 비교해서, 자금을 조달할 필요가 없고 주주가 경영에 끼어드는 것을 원치 않는다면 비상장기업으로 만들어야 한다는 것이 나의 일관된 지론이다. 그러나 이해받지 못한 경우가 대부분이었다.

반면 내가 펀드를 시작한 후 기업 상당수가 상장을 폐지한 것도 사실이다. 내가 투자했던 기업만 해도 도큐호텔, 쇼에이, 닛폰방송, 한신철도, 도쿄스타일, 마쓰자카야, 오사카증권거래소처럼 다른 기업과 통합해 상장을 폐지한 기업이 있고, 쓰타야를 경영하는 컬처컨비니언스클럽(CCC), 대형 의류회사인 월드처럼 MBO로 상장을 폐지한 기업도 있다.

CCC는 2000년 도쿄증권거래소 마더스*에 상장한 뒤 2003년 도쿄증권거래소 1부로 이전했다가 2011년 상장을 폐지했다. CCC의 마스다 무네아키 사장은 문화를 만들어가고 싶다는 열망이 강하다. 2017년 4월 하순, 긴자의 마쓰자카야 백화점 자리에 쇼핑몰 긴자식스가 들어섰고, 그 6층에 쓰타야가 예술과 일

* 신흥 기업을 위해 도쿄증권거래소가 개설했던 주식시장이며, 2022년 4월 4일 도쿄증권거래소가 개편되면서 폐지되었다.

본 문화라는 테마를 앞세운 대형 서점을 오픈했다.

그 오프닝 파티에서 마스다 사장은 "CCC가 계속 상장기업으로 남아 있었다면 주주의 반대에 부딪혀서 이런 거대한 예술 서점을 실현할 수 없었을 것입니다"라고 말했다. 사업의 성격상 단기간에 큰 이익을 올리기는 어렵겠지만 다음 행보도 준비하고 있다고 한다. CCC는 T포인트 카드 사업에서 큰 이익을 낳고 있기에, 단기적으로는 적자를 볼 수밖에 없는 문화 사업에 계속 투자할 수 있다. 상장기업에서는 채산성을 도외시하는 경영이 용납되지 않는다. 따라서 CCC의 MBO는 대성공이라고 말할 수 있다.

월드는 2005년에 상장을 폐지했다. 2003년에 한때 주가순자산배수(PBR)가 0.7배 밑으로 내려갔던 이 기업 주식은 이후 서서히 상승해 MBO 발표 직전에는 PBR 1.3배 정도가 되었다. 그리고 PBR 1.5배 정도의 가격으로 MBO를 실행했다. 다만 그 후 사업 자체가 부진에 빠지는 바람에 MBO를 위해 빌렸던 자금을 상환하는 부담이 커져 굉장히 고생하는 모양이다.

나는 모든 기업이 MBO를 해야 한다고 말하지는 않는다. 어디까지나 앞으로 사업에 자신이 있고, 자사의 주가가 저평가되었다고 느끼며, 자금을 조달하는 데 은행에서 차입할 여력이 충분한 경우로 한정한다. 주주는 자금을 회수할 기회가 되고, 기업은 적대적 인수의 공포가 사라지며, 경영진은 스스로 판단해 자유롭게 사업할 수 있다. 이런 경우는 MBO가 효과적이라고 생각한다.

일본의 MBO 사례를 살펴보면 대부분 경영자가 지배주주인 기업으로 보인다. 다른 동료들과 함께 입사해 사내에서 승진한 월급쟁이 사장이 있는 기업에서 경영자는 주주가 아니며, 설령 주주라고 해도 주식 보유량이 적다. 그러니 갑자기 MBO로 상장을 폐지해 대주주가 되고 오너로서 경영을 책임진다는 선택을 하기는 매우 어려울 것이다.

관료의 시점에서 본 상장기업의 모습

1983년 통산성에 들어간 나는 그곳에 몸담은 16년 동안 수많은 상장기업의 임원을 직접 만날 수 있었다. 통산성 선배들은 내게 "밤의 세계에서 많이 마시면서 이야기를 귀담아들어"라고 말해주었다. 나는 기업 임원들과 회식 자리를 가지기 전에 반드시 그 기업의 사업 보고서와 실적 속보 등을 자세히 읽었다. 숫자를 외우는 것은 내 특기였고 재무제표를 자세히 들여다보면 그 기업의 경영 상황을 머릿속에 그릴 수 있으니 더 깊은 이야기를 할 수 있겠다고 생각했기 때문이었다.

그런데 실제로 이야기를 나눠보면 예상과는 달리 재무제표를 잘 모르는 경영자가 많았다. 매출액이나 이익 정도는 대략 파악하고 있어도 그 숫자들의 축적인 재무상태표는 딱히 신경 쓰지 않아 숫자가 머릿속에 들어 있지 않은 것이었다. 자사의 자산 내용, 매출채권과 매입채무의 균형, 차입금의 액수나 부채비율, 이익잉여금 규모 같은 재무 상태를 의식하지 않는다니 충격이었다. 오히려 내가 그 기업의 재무 상태를 더 잘 아는 경우도 종종 있었다.

기업의 재무상태표는 그 기업이 현재까지 걸어온 길과 지향하는 자본 정책을 적확히 나타낸다. 어떤 정책에 따라 현금을 쌓아두고 있는지, 이익잉여금을 주주에게 환원하는지 내부에 유보하는지, 경영자의 사고방식이 재무상태표에 그대로 반영되어 있다.

그런데 많은 경영자와 이야기를 나누고 나서 깨달은 것은 특별한 정책도 없이 과거의 경영 방침을 '관성적으로' 계승하는 기업이 대부분이라는 사실이었다. 매년 안정 배당을 실시한다는 배당 정책도 그렇고, 차입도 '예전부터 가능하면 하지 말라고 해서…' 같은 일종의 관습에 따를 뿐, 현재의 경영자가 열심히 궁리한 끝에 얻은 결과로서 차입하지 않는 것이 아니었다.

주주의 이익을 극대화하려면 자본 효율을 생각하면서 정책을 실시해야 하지만 그런 것을 생각하는 경영자는 한 손에 꼽을 정도였다. 또 당시는 주주가 그런 요구를 하는 일도 없었다. 1980~1990년대 일본 기업은 매출을 중시할 뿐, 자본 효율성에 대한 의식이 희박했다. 이대로 괜찮을까? 이래서는 국제 경쟁에서 패하지 않을까? 일본 기업의 경영자는 무엇을 보고 무엇을 지향하며 경영하고 있는 것일까? 나는 강한 위기감을 느꼈다.

내가 만난 경영자 대다수는 이처럼 기업의 재무 수치나 사업 계획에 관한 명확한 방침도, 정책도 갖고 있지 않았다. 그러나 모두 온화하고 교양이 있었으며, 커뮤니케이션 능력이 뛰어나고 사람의 마음을 사로잡을 줄 알았다.

거대한 기업의 임원이 된다는 것은 업무 집행 능력이 뛰어나다는 의미가 아니라 사내의 승진 경쟁에서 승리를 거머쥐며 인망을 모은 결과 사장으로부터 임명되었다는 의미다. 일본에서는 지금도 일반적으로 현재의 사장이 다음 사장을, 즉 경영자가 다음 경영자를 지명한다. 그런 관습 속에서 임원들의 뛰어난 능력은 그들에게 경영을 위탁한 주주의 의향이 아니라 자신을 임원으로 선택해준 사장의 의향을 따르는 쪽으로만 발휘되고 만다. 나는 이 점이 너무나도 유감스러웠다.

본래는 투자자인 주주가 경영자를 선택해야 한다. 기업이 사업 계획을 주주에게 설명하고 주주는 그 계획을 곱씹어본 다음 경영자를 선택하는 것이 자본주의의 원칙이다. 회사법*도 이를

* 일본은 우리 상법 중 회사편에 해당하는 '회사법'이 별개 법률로 존재한다. 일본 회사법은 2005년에 제정되었고 그 전에는 상법에 통합되어 있었기에 다음 문단에서는 '상법'이라고 표현하고 있다.

전제로 제정되어 있다. 그러나 현실에서 주주는 외면당하고 있었다. 상장기업도 주주를 바라보며 경영하는 곳은 거의 없었다. 목소리를 내지 않는 주주에게도 책임은 있지만 당시 일본에서 주주는 '의견을 내지 않는' '얼굴 없는' 존재였으며, 기업은 채권자인 은행 눈치는 봐도 주주는 중요하게 생각하지 않았다.

'기업은 누구의 것인가?' 지금도 논쟁이 벌어지고 있지만 당시는 기업이 주주의 것이라고 말하면 다들 '저 양반이 무슨 소리를 하는 거야?'라는 표정으로 쳐다보는 시대였다. 나는 대학교에서 법률을 전공했고, 통산성에서 법률 다수를 만들었으며, 상법에도 관여했다. 그러나 기업의 경영 방침은 주주총회를 거쳐 주주가 결정하는 것이라고 법으로 정해져 있어도 의사결정의 실태는 법률과 큰 차이가 있다는 느낌을 받았다.

기업 거버넌스를 연구하다

1990년대에 들어서면서 미국에서는 주주가 경영자를 감시하는 시스템으로서 기업 거버넌스라는 말이 당연하다는 듯이 쓰였다. 그러나 같은 시기 일본에서는 금융기관 종사자건 상장기업 경영자건 대부분 기업 거버넌스라는 말을 알지 못했다.

기업 거버넌스란 주주가 자신이 투자한 기업이 건전한 경영을 하는지, 기업 가치를 높이는, 즉 주주 가치 극대화를 지향하는 경영을 하는지 감시, 감독하기 위한 제도다. 그 밑바탕에는 기업의 중요한 의사결정은 주주총회를 통해서 주주가 직접 하고, 주주의 위탁을 받은 경영자가 주주의 이익을 극대화하기 위해 기업을 경영한다는 발상이 자리한다. 경영자와 주주가 긴장 관계일 때 비로소 건전한 투자와 기업의 성장을 담보할 수 있으며, 주주가 이익을 얻고 이를 사회에 재투자함으로써 경제가 순환한다.

당시부터 나는 일본도 기업 거버넌스에 대한 의식을 높여야 일본 경제 전체가 건전한 발전을 이룰 수 있다고 강하게 믿었다. 나는 이 신념을 바탕으로 1996년부터 통산성을 그만둘 때까지 3년 동안 기업 거버넌스를 연구하는 데 시간을 할애했다. 연구 대상은 필연적으로 기업 거버넌스의 선진국인 미국이었다. 미국에서는 이 무렵 이미 주주의 권리가 확립되어 주주가 '의견을 내는' 것을 당연하게 여겼다.

미국에서 이런 움직임이 본격적으로 나타나기 시작한 시기는 1980년대다. 투자 펀드 KKR(제롬 콜버그, 헨리 크래비스, 조지 로버츠라는 창업자 세 명의 성 머리글자를 따서 지었다)이 담배와 식품을 제조하는 대기업 RJR나비스코를 인수한 것은 이를 상징하는 사건이었다.

RJR나비스코의 주가는 1987년 10월 19일 검은 월요일 이후 저조한 상태였는데, 이때를 좋은 기회라고 판단한 로스 존슨 사장이 MBO로 상장을 폐지하겠다고 나서면서 인수전이 시작되었다.

본래 RJR나비스코는 담배 사업 덕분에 현금흐름이 매우 윤택했다. 경영진은 사치를 일삼아 기업에 전용 제트기가 수십 기나 되었고 조종사도 정직원으로 36명이나 고용해 'RJR 공군'이라는 말이 있을 정도였다. 골프와 미식축구 스타 선수들로 '나비스코팀'도 꾸려 운영했다.

특히 로스 존슨 사장은 나비스코의 이사가 CEO로 있는 기업에 업무 위탁비를 지급하고, 이사가 사적으로 고용한 직원의 급여까지 나비스코의 경비로 지급했다. 회삿돈으로 사외이사를 포함한 이사진을 길들임으로써 기업을 완전히 사유화한 것이었다.

1988년, RJR나비스코 경영진은 투자은행의 제안을 수용해 MBO를 발표했다. 훗날 드러난 사실은, 이 MBO가 성공하면 경영진 일곱 명(즉 자신들)이 약 20억 달러를 보수로 받는다는 밀약을 M&A 고문과 맺고서 사외이사를 포함한 전원이 MBO에 찬성했다는 것이었다.

그러나 주식 매입 가격이 낮아도 너무 낮았다. 전통 있는 차입매수(Leveraged Buyout, LBO) 펀드였던 KKR의 헨리 크래비스는 "저놈들, RJR나비스코를 싼값에 꿀꺽할 생각이구나!"라고 격노하며 즉시 대항해 주식 공개매수를 발표했다. 적대적 공개매수였지만 MBO 제안보다 가격이 높아서 사외이사들은 찬성할 수밖에 없었다. 그 결과 KKR이 LBO 방식으로 약 250억 달러에 RJR나비스코를 인수하게 되었다.

이 소동은 기업은 일단 매물로 나오면 사고 싶어 하는 사람이 속속 나타나 비싼 가격에 팔린다, 즉 주주 가치를 극대화하는 것이 기업의 사명이라는 사실을 보여주는 좋은 사례가 되었다. KKR의 RJR나비스코 인수 금액은 당시 사상 최고액이었고, 이를 다룬 책 《문 앞의 야만인들(Barbarians at the Gate)》과 영화가 나오기도 했다. 적대적 인수의 선구자 KKR의 헨리 크래비스는 내가 동경하는 인물이 되었다.

2005년에 어떤 사람에게서 매우 영광스러운 제안을 받았다. "크래비스 씨가 당신을 꼭 만나고 싶어 하십니다. 며칠 후에 개인 제트기를 타고 올 예정인데 만나주시지 않겠습니까?" 우리는 만나서 한 시간 정도 대화를 나눴고 나는 크래비스의 말을 아직도 기억한다.

"적대적 인수는 1980년대 후반 미국에서 활발했는데 이제 기업 거버넌스가 발전해 주가가 적정해진 데다가 비용과 평판의 문제도 있어서(일부 연금은 적대적 인수를 실시하는 펀드에 투자하지 않는다) 지금은 거의 하지 않습니다. 하지만 일본에서는 앞으로 적대적 인수가 몇 차례 일어남에 따라 주식시장이 건전해지고 주가도 상승하지 않을까요?"

구체적인 투자 안건이 있다면 꼭 함께하고 싶다고도 해서 그와 몇 차례 의논한 적도 있다. 공동 투자에 이른 사례는 없었어도 투자할 기업을 바라보는 관점을 배웠고, 그가 즉시 판단하고 즉시 결행하는 자세에 감동했다. KKR은 2015년 일본거래소그룹*의 최고 책임자였던 사이토 아쓰시를 일본 법인 회장으로 맞이했고 최근에는 히타치공기(工機), 칼소닉칸세이, 히타치국제전기를 인수하고 도시바 재건의 스폰서 등에도 이름을 올려 일본에서도 유명해졌다.

RJR나비스코 인수 드라마 이후 미국에서는 적대적 인수가 빈번히 일어났다. 인수 방어에 나서는 경영진도 볼 수 있었지만, 인수 방어도 주주 가치를 높이는 것이어야 한다는 비판이 일반화되어갔다. 한편 1980년대 말 일본은 버블이 한창인 가운데 부동산회사 미쓰비시지쇼가 맨해튼의 록펠러센터를 사들이고 소니가 컬럼비아픽처스를 인수하는 등 일본 기업이 해외 기업과 자산을 속속 사들이며 존재감을 키워갔다.

같은 시기 미국에서는 상장기업 스캔들이 잇따라 터지는 가운데 경영자에게 개혁을 압박하는 행동주의·거버넌스 펀드가 일약 각광받았다. 그리고 그 선구자로 등장한 인물이 렌즈(Lens)펀드를 이끄는 로버트 몽스(Robert Monks)다.

* 도쿄증권거래소와 오사카증권거래소 등을 운영하는 금융 상품 거래 지주회사다.

몽스는 펀드를 창설하기 전부터 미국 연방정부의 노동부 연금국장으로서 연금을 이용한 의결권 행사를 제창하는 등 주주 권리 향상을 주장했고, 미국 유수의 슈퍼마켓인 시어스(Sears)의 주식을 취득하고 이사를 해임하는 주주 제안을 행사해 일약 유명해졌다. 이때 그는 주주 제안을 가결시키기 위해 위임장 대결(proxy fight)을 벌였는데, 자신의 제안에 찬성해달라고 시어스 주주들에게 호소하는 신문 광고까지 낼 만큼 철저한 자세로 임했다.

이런 움직임 속에서 투자자인 주주가 투자 대상인 기업과 경영자를 통치하고 감시하는 시스템, 즉 기업 거버넌스를 개선해야 한다는 발상이 침투하기 시작했다. 몽스는 그 후 기업 거버넌스 개선을 추구하기 위한 포럼을 개최하고 의결권 행사 자문회사인 ISS(Institutional Shareholder Services)를 설립한 것으로도 유명하다.

렌즈펀드는 규모가 300억 엔 정도로 작고 이익도 거의 나지 않았지만 기업의 바람직한 모습을 추구한 가치 지향 성향의 펀드였다. 이러한 몽스의 철학과 행동은 내가 펀드를 설립할 때 롤모델이 되었다.

나는 1999년에 오릭스의 미야우치 요시히코 회장(당시 사장) 소개로 몽스를 만날 수 있었다. 몽스는 같은 관료 출신에다 가치를 우선하며 펀드를 설립했다는 배경이 유사한 내게 공감했는지 나를 굉장히 귀여워해주었다. 자신의 이야기가 담긴 책《A Traitor to His Class(계급의 배신자)》도 선물해주었다. 그리고 그날 그가 들려준 말이 인상에 남아 있다.

"기득권자의 눈에는 배신자로 보이겠지만, 일본 또한 관료나 상장기업 경영자 같은 기득권자들과 기업 거버넌스를 수단으로 싸우지 않는다면 더 나은 사회가 될 수 없습니다."

나는 통산성 시절에 기업 거버넌스를 연구하고 심의회 자리에서 투자은행, 증권회사 사람들과 의견을 주고받았다. 참가자들은 입을 모아서 찬성했다. "일본도 기업 거버넌스를 개선해야 합니다." "일본 기업도 주주 가치 극대화에 주목해야 할 때입니다." 그러나 동시에 전원이 정부가 주도적으로 움직여야 한다는 견해를 내비쳤다.

정부는 시스템을 만들 수는 있지만 실천은 주식시장에 있는 플레이어들의 몫이다. 그래서 나는 그곳에서 일하는 그들에게 기대를 품었다. 그러나 그들은 하다못해 위임장 대결에 대해서조차도 소극적인 반응을 보이며 말했다. "전례 없는 그런 시도는 성공할 가능성이 없습니다." "해본 사람이 없어서 어떻게 해야 할지 모르겠습니다." 정부가 아무리 법률을 정비한들, 그 법률을 실제로 활용할 사람이 없는 상태에서는 시장을 움직일 방법이 없다.

기업 거버넌스를 축으로 움직이는 플레이어가 없으니 나의 연구는 탁상공론에 불과했다. 나는 관료라는 위치에서 자본시장을 바꾸는 데 한계를 느꼈고 내가 직접 투자자라는 플레이어가 되어서 바꿔가는 수밖에 없다고 생각하기 시작했다.

펀드 설립을 향해
: 오릭스 미야우치 사장과의 만남

그런 내 생각은 오릭스의 미야우치 요시히코 사장을 만나 더욱 강해졌다. 선진적인 경영 개혁으로 유명한 미야우치 사장은 당시 일본에서 보기 드물게 기업 거버넌스에 조예가 깊었다. 꼭 한번 만나서 이야기를 나누면 좋겠다고 생각했는데 인재 파견 기업인 더알(The R)의 오쿠타니 레이코 사장이 그를 소개했다. 그때가 1998년이었다.

나는 이 자리에서 기업 거버넌스의 중요성에 관해 열변을 토했다. 그러자 내 이야기에 흥미를 느꼈는지 미야우치 사장이 제안했다. "오릭스 사내에 펀드를 만들어서 기업 거버넌스 개선을 위해 함께 노력해보세."

오릭스 같은 대기업의 내부에서 일정 규모의 자금을 약속 받고 기업 거버넌스 개선을 추구하는 활동에 전념할 수 있다는 것은 굉장히 매력적이었다. 그러나 통산성이라는 관청에서 16년 동안 나라를 위해 열심히 일해온 나는 독립 후에는 누구의 지시도 받지 않고 내 뜻대로 이상을 추구하고 싶다는 마음이 강했다. 오릭스의 직원이 되어 지시에 따라 펀드를 운용한다는 것에 저항감을 느꼈다. 그런 마음을 솔직히 이야기했더니 미야우치 사장은 이렇게 말했다.

"만약 펀드를 설립해서 활동할 생각이라면 오릭스에서 조금 출자해도 좋아. 하지만 필요한 돈을 전부 직접 조달하겠다는 마음가짐이 없으면 성공하기 어려울 거야. 일단 자신의 힘으로 수천만 엔을 출자해 기업을 만들고 그곳에서 기업 거버넌스 개선 활동을 해보면 어떻겠나?"

그는 아마도 내가 직접 자금을 조달해서 펀드를 세우고 내가 말한 활동을 하기는 어려우리라고 생각했을 것이다. 그럼에도 도전해보라는 말은 내게 큰 격려가 되었다.

이듬해인 1999년 여름, 나는 통산성에 이별을 고하고 오릭스와의 공동 출자로 주식회사 M&A컨설팅을 설립했다. 훗날 '무라카미펀드'로 불리게 되는 기업이다. 최초의 주주 구성은 내가 49%, 오릭스가 45%, 나머지는 내 뜻에 찬동한 사람들 몫이었다.

사실 M&A컨설팅을 설립할 당시에는 일본의 주식시장을 어떻게 바꿔나가야 할지 명확한 구상이 없었고 바꿀 수 있다는 확신도 없었다. 기업에 조언하고 컨설팅을 하면서 바람직한 기업 거버넌스를 일본에 침투시키는 데 중점을 두고 싶다고만 생각했다. 그 시점에는 펀드 설립을 대전제로 삼지 않았기 때문에 '펀드'가 아니라 'M&A컨설팅'이라고 이름을 지었다.

내 집 일부를 사무실로 삼고 부사장 두 명, 비서 한 명, 경리 한 명, 여기에 나까지 다섯 명이라는 소규모로 출발했다. 그래도 기업 거버넌스에 관해서 할 수 있는 일은 무엇이든 하겠다는 마음가짐이었다.

처음 맡은 대형 안건은 도큐그룹 재편 컨설팅이었다. 내가 독립한 것을 알고 도큐그룹 내부 인사가 의뢰한 건이었다. 컨설팅 회사인 베인앤드컴퍼니와 함께 도큐그룹이 지향해야 할 모습을 검토했는데, 우리 M&A컨설팅은 주로 주식시장에서 지향해야 할 모습을 담당하게 되었다.

도큐그룹의 핵심 역량은 철도 사업과 철도에 따라붙는 부동산이었고 호텔, 백화점, 영화관, 도큐핸즈 등으로 사업 영역을 점점 넓히면서 자회사도 상장시키고 있었다. 그러나 이렇게 사업을 확장한 결과 도큐그룹 전체의 차입금이 눈덩이처럼 불어났고, 경영이 악화함에 따라 이자만으로도 부담이 큰 상태였다.

철도는 새로운 시도를 전혀 하지 않아도 이익이 약속되는 사업인 까닭에 핵심 기업인 도큐전철은 이익을 추구하기 위한 과감한 개혁이 불가능한 체질이었다. 또 그룹 계열사에도 '도큐'라는 이름을 사용하게 했기 때문에 도큐의 브랜드 가치를 유지하는 것도 커다란 과제였다. 상황이 이렇다 보니 당시 도큐전철의 시가총액은 2,000~3,000억 엔이라는 매우 낮은 수준으로 방치되어 있었다.

당시 나는 컨설팅 업무로 생활비를 버는 가운데 펀드 설립을 위한 자금을 조달하고자 분주히 뛰어다녔다. 그러나 실적이 없는 펀드가 자금을 끌어모으는 건 어려움이 컸다. '일본을 바꾼다, 기득 권익을 깨부순다'라는 의욕 하나만으로 지인들을 일일이 찾아다니며 기업 거버넌스란 무엇인지 설명하고 출자를 부탁했다.

펀드 규모의 목표액은 최소 30억 엔에 가능하면 50억 엔, 투자 대상은 시가총액 50~100억 엔인 기업이었다. 그리고 출자자가 너무 많으면 투자자용 보고서 작성도 상당한 작업이 되기 때문에 1좌당 1억 엔으로 결정했다. 그런데 1억 엔을 출자하기는 무리지만 마음은 함께하고 싶다고 말해준 통산성 동기와 선배가 스무 명 정도 있어서 1좌당 1,000만 엔씩 합계 1억 엔인 자(子)펀드를 만들었다. 동기의 동료들은 여기에서 다시 손(孫)펀드를 만들어 100~500만 엔을 1좌로 여덟 명이 합계 2,000만 엔을 모아주었다. 이런 분들의 마음은 자금을 조달하느라 분주히 뛰어다니던 내게 큰 기쁨이 되었다.

후쿠이 도시히코 전 일본은행 총재도 자펀드에 출자한 사람 중 한 명이다. 나도 관여했던 후지쯔총연의 이사장을 지낸 그는 나를 굉장히 귀여워했다. 그래서 내가 펀드를 설립하자 얼마 안

된다면서도 투자했을 뿐 아니라 자문위원회 멤버까지 맡아주었다. 게다가 기업을 설립할 때 상담할 수 있도록 미쓰이스미토모은행의 니시카와 요시후미 은행장, 야스다신탁은행의 가사이 가즈히코 회장 등 은행 경영자를 네 명이나 소개해주었다.

그러나 2006년 무라카미펀드의 내부자 거래 사건이 터졌을 때 마침 일본은행 총재 자리에 있었던 그는 내 펀드에 투자했다는 이유로 국회에 증인으로 소환되기까지 했고, 결국 원금과 수익금 전부를 일본적십자사에 기부했다. 큰 은인에게 폐를 끼쳐 지금도 진심으로 죄송스럽다. 통산성 동료들도 인사당국에서 이런저런 조사를 받은 모양이었다. 그럼에도 재판에서 나의 사람됨에 관해 진정서를 제출한 동료들에게 고마움과 미안함을 금할 수가 없다.

독립을 향한 첫발이 된 오릭스의 미야우치 사장을 내게 소개해준 오쿠타니 사장은 독립 축하 선물로 총리든 경영자든 세 명까지는 소개해주겠다며 누구든 말하라고 했다. 그래서 나는 대학 선배이자 실업가인 세 명을 소개해달라고 부탁했다.

첫 번째 인물은 일본 맥도날드의 후지타 덴 사장이다. 후지타 사장은 나를 만나자마자 "참 재미있는 친구군. 1억 엔이면 되나? 당장 수표를 끊어주지"라고 말했고 그 후 벤처 투자를 포함해 여러 건으로 빈번하게 연락을 주고받았다. 다만 얼마 후 연락이 끊어졌는데 무서운 병마와 싸우고 계셨다는 것을 나중에야 알았다. 결국 다시 만나 뵙지 못한 채 부고를 접했다. "한 번만 더 그 친구를 만나보고 싶군" 하고 말씀하셨다는 이야기를 뒤늦게 전해 들었을 때는 병문안을 가지 못한 것을 뼈저리게 후회했다.

두 번째 인물은 유통기업인 세종(Saison)그룹의 회장을 지낸 쓰쓰미 세이지다. 그와는 몇 차례 함께 식사했는데 경영자 쓰쓰미 세이지도, 소설가 쓰지이 다카시도 아닌 인간 쓰쓰미 세이지로서 신사적인 자세로 여러 가지 상담에 응해주셨다.

세 번째 인물은 리크루트의 에조에 히로마사다. 그에게는 창업에 관해서 여러 가지를 물어봤지만 재판 중인 몸이라 가르쳐줄 게 없다면서 세상 돌아가는 이야기만 하셨다. 2005년에 그가 리크루트 주식을 내놓았을 때 내가 사서 개인 최대주주가 된 적도 있다.

이처럼 다양한 분들을 만나 도움을 받은 덕분에 1호 펀드는 38억 엔으로 출발할 수 있었다. 돌이켜 보면 투자 실적이 없는 펀드가 이 정도 돈을 모은 건 기적이었다. 일본 주식시장이 변해야 한다고 생각한 사람이 이렇게도 많았고 나에게 기대를 품었다는 의미이리라. 이렇게 시작된 펀드 시절의 초기는 다음 펀드를 창설하기 위해 투자자들에게 출자를 부탁해 자금을 모으는 가운데 기존 출자자들에게 투자 결과를 보고하는 일의 반복이었다.

출자자와의 저녁 회식 일정이 오후 5시, 7시, 9시로 세 번이나 잡힌 날도 종종 있었다. 그날의 몇 번째 식사든 음식에 손을 대지 않는 것은 자리를 함께한 출자자에게 실례라고 생각해 전부 먹어치웠다. 그리고 요리사에게는 정말 미안하지만 곧바로 화장실로 달려가 전부 토해낸 뒤 다음 회식 장소로 향하고, 다시 풀코스 요리를 먹은 다음 또 화장실로 달려가 토하고, 다시 다음 회식 장소로…. 이런 날이 계속되었다. 저녁을 세 번 먹으면서도 몸무게는 점점 줄었다. 그런 생활을 하면서도 병에 걸리거나 쓰러진 적이 없었던 것도 지금 생각하면 기적이었다 싶다.

그러나 상법이 정한 룰, 회사법이 정한 룰을 제대로 지킬 수 있음을 내가 투자하는 기업에서 입증하고 다른 기업으로 확산해가고 싶었다. '일본을 바꿀 수 있을지도 몰라. 어떻게 해서든 바꾸고 싶어.' 그런 강한 마음이 나를 움직였다. 눈이 핑핑 돌 것만 같은 일정도 전혀 힘들지 않았다.

도큐그룹에 대한 컨설팅 업무는 펀드가 출발하기 전에 끝이 났다. 이번에는 투자 안건으로서 도큐그룹을 다시 한번 살펴봤더니 자회사 도큐호텔이 펀드에서 투자할 만한 대상으로 굉장히 매력적이었다. 그래서 도큐전철에 먼저 이야기한 뒤 도큐호텔 주식을 사들이기 시작했다.

당시 도큐호텔의 시가총액은 100억 엔 정도였다. 그런데 도큐호텔이 보유한 아카사카의 부동산만 해도 시가로 500억 엔 정도의 가치가 있었다. 그런 곳이 주식 20%를 보유한 대주주 도큐전철 탓에 유동성이 낮아서 주가가 저평가된 채 방치되어 있었다.

투자를 개시해 상당한 지분을 가진 나는 도큐호텔 사장과 아카사카의 호텔에서 몇 차례 미팅을 했다. 나는 펀드로 출자자를 모집하거나 개인적으로 돈을 빌려서라도 도큐호텔 주식을 전부 사들인 다음 상장을 폐지하고 비상장기업으로 만들고 싶다고 진지하게 생각했기에 사장에게도 그렇게 제안했다. 펀드의 주식 보유량이 도큐전철의 보유량에 근접했을 무렵, 이번에는 도큐전철 사장에게서 이야기를 나누자는 요청이 들어왔다. 도큐호텔 사장직은 도큐전철 상무급의 낙하산 자리라서 경영상의 큰 결단이 불가능했던 모양이다.

앞서 이야기했듯이 당시의 도큐호텔은 자금을 조달해야 할 일이 없어서 상장할 필요가 전혀 없는 상태였다. 보유 자산에 비해 너무나도 낮은 주가를 그대로 방치하는 것은 상장기업으로서 바람직한 모습이 아니기 때문에 나는 공개매수 등으로 주식을 전량 취득하는 방안까지 포함해 도큐전철 사장에게 몇 가지를 제안했다.

결국 도큐호텔 주식은 내가 상당한 지분을 가진 주주가 되고 약 1년이 지난 2000년 12월에 주식 교환을 통해 도큐전철 주식이 된다고 발표되었다. 나는 펀드로서 투자 이익을 얻을 수 있었고, 도큐호텔은 기업으로서 바람직한 모습을 되찾았다.

일례로 든 도큐호텔 건처럼 내가 투자한 상장기업은 경영 통합 등을 거쳐 결과적으로 비상장기업이 된 사례가 많다. 상장의 의의와 상장기업의 바람직한 모습을 철저히 추구한 결과다. 이로써 나는 시장을 건전하게 만드는 데 기여했다고 생각한다.

일본 최초의 적대적 공개매수를 시도하다

이 무렵에 내가 투자한 기업이 또 있었다. 바로 쇼에이다. 쇼에이는 본래 명주실을 만드는 기업이었다가 시장이 쇠퇴하자 공장 부지를 쇼핑센터 등으로 활용해 실질적으로는 부동산 기업이 되어 있었다. 직원은 40명 정도였고 사장직은 후지은행의 상무나 전무급의 낙하산 자리였다.

이 작은 기업의 시가총액은 50억 엔 정도였는데, 빚이 전혀 없는 데다가 자산이 약 500억 엔이나 되었다. 자산 내역을 살펴보니 캐논 주식만 해도 시가로 200억 엔어치를 보유했고 그 밖에도 상장 주식과 부동산을 다수 소유하고 있었다. M&A컨설팅은 다양한 지표를 바탕으로 상장기업을 분석했는데 쇼에이는 어떤 지표로 평가해도 저평가된 기업 상위 5위 안에 들어갔다.

나는 자금을 조달할 필요도 없으면서 상장을 유지하고 있는 이유를 이해하기가 어려웠다. 쇼에이를 어떻게 할 수는 없을까? 상장을 폐지하든, 무수익 자산을 주주에게 환원하든, 주가를 끌어올리는 자본 정책을 실시할 수 없을까? 이런 생각에서 나는 캐논의 미타라이 후지오 회장, 후지은행의 담당 임원을 만난 자리에서 물었다. "이런 상태인데도 쇼에이는 왜 상장을 유지하고 있는 겁니까?"

그러나 그들은 "글쎄요, 어째서일까요?"라는 말만 되풀이할 뿐, 속 시원한 대답은 해주지 않았다. 돈을 빌리지 않은 사쿠라은행도 쇼에이 주식 몇 퍼센트를 보유한 주주였고 후요그룹*의 야스다화재, 야스다생명 등도 쇼에이의 대주주였다. 이들 대다수는 쇼에이와 거래 관계가 있어서 대주주가 된 것이 아니라 그저 예전부터 보유한 주식을 팔지 않았을 뿐이었다.

오해를 무릅쓰고 말하자면 나는 상장한 기업의 주식은 누구나 자유롭게 살 수 있는 것이 주식시장 제도라고 생각한다. 그래서 캐논의 미타라이 회장과 후지은행의 담당 임원에게 "쇼에이를 사고 싶습니다. 주식 공개매수를 허락해주십시오"라고 요청했다. 그러나 그러라는 대답도, 안 된다는 대답도 듣지 못했다. 나는 내부에서 검토에 검토를 거듭하며 고민한 끝에 도전해보자고 결심했다. 그리고 2000년 1월, 850엔 정도였던 주가에

* 야스다 재벌, 아사노 재벌, 오쿠라 재벌의 계보를 잇는 기업과, 미즈호은행의 전신인 후지은행의 거래 기업들로 구성된 집단이다.

20% 조금 못 되는 프리미엄을 얹은 1,000엔에 쇼에이 주식을 공개매수하겠다고 발표했다.

대주주인 캐논과 후지은행에 사전에 이야기했다고 생각했으니 반발이 있으리라고는 예상치 못했다. 그러나 쇼에이가 즉시 반대 의견을 표명했고, 이에 따라 일본 최초의 적대적 공개매수로 화제가 되었다. 그래도 오랫동안 오르지 않던 주식에 20%나 프리미엄을 붙였으니 공개매수가 성공하리라고 생각했다.

그러나 너무 안일했다. 쇼에이 주식을 보유한 후지은행을 비롯해 후요 그룹사들과 캐논은 공개매수에 일절 응하지 않았다. 결국 내가 모을 수 있었던 쇼에이 주식은 발행주식 총수의 6.52%에 불과했다.

쇼에이 공개매수는 실패로 끝났다. 그러나 통산성 관료 출신이 일본 최초로 적대적 공개매수를 시도했다며 내 이름이 세상에 알려져 어느 정도 평가를 높일 수 있었다. 응원해주는 분도 많았다. 후지은행 상무이사였던 와타나베 겐지가 2001년에 쇼에이의 대표이사 사장이 되었는데, 그는 사장으로 취임하기 직전에 나와 식사하는 자리에서 굉장히 기쁜 말을 건넸다.

“나는 당신의 주장이 대부분 정당했다고 생각합니다. 사업을 계속 확장해서 주주 가치 향상에 철저히 매진할 생각이니 부디 지켜봐 주십시오.”

그 후 쇼에이는 부동산업으로 완전히 선회했고 이에 따라 주가도 크게 올랐다. 무라카미펀드는 주가가 3배 정도 되었을 때 주식을 매각했다. 공개매수에는 실패했지만, 쇼에이는 상장기업의 바람직한 모습에 크게 가까워졌고 우리 펀드도 투자 이익을 얻을 수 있었다. 결과적으로 기업 거버넌스 개선을 목표로 하는 펀드로서 공적을 남길 수 있었다고 생각한다.

쇼에이에 대한 공개매수 직후, 나는 후지TV의 요청으로 '보도2001'이라는 정보 방송에 게스트로 출연했다. 그날의 게스트는 훗날 총리가 된 고이즈미 준이치로와 나라는 이색적인 조합이었다. 주제는 '개혁자란 무엇인가?'였다. 고이즈미는 우정(郵政) 개혁에 관해서 이야기하고 나는 자본시장을 변혁하기 위한 시도에 관해 이야기할 예정이었는데, 막상 녹화가 시작되자 그가 우정 민영화에 관해 열변을 토하는 바람에 나는 그에 대한 의견만 말하다 녹화가 끝나고 말았다.

녹화가 끝난 뒤 그가 내게 말했다.

"사실 당신 이야기도 듣고 싶었는데 내 이야기만 계속해서 미안합니다. 다음 기회에 천천히 들려주세요."

그날 연락처를 교환하고 헤어졌는데 일주일 정도 지나 정말로 연락이 왔다. 자신의 후원회에 참석해 이야기를 해줄 수 있겠느냐는 요청이었고 나는 같은 개혁자라는 처지에서 이야기하러 갔다. 이렇게 해서 연쇄적으로 많은 분을 만나는 행운을 누렸고, 내 생각에 찬동하는 사람도 점차 늘어났다.

냉철한 외국 투자자들

2000년 9월에는 존경하는 로버트 몽스가 뉴욕에서 열리는 기업 거버넌스 포럼에서 이야기해주지 않겠느냐며 초대해 초청 연사로 이야기할 기회를 얻었다. 나는 '그 폐쇄적인 일본에서 적대적 공개매수를 시도한 영웅'으로서 미국 투자자들의 뜨거운 환영을 받았다.

그리고 미국에 체류한 나흘 동안 펀드 출자 후보 기업 100개 정도를 만났다. 매일 아침 미팅으로 시작해 낮에는 개별 미팅과 그룹 미팅 예약이 잡혀 있었다. 그때마다 나는 내 이상을 열정적으로 이야기했지만 그다지 받아들여지지 않았는지, 아무도 출자를 결정하지 않았다. 펀드의 동향을 지켜보려고 했는지도 모르겠다. 이듬해에 세계적인 메가뱅크 HSBC와 함께 펀드레이징(자금 조달)을 하고서야 외국에서도 비로소 조금씩 돈이 모이기 시작했다.

미국 투자자들의 돈을 맡아본 경험은 놀라움의 연속이었다. 일본 투자자들은 내 가치관에 찬동해서 투자했는데 미국 투자자들은 달랐다. 내가 가치관을 먼저 설명하면 반드시 이런 반응이 돌아왔다. "일본 자본시장을 바꾸고 싶다는 당신의 가치관은 알겠습니다. 그런데 실제로 어떻게 해서 얼마나 이익을 낼 계획입니까? 어떻게 엑시트(exit)를 할 건가요?" 그리고 못을 박았다. "일본 자본시장을 어떻게 변혁하든 나는 알 바 아닙니다. 어떻게든 이익을 내야 합니다."

그들은 매우 냉철하고 비즈니스적이어서 얼마나 이익을 냈느냐 하는 숫자만으로 모든 것을 평가했다. 2000년에 미국을 방문했을 때 나의 이상론에 별다른 반응이 없었던 이유를 잘 알 수 있었다.

이렇게 출자자들과 커뮤니케이션을 거듭할수록 나는 타인의 돈을 맡아 운용하는 이상 돈을 불리는 것이 펀드의 최우선 사명임을 인식했다. 그래서 어떻게든 '불리는' 것을 제일의 목표로 삼았다. 그 후에도 펀드를 운용하면서 가치관 따위는 아무래도 상관없으니 펀드 운용자의 사명에 맞게 이익을 내기나 하라는 미국 투자자들의 압박을 끊임없이 받았다.

다행히도 내 펀드는 꾸준히 이익을 냈기에 미국 투자자들이 많은 자금을 맡겼다. 2006년 펀드를 닫기 직전에는 펀드 자금 4,400억 엔 중 미국의 연금과 대학 재단의 출자 비율이 60%에 가까웠다.

그런 의미에서는 내 처지도 상장기업의 경영자와 다를 바가 없었다. 투자자의 이익을 극대화하기 위해 펀드 운용을 위탁받은 존재, 펀드 투자자들에게 지배받는 존재였으니 말이다.

2장

生涯投資家

투자자와 경영자와

일본에서 투자자에게는
'땀 흘리지 않고 큰돈을 버는 사람'이라는 나쁜 이미지가 있다.
그러나 이미지가 좋든 나쁘든 사업에는 자금이 필요하고,
자금을 댐으로써 리스크를 짊어지는 존재가 투자자다.

기업 거버넌스

투자자로서 투자 대상 기업과 주주 가치를 끌어올릴 방책을 논의하다가 "우리 이사가 되어주십시오"라는 요청을 받은 적이 여러 번 있었다. 내가 제창하는 주주 가치 향상 방안에 찬성한다는 뜻이니 기쁜 제안이었다. 그러나 나는 매일의 사업 운영에서 부가가치를 만들 자신이 없었다. 그래서 기본적으로는 주주로서 기업의 자본 정책과 지배구조에 관해 다양한 선택지를 제안함으로써 함께 기업 가치 향상을 지향하고 싶다는 마음을 전하며 고사했다.

나는 투자자이지, 경영자는 아니다. 나는 투자자와 경영자는 필요한 능력도 자질도 전혀 다르다고 생각한다. 투자자는 리스크와 리턴에 맞춰서 자금을 제공하고 기업이 제대로 기능하고 있는지 외부에서 감시한다. 경영자는 투자자에게 사업 계획을 설명하고 기업 내부에서 인재와 거래처 등을 관리해 최대한 이익을 낸다.

지금까지 경험한바, 나는 사람을 관리하고 매일의 사업을 운영하는 데는 소질이 없음을 잘 안다. 투자자와 경영자는 전혀 다르다. 이 장에서는 내가 생각하는 투자자와 경영자의 바람직한 모습, 기업 거버넌스의 필요성, 그리고 내가 투자 여부를 판단하는 기준을 이야기하려 한다.

내게는 경영자의 소질이 없었다

내게 경영자로서 소질이 없음을 절감한 것은 통산성 시절이었다. 통산성 3년 차이던 1985년, 나는 처음으로 경영자의 위치에서 프로젝트를 관리하게 되었다. 중근동·아프리카국의 미야케 와스케 국장 눈에 들어서, 외무성이 이집트에서 실시하는 대형 이벤트의 프로젝트 운영을 맡게 된 것이었다.

이집트에 일본이라는 나라를 알리고 존재감을 높이려는 목적으로 기업 협찬을 받아 이벤트를 개최하는 프로젝트였다. 당시 이집트에서는 일본을 '요즘 경제가 성장하고 있는 모양인 극동의 작은 나라' 정도로 인식하고 있었고, 일본이라고 하면 떠오르는 이미지는 고작해야 자동차와 전자제품 정도였다. 아니, 그 정도라도 알면 다행인 상황이었다.

프로젝트 개시 초기에는 현재 외교 평론가로 유명한 미야케 구니히코가 중근동·아프리카국의 과장 보좌이자 내 직속 상사로서 친절하게 이것저것 가르쳐주었다. 이런저런 아이디어가 떠올라서 이것도 해보자 저것도 해보자며 처음 생각보다 프로젝트 규모를 키운 시점에, 나머지는 미야케 국장과 둘이서 직접 해보라고 했다.

그런데 미야케 국장은 내게 맡겨도 된다고 생각했는지, 큰 방향성만 제시하고 나머지는 관여하지 않았다. 그래서 기획부터 실행, 자금 마련까지 전부 나 혼자 처리해야 했다. 당시의 역할 분담을 기업 경영에 비유하면 미야케 국장이 명예회장이고 나는 직원 없는 기업의 대표이사였다.

처음으로 큰 역할을 맡고서 정신없이 프로젝트를 진행했다. 이집트라는 나라에 어떻게 일본을 홍보할 것인가? 일시적인 홍보에 끝나지 않고 지속적인 관계를 유지하려면 어떻게 해야 할까? 머릿속은 이 생각으로 가득했다.

미야케 국장은 나카소네 야스히로 총리의 브레인이었던 세지마 류조에게 이 프로젝트의 고문을 맡아달라고 의뢰했다. 나는 미야케 국장과 함께 캐피털도큐호텔에 있었던 세지마의 사무실을 수없이 찾아갔다. 세지마는 육군 참모였다가 전쟁이 끝난

뒤 이토추상사에 취직해 회장까지 올랐고, 야마자키 도요코의 소설 《불모지대(不毛地帯)》 주인공의 모델이며 《二つの祖国(두 개의 조국)》에는 실명으로 등장한다.

세지마는 인맥이 굉장히 넓어서 많은 사람에게 연락해주었다. 닛산자동차의 이시하라 슌 회장도 그중 한 명이어서 나중에 그를 단장으로 경제 방문단을 보내게 되었다. 그 밖에도 세지마가 소개한 대형 상사 등 약 20개 기업을 미야케 국장과 함께 찾아다니면서 협찬금을 요청하거나, 이집트를 방문해 현지에 사업 기회가 있을지 모색해달라고 부탁했다.

협찬금은 다행히도 무대 건설 지원 같은 현지 출자까지 포함해 5억 엔 정도가 모였고, 이시하라 단장이 이끄는 재계인 단체도 호스니 무바라크 이집트 대통령을 만날 수 있었다.

경제 분야뿐만 아니라 이집트인에게 일본의 문화를 이해하기 쉽게 홍보하기 위한 이벤트를 열었다. 가지마건설에 부탁해서 만든 스핑크스 앞 특설 무대에서 인기 가수 이와사키 히로미의 콘서트를 열고, 섬세하고 정교한 일본의 불꽃놀이를 선보였다. 또 전통북(와타이고) 연주도 하고, 미스 기모노 열 명을 일본에서 데려와 기모노 패션쇼도 열었으며, 그 밖에도 고보리 엔슈의 다도, 오하라류의 꽃꽂이(이케바나), 도쿠타 야소키치의 도자기(구타니야키)를 소개하는 등 전통문화도 본격적으로 알렸다.

하고 싶었던 일들을 하나하나 실현한 나머지 예정보다 규모가 커지고 말았다. 나는 직원이 없는 기업의 대표이사나 마찬가지였으니 잠잘 시간도 없이 바쁘게 일해도 업무량을 감당할 수 없었다. 하다못해 서류 작성, 복사 같은 잡무를 대신할 아르바이트라도 고용해달라고 부탁했지만 예산이 없어서 안 된다는 답이 돌아왔다. 어쩔 수 없이 자비로 아르바이트를 한 명 고용했는데, 업무량이 많아 아르바이트의 근무 시간이 늘어나서 내 월급을 전부 아르바이트 급여로 줘야 하는 상황이 되어버렸다.

프로젝트는 대성황을 이루며 성공리에 마무리되었다. 이집트 정부도 굉장히 만족스러워했다. 일본에서도 아사히TV가 특집 방송을 제작하고 주간지 〈슈칸분슌〉의 그라비아도 취재를 왔다.

여담이지만 이집트의 수도 카이로에 '나니와'라는 일식 레스토랑이 있었고 우리는 그곳에서 종종 회식을 했는데, 오너가 자기 딸이 아나운서로 일하고 있으니 만나보라고 해서 만난 적이 있다. 그 딸이 바로 현재 도쿄도지사인 고이케 유리코다. 카이로대학교 출신인 그는 내게 이집트에 관해 여러 가지를 가르쳐주었다.

이 프로젝트에 열중했던 6개월은 내 인생에서 가장 즐겁고 충실한 나날이었다고 해도 과언이 아니다. 비록 호가호위(狐假虎威)이기는 했지만 20대 중반의 젊은이가 거대한 이벤트를 주도해 결과를 남길 수 있었다. 나는 즐거움을 느끼는 동시에 돈을 모으는 어려움, 모은 돈을 성과가 보이도록 사용하는 어려움, 타인의 돈을 사용하는 압박감과 책임을 뼈저리게 느꼈다.

당시 나는 내 안에 프로젝트를 관리하는 경영자다운 자질이 있을지도 모른다고 생각했다. 그러나 그 후 통산성에서 몇 가지 프로젝트를 담당하면서 이런 자신감은 서서히 약해져갔다. 이집트 프로젝트에 비해 규모가 커지면서 나 말고도 구성원이 늘어 사람을 관리한다는 요소가 더해진 것이 요인이었다고 생각한다.

나에게 경영자 자질이 없음을 자각하게 된 결정타는 1995년 11월에 오사카에서 열린 아시아태평양경제협력체(APEC) 정상회의의 사무국을 관리하는 역할로 임명된 때였다. 당시 APEC 정상회의는 통산성이 처음으로 외무성과 공동 개최하는 대규모 국제회의였기에 실패는 용납되지 않았다. 그런 까닭에 양쪽에서 엄선한 인재로 드림팀이 구성된 가운데, 나는 수석 과장 보좌에 임명되었다.

팀은 통산성 멤버만도 70명이었고 다른 부처 사람들까지 섞여 현장은 매우 혼란스러웠다. 옳다고 생각하는 일을 해도 다른 부처의 견제를 받거나, 자신의 체면을 세우려는 정치가의 참견이 들어오기 일쑤였다. 이를 조정하는 데만도 시간이 필요하니 정작 프로젝트에 플러스가 되는 성과는 거의 올리지 못했다.

나는 예전부터 스스로 의미가 없다고 생각하는 일을 계속하는 것이 고역이었던지라 이런 날들이 너무나도 괴로웠다. 관료라는 위치의 한계, 그리고 내 위치의 한계를 느꼈다.

상징적인 사건도 있었다. APEC 정상회의에 맞춰 개최되는 경제계 회합에서는 이사국이 인사하게 되어 있다. 이는 차관급이 하는 것이 관례이고 통상 외무성이나 통산성의 몫인데, 여기에 대장성까지 끼어들어서 누가 인사할지를 놓고 마찰을 빚었다. 나는 이런 형식적인 인사 따위는 아무래도 상관없다고 생각해서, 이 문제에 계속 집착하는 외무성과 대장성에 요청했다. "인사는 그쪽에 양보할 테니 대신 통산성의 목표인 관세 장벽 철폐에 동의해주십시오."

전적으로 내 독단이었다. 다만 국익을 위해 당연한 일을 했다고 생각했다. 내 사고 회로로는 누가 인사를 하느냐보다 국민의 이익으로 이어지는 관세 장벽을 철폐한다는 열매를 따는 것이 더 중요했다. 그러나 당시 국장은 나를 심하게 꾸짖었다. "책임자는 자네가 아니야." 나를 프로젝트에서 제외시킬 기세였다.

나는 조직의 논리를 따르기보다 내가 옳다고 생각하는 길, 바람직한 모습을 추구하는 데 집착하는 성격이다. 그래서 사람들을 관리하기 위해 타협하거나 필요 이상의 온정을 베푸는 것을 용인하지 못한다.

프로젝트의 수장으로서 목표를 향해 70명이나 되는 사람을 움직이고, 외무성과 통산성의 암투 속에서 서로의 체면을 세우며 타협하고 때로는 눈을 감아주기도 하는 것은 도저히 체질에 맞지 않았다. 목표를 향해 일을 진행한다는 본래의 임무를 초월해 샛길로 빠지는 사람의 궤도를 수정하거나, 암투가 수면 위로 드러나지 않도록 한 사람 한 사람을 어떻게 움직여야 할지 궁리하는 것도 시간 낭비로밖에 생각되지 않았다.

APEC 정상회의 프로젝트를 치르면서 나는 내가 조직 속에서 살아가는 데는 전혀 소질이 없으며 사람을 이끄는 경영자의 자질도 없음을 강하게 인식했다.

1999년에 M&A컨설팅을 설립했을 때 나는 천성적으로 소질이 없는 경영자가 아니라 투자자가 되었다고 생각했다. 그러나 이는 결과적으로 큰 착각이었다. 펀드에서 하는 일은 투자여도 나는 남의 돈을 맡아 운용하는 기업의 경영자라는 역할에 충실해야 했다.

자본시장의 바람직한 모습을 추구한다는 독립 당시의 목표와, 최대한의 수익을 내야 한다는 투자자들의 요구가 때때로 상충하기에 큰 딜레마에 빠지고는 했다. 펀드의 경영자인 이상 나 자신의 신념을 관철한다는 이유만으로 수익을 도외시할 수는 없었다. 신념을 타협할 수 없다, 타협하고 싶지도 않다는 나의 성격과 펀드 경영자라는 위치 사이에서 나는 크게 괴로워했다.

현재 나는 타인의 자산을 맡아서 운용하지 않고 내 자산만으로 투자하고 있다. 내 신념을 끝까지 밀고 나가기 위함이다.

나의 투자 기술
: 기본은 기댓값, IRR, 리스크 평가

근본으로 돌아가 투자자란 무엇인지 생각해보자. 투자란 이익을 얻을 목적으로 주식이나 사업, 부동산 등에 자금을 투입하는 것이다. 다만 투자의 종류는 한 가지가 아니다. 주식도 있고 부동산, 채권도 있으며 복권, 경마도 어떤 의미에서는 투자라고 할 수 있을지도 모른다. 주식회사에서는 주주, 펀드에서는 출자자, 부동산에서는 투자용 부동산의 소유자가 투자자다.

나는 초등학교 3학년 때 주식 투자를 시작했다. 주식은 소액으로도 투자가 가능해서 허들이 낮을 뿐만 아니라 재무제표 등을 자세히 분석할 줄 알면 승률도 상당히 높아지기에 주식이 투자 대상의 중심이었음은 확실하다.

다만 주식에만 투자한 것은 아니었다. 어렸을 때부터 아버지를 따라서 전 세계의 부동산을 돌아본 까닭에 부동산에도 흥미가 있고 안목도 있다고 생각한다. 나를 주식 투자의 세계에서만 살아온 사람이라고 생각할지 몰라도 분야와 상관없이 투자 기회를 찾아내는 데는 자신이 있는 편이다.

리먼브러더스 사태 직후는 주가가 폭락해서 기업의 본질적인 가치보다 큰 폭으로 할인된 가격에 거래되고 있었다. 그래서 나는 저평가된 주식시장에 투자했다. 그 후 부동산 불황이 찾아왔을 때는 부동산에도 크게 투자했다. 현재는 아시아의 부동산에 적극적으로 투자하고 있고 요식업에도 투자했다.

그리스가 파산하느냐 마느냐 했을 때는 국채 가격이 크게 떨어진 것을 보고 과거의 국채 디폴트(채무 불이행) 사례를 조사한 뒤 저렴한 가격이라는 판단이 서서 투자했다. 중국의 마이크로파이낸스(소액금융) 기업에 투자한 적도 있다. 세간에서 나는 투자 이익을 크게 얻은 펀드매니저로 볼지 모르지만 솔직히 말하면 그리스와 중국 투자는 큰 손해를 봤다(이에 관해서는 9장에서 자세히 이야기하겠다).

사실은 실패도 종종 한다. 아니, 실패하지 않는 투자는 투자라고 말할 수 없다고 생각한다. 투자자에게 중요한 것은 실패했음을 깨달았을 때 얼마나 빠르고 과감하게 손절할 수 있느냐, 떨어지기 시작할 때 매도 판단을 얼마나 빠르게 할 수 있느냐다. 그렇게 함으로써 실패에 따르는 손실을 최소한으로 억제할 수 있다.

나는 저평가되어 있어서 리스크에 비해 높은 이익이 전망되는 것, 즉 '기댓값'이 높은 것에 투자하는 스타일이다. 투자를 판단하는 기본은 전적으로 기댓값이다. 여러 투자 안건을 지극히 냉정하게 분석하고 연구해 나만의 기댓값을 산출한다. 가령 100엔을 투자할 경우의 기댓값은 다음과 같이 계산한다.

- 0엔이 될 가능성이 20%, 200엔이 될 가능성이 80%라면 기댓값은 1.6(=0×20%+2×80%)
- 0엔이 될 가능성이 50%, 200엔이 될 가능성이 50%라면 기댓값은 1.0
- 0엔이 될 가능성이 80%, 200엔이 될 가능성이 20%라면 기댓값은 0.4

기댓값이 1.0을 넘지 않는다면 금전적으로는 투자할 의미가 없다. 나는 이 기댓값을 적확히 판단할 수 있는 것이 투자자에게 중요한 자질이라고 생각한다. 참고로 많은 투자자는 0엔이 될 가능성이 어느 정도(20% 이상) 있으면 투자하지 않는다. 잃을 확률이 50% 이상이라고 생각할 때도 투자하지 않는다(이를테면 5회 투자한 결과가 2승 3패 이하로 예상될 경우). 이처럼 리스크가 크고 승률이 낮으면 보통 투자를 피한다.

그런데 기댓값과 승률은 별개의 개념이다. 승률이 낮다고 평가하는 경우라도 자기 나름의 전략을 수립한다면 승률은 바뀌지 않더라도 기댓값은 높일 수 있다.

나는 전적으로 기댓값에 의지해 판단한다. 0엔이 될 확률이 50%가 넘더라도, 예상 승률이 1승 4패라도, 종합적인 수익이 1.0을 크게 웃도는가 아닌가로 판단한다. 0엔이 될 가능성이 70%라도 700엔이 될 가능성이 30%라면 기댓값은 2.1이다.

이 기댓값을 적확히 판단하는 데 필요한 요소는 투자 대상을 경영하는 경영자의 자질, 세상의 상황, 경험에 입각한 감 등 매우 다양하다. 먼저 현재 상황의 기댓값을 도출하고, 그 기댓값을 조금이라도 높이기 위해 외부 요인과 미래 예측 등을 냉정하게 파악하면서 다양한 전략을 세운다.

이 기댓값을 계산해보면 복권은 0.3, 경마·경륜 같은 공영 도박은 0.75, 카지노는 0.9 정도가 된다. 이들은 기댓값이 1.0을 밑돌기에 나는 손대지 않는다.

기댓값 외에 내가 투자 여부를 판단할 때 중시하는 지표는 내부수익률(Internal Rate of Return, IRR)이다. 최대한 보수적으로 어림셈하더라도 IRR 15% 이상을 투자 기준으로 삼는다. 매우 높은 수익을 요구하는 듯 들릴지도 모르지만 IRR은 투자액의 몇 배를 회수할 수 있느냐 하는 배수가 아니다. 투자 기간 중에 얻는 수익도 고려해서 계산하는 까닭에 단기 안건이면 수치가 더 높아지는 경향이 있다.

나는 자금 순환이야말로 미래의 돈을 만들어내는 원동력이라고 믿는다. 국가 경제도 그렇고 기업도 성장하기 위해서 자금 순환이 매우 중요하다. 특히 벤처기업과 아시아의 부동산 관련해서 투자할 때는 나의 투자가 그 선순환의 계기가 될 수 있느냐를 중요하게 생각한다. 요컨대 기업이 그 투자금으로 새로운 자금을 만들어 사업 성장을 가속화할 수 있을지를 상대의 상거래 관행과 그 나라의 정치적 리스크도 고려하면서 파악하는 것이다. 이런 자금 순환을 기대할 수 있는 안건은 필연적으로 IRR이 높아진다.

나는 기댓값, IRR, 리스크 평가라는 세 가지에 입각해서 투자 여부를 최종적으로 판단한다. 경제학적으로 보면 투자에 대한 리스크와 리턴의 수준은 균형을 이루어서, 리스크가 높으면 리턴도 높고(하이 리스크 하이 리턴) 리스크가 낮으면 리턴도 낮다(로 리스크 로 리턴).

투자에 반드시 따라오는 리스크를 감정할 때는 정량적 분석보다 정성적 분석이 더 중요한 포인트가 된다. 숫자와 지표로 판단하기보다 경영자와 비즈니스 파트너의 성격, 특징을 파악하는 것이다. 토론을 통해 상대의 사고방식과 경영 방침을 확인하고 어떤 점에서 서로 충돌할 가능성이 있는지, 충돌을 대화로 극복할 수 있을지, 만에 하나 안건이 뜻대로 진행되지 않았을 때 최종 국면에서 냉정하게 논의할 만한 상대인지, 이렇듯 숫자와 계약서에는 드러나지 않는 세밀한 부분을 깊게 파고드는 것이 중요하다.

이야기가 잠시 샛길로 빠지지만, 나는 가족과 식사하러 가면 종종 '식사비 맞히기 게임'을 한다. 이름처럼 레스토랑에 가서 밥을 먹고 식사비로 얼마가 나올지 알아맞히는 게임이다. 규칙은 아주 단순하다. 순서대로 예상 식사비를 발표하되 다른 참가자와 500엔 이상 차이 나는 금액을 말해야 하며, 최종적으로 실제 식사비와 가장 근접하게 예상한 참가자가 상금을 받는다.

가족과 이 게임을 하면 나도 그렇지만 아이들도 먼저 메뉴판을 보고 자신이 주문할 생각이 없는 요리까지 최대한 가격을 기억하려고 노력한다. 그리고 식사비를 계산하기 직전에 가위바위보로 순서를 정하고 순서대로 주문한 식사의 총액을 예상해 발표한다.

이때 앞서 말했듯이 예상 금액은 다른 참가자와 500엔 이상 차이 나야 한다는 규칙이 있으니, 앞선 참가자가 말한 금액과 자신이 말할 금액에 따라 자신보다 뒤에 말할 참가자들의 예상 금액에 제약을 줄 수 있다. 그래서 단순히 자신이 생각한 금액을 발표하는 것이 아니라, 얼마라고 해야 자신의 예상 금액과 다른 참가자의 예상 금액을 멀리 떨어트리고 자신의 예상 금액을 실제 금액에 가깝게 할 수 있을지 궁리한다.

나는 이 게임이 아이들에게 상품의 가격이 식사의 질, 서비스의 질에 걸맞게 설정되어 있는지 생각하게 하는 좋은 기회라고 여긴다. 또 주위를 살피며 자신은 얼마라고 예상하고 상대는 얼마라고 예상할지 등을 생각하는 것은 장기적으로 기댓값을 더욱 정확하게 이끌어내는 결과로 이어진다고 본다. 내가 기댓값을 얼마나 중요시하는지 이해할 수 있을 것이다.

본론으로 돌아가자. 투자자는 돈을 불리기 위해 투자하는 것이기에 기본적으로 투자수익이 전부다. 투자수익이 전부라고 말하면 눈앞의 이익만 추구한다고 생각할지 모르지만, 주식시장에서는 장기적인 이익 예상도 반영하면서 주가가 형성되기 때문에 중장기적인 성장이 반영된 주가를 예상해야 한다. 그런 의미에서는 모든 투자에 장기 투자라는 관점이 필요하다. 장기 투자는 좋고 단기 투자는 나쁘다는 식의 논리를 종종 보는데, 내가 봤을 때 단기 투자와 장기 투자를 나누는 것은 전혀 의미가 없다.

일본에서 투자자에게는 '땀 흘리지 않고 큰돈을 버는 사람'이라는 나쁜 이미지가 있다. 유감스럽게도 나 또한 투자자의 이미지를 나쁘게 만든 장본인 중 한 명일지 모른다. 그러나 이미지가 좋든 나쁘든 사업에는 자금이 필요하고, 자금을 댐으로써 리스크를 짊어지는 존재가 투자자다.

투자자의 또 다른 중요한 역할은 투자한 기업의 경영을 감시, 감독하는 것이다. 투자자는 투자수익을 극대화하기 위해 경영자에게 사업 운영을 위탁했다. 따라서 경영을 제대로 하고 있는지 감시하는 것도 중요한 역할이다.

일본은 2015년에 '기업 거버넌스 코드(Corporate Governance Code)'를 제정*함에 따라 마침내 투자자인 주주와 경영자가 대화를 나누면서 기업 가치를 극대화하려는 시스템을 가동하기 시작했다. 그러나 아직도 '의견을 말하지 않는 주주'가 너무 많다. 의견을 말하는 것은 경영자가 구축해온 과거의 실적을 비판하는 의미를 지닌다. 따라서 경영자는 '어떤 의견도 듣고 싶지 않은' 심정일지 몰라도 일본 기업을 개혁하려면 주주의 거버넌스(통치)가 필요하다. 나는 의견을 말하는 것도 투자자의 중요한 책무라고 생각한다.

투자자와 경영자의 분리

과거에는 투자자가 사업 운영도 했다. 현재도 가령 동네 과일가게는 주인이 직접 자금을 대서 가게를 열고 직접 운영하는 경우가 대부분일 것이다. 대기업도 다케나카공무점과 롯데 같은 비상장기업은 오너 일가가 주식을 보유하고 그들 또는 그들과 가까운 사람들이 경영한다. 그러나 상장기업은 투자자와 경영자가 분리되어 있는 것이 보통이다.

투자자와 경영자의 분리, 즉 자본과 경영의 분리는 대항해 시대이던 15세기 중반의 유럽까지 거슬러 올라간다. 신대륙을 발견해 금은보화를 조달한다는 장대한 꿈은 전형적인 하이 리스크 하이 리턴 투자다. 이 시대에는 항해 도중 배가 난파할 위험

* 일본의 기업 거버넌스 코드(기업 지배구조 모범규준)는 2015년 제정되었고 2018년, 2021년에 개정되었다.

이 컸다. 그리고 선단을 파견하려면 막대한 비용이 들었다. 신대륙을 발견하고 싶은 모험가가 이 자금을 혼자 감당하기는 불가능하니, 부유층으로부터 자금을 모아서 항해하고 항해에서 얻은 이익을 그들에게 분배하는 방식을 채택하게 되었다.

아메리카 대륙을 발견한 이탈리아인 크리스토퍼 콜럼버스(이탈리아 이름은 크리스토포로 콜롬보)는 포르투갈 왕실에 항해 자금을 원조해달라고 요청했다가 거절당한 뒤 스페인 왕실의 원조를 받아 출항했다. 즉 콜럼버스는 경영자, 스페인 왕실은 투자자인 셈이다. '이러이러한 배를 타고 이러이러한 항로로 신대륙을 향한다'라는 콜럼버스의 사업 계획에 스페인 왕실이 투자한 구도다.

어떻게 이익을 분배할지는 사전에 정해놓았다. 양측은 항해에 성공하면 콜럼버스는 총독령에서 얻은 이익의 10%를 받는다, 향후 항해에 출자할 경우 그 비율에 맞춰 이익을 배분한다, 콜럼버스는 새로 발견한 토지의 종신 총독권을 얻는다 등에 합의했다. 경영자 콜럼버스는 이렇게 투자자의 출자로 항해에 나서서 1492년에 아메리카 대륙에 도착했고, 신대륙에서 약탈한 금품은 스페인 왕실에 배당금으로 환원되었다.

투자자와 경영자의 분리가 주식회사라는 형태로 정비된 것은 1600년 설립된 영국의 동인도회사가 최초다. 동인도회사는 항해가 있을 때마다 제삼자인 투자자가 출자하는 방식을 채택했다. 1601년 3월 첫 항해에는 출자자 215명이 자금 6만 8,373파운드를 모았다. 이 항해는 성공을 거두었고 동인도회사는 매출액 전부를 출자자에게 환원했다.

그러나 매출액을 전부 환원하면 항해가 있을 때마다 출자금을 모아야 한다. 그래서 1657년부터는 사업을 지속적으로 운영한다는 목표를 세우고 매출액이 아니라 이윤만 주주에게 분배하는 방식으로 개정했다. 그리고 동시에 투자자가 경영에 참여할 수 있도록 총회 방식을 채택함으로써 오늘날 주식회사의 기초를 만들었다.

일본 사례를 살펴보면 상점의 반토(番頭, 지배인) 제도가 이에 가깝다. 반토는 상점 주인의 오른팔에 해당하는 존재였다. 반토 제도는 에도 시대에 시작되었고, 메이지 시대에 근대화가 진행되고 기업 규모가 커져 사업에 대한 전문 지식이 필요해지자 우수한 반토가 창업자를 대신해 경영을 맡았다.

창업자는 주식을 보유한 '사주(=자본가, 투자자)'가 되고 실제 경영은 반토가 하는 형태가 일반화되었다. 반토는 창업자의 안색을 살피면서 업무를 집행하고, 중요한 사항은 창업자가 직접 결정하도록 하는 환경이었다. 오늘날로 치면 반토가 이사회, 창업자가 주주총회라는 위치에 가깝다. 훌륭한 반토가 기업을 키운 사례는 미쓰이와 미쓰비시를 비롯해 상당히 많다.

이런 제도는 제2차 세계대전이 끝나고 재벌이 해체되면서 사라졌다. 관료 주도로 경제가 재건되는 가운데 신흥 기업은 창업자라는 절대적인 존재를 잃어버린 대신 상장해서 수많은 주주를 얻게 되었다. 주주와 경영자 사이에 과거와 같은 '밀도'는 사라졌고 그 결과 주주의 거버넌스가 약해져갔다.

나는 상장기업의 경영자에게 늘 그가 경영하는 기업의 주식을 일정 수준 보유해야 한다고 제안한다. 경영자가 주주와 같은 시선을 갖게 하기 위함이며, 주주와 똑같은 리스크와 리턴을 짊어졌다는 마음가짐으로 사업을 운영하기를 바라기 때문이다.

중요한 것은 리스크뿐만 아니라 자신의 공적에 대한 리턴도 누릴 수 있는 시스템이다. 일본 상장기업에는 자신이 경영하는 기업의 주식을 보유하지 않은 이사가 너무 많다. 그런 경영자는 급여와 상여금이라는 안정적인 수입만을 얻을 뿐, 주가와 연동되는 리스크와 리턴이 없다. 그래서 그들은 주가를 신경 쓰지 않고 보수적인 경영으로 일관하며, 퇴직금과 상여금을 얼마나 받을지만 신경 쓴다.

자신의 경영 솜씨에 자신이 있고 기업 가치를 높일 자신이 있다면 자신이 경영하는 기업의 주식에 투자하는 것이 최고다. 그래서 나는 스톡옵션 제도에 크게 찬성하며, 나아가 정말로 경영에 자신이 있다면 경영자가 MBO 형태로 주식을 사들여 오너가 되는 것도 좋은 방법이라고 생각한다.

뛰어난 경영자란

경영자의 역할은 무엇일까? 주주총회에서 이사가 선임되고, 그중에서 대표이사(≒사장)가 선임된다. 경영자는 주주(투자자)로부터 위임을 받아 기업의 경영 방침과 경영 계획을 입안, 결정, 실행하는 존재다. 자신의 이익을 위해서가 아니라 기업을 성장시키고 주주의 이익을 극대화하기 위해서 기업을 운영한다. 기업에 손해를 끼치지 않으려는 선량한 관리자로서의 주의 의무도 있다.

따라서 주주는 제대로 된 사업 계획과 경영 방침을 만들고 이를 실행할 능력이 뛰어난 사람을 업무를 위탁할 대상자로 선택한다. 결과를 내서 투자자의 신뢰를 얻은 경영자는 또다시 경영자로 임명된다. 그러나 일본의 경영자는 주주로부터 위임받았다는 감각이 희박해서 상장기업의 사장도 개인 기업의 오너처럼 행동하는 경우를 볼 수 있다.

닛산자동차의 재건 계획을 발표하고 그 계획을 훌륭히 실행해 경영을 재건한 카를로스 곤은 매년 거액의 보수를 받아 화제가 되었다. 2015년에 닛산에서 받은 금액은 10억 7,100만 엔이었다. 그 밖에 르노 본사, 나중에 회장이 된 미쓰비시자동차에서도 보수를 받았다. 그러나 나는 그가 뛰어난 경영자이며 비싼 급여에 걸맞은 활약을 했다고 생각한다.

비용 절감이며 경영 효율화 같은 화제로 경영자들과 이야기를 나눠보면 기업이 보유한 인재를 이들이 어떻게 생각하는지 듣게 된다. 나는 비용 관리 차원에서 직원의 급여를 일률적으로 삭감하거나 무작정 인원을 줄이는 것을 반대한다. 기업 가치를 높이는 데 가장 중요한 요소는 우수한 직원이기 때문이다. 기업 가치 향상에 공헌한 직원에게는 그에 걸맞은 보수를 줘야 하고, 반대로 높은 보수를 지급해서라도 그렇게 공헌할 직원을 확보해야 한다. 자금을 어떻게 배분해야 기업 가치 향상에 가장 기여할지 판단해서 최대의 성과를 내는 경영자야말로 훌륭한 경영자라고 말할 수 있다.

한편 나쁜 경영자는 기업을 사유화하고 주주의 시선에서 바라보지 않는 경영자다. 경비를 낭비하고, 주식을 다른 기업과 상호 보유해 보신을 꾀하고, 잉여 현금을 어떻게 쓸지 명확히 하지 않고, 주주와 대화하지도 않는 경영자다.

일본에 주주의 시선에서 경영하지 않는 상장기업이 많은 것은 주주인 경영자가 적고 직원에서 경영자가 되는 사례가 많기 때문이라고 생각한다. 미국에서는 보통 '주주+경영자 vs. 직원'이라는 구도로 기업을 경영한다. 그런데 일본은 '주주 vs. 경영자+직원' 구도다. 경영자가 되어도 경영하는 기업의 주식 보유율이나 스톡옵션 부여율이 미국에 비해 매우 낮아 주주의 시선에서 바라볼 기회가 거의 없는 것도 기업 거버넌스 원리가 작동하지 않는 큰 원인일 것이다.

오릭스의 미야우치 요시히코 회장은 내가 가장 존경하는 경영자다. 펀드를 설립할 때부터 그에게서 많은 도움을 받았다. 한번은 회식 자리에서 물었다. "실질적으로 오릭스를 창업해 대기업으로 만든 사람은 회장님인데 왜 창업할 때 좀 더 출자하지 않으신 겁니까?" 미야우치 회장의 오릭스 주식 지분율은 1%도 안 되었기 때문이다.

그는 이렇게 대답했다. "분명히 오릭스를 설립할 때 자금을 좀 더 출자한다는 선택지도 있었지만, 나는 겁이 많은 사람이라 어떻게 될지 알 수 없는 일에 돈을 더 낼 수가 없었네. 대신 니치멘과 산와은행을 비롯한 투자자들이 경영자인 나조차 주저한 리스크를 짊어지고 출자해준 덕분에 오릭스라는 기업을 창업할 수 있었지. 그러니까 내가 아니라 리스크를 감수해준 투자자들이 가장 큰 리턴을 얻어야 하네. 나는 약간의 스톡옵션과는 별개로 경영자로서 급여를 받고 말이지. 이것이 투자자와 경영자의 차이일세."

나는 이 말에 크게 감동했다. 미야우치 회장은 언제나 오릭스의 주주 가치를 높이고자 최선을 다하며 그런 의미에서도 매우 우수한 경영자다.

내가 펀드를 설립할 때 미야우치 회장은 내게 이렇게 조언해 주셨다. "펀드를 만든다면 최소 10%는 펀드매니저가 돈을 넣어야 하네. 안 그러면 다른 투자자들이 수긍하지 않을 거야. 운용이 허술해질지도 모르고. 그러니 펀드에 돈을 넣게나."

처음에는 이 조언을 지켰다. 그러나 펀드 규모를 500억 엔으로 키우고 나니 그 10%를 맞춰 넣을 능력이 없었다. 나는 오릭스에서 20억 엔을 빌려 펀드에 출자했다. 당연한 말이지만 오릭스가 20억 엔이라는 거금을 아무 절차 없이 빌려준 건 아니었다. 펀드 중 나의 보유분 전부를 담보로 잡았고, 놀랍게도 수령인이 오릭스인 생명보험에 가입하게 했다. 무슨 일이 있어도 내게 빌려준 돈을 회수하겠다는 자세의 표현이었다.

그런데 오릭스생명이 아니라 도쿄해상안심생명의 상품에 가입하라길래 왜 그런지 물었더니 미야우치 회장은 이렇게 말했다. "오릭스생명을 이용하면 만에 하나 상황이 벌어졌을 때 오릭스생명이 보험금을 줘야 하니 결국 오릭스그룹의 손해 아닌가. 그래서 외부자인 도쿄해상안심생명을 이용한 것이네."

역시 오릭스구나 하는 생각과 함께 쓴웃음이 나왔다. 이처럼 미야우치 회장은 설령 친한 상대라고 해도 철저하게 일을 처리했고 회삿돈에 누구보다 엄격했다. 사실 공기(公器)인 상장기업으로서는 당연한 대응이지만, 이렇게 철저한 상장기업 경영자는 사실 그리 많지 않다.

내가 기대하는 또 다른 경영자는 릭실(LIXIL)의 세토 긴야 사장이다. 세토 사장은 스미토모상사 시절 미국의 자재 유통 대기업 그레인저와 공동 출자해서, 공구를 판매하는 주식회사인 모노타로를 사내 벤처로 설립하고 상장시켰다. 모노타로가 사내 벤처였던 까닭에 세토 개인의 출자는 1%에 불과했고, 그 밖에는 이후 행사한 약간의 스톡옵션이 있을 뿐이었다. 창업자이면서도 주식을 거의 보유하지 않았지만 기업을 극적으로 성장시킨 점이 미야우치 회장과 매우 비슷하다.

세토는 55세에 모노타로의 모든 직위에서 물러나고 주식도 거의 전부 매각함으로써 사업에 관여하지 않게 되었다고 한다. 모노타로 외에도 열 개 기업을 창업한 그는 자신의 경영 능력을 시험해보고 싶다는 생각이 있는 듯하다. 2016년에 릭실에 영입되어 사장으로 취임했는데 경영을 책임지기 위해 보수는 전부 릭실 주식을 사는 데 사용한다고 한다.

기업 거버넌스
: 투자자가 경영자를 감독하는 시스템

기업 거버넌스는 투자자가 경영자를 감독하는 시스템이다. 일본에서도 2015년에 비로소 기업 거버넌스 코드가 제정되어 주주의 처지와 권리가 중시되기 시작했다.

기업의 이해관계자인 주주, 직원, 거래처에 각각 어떤 리스크가 있는지 생각해보자. 직원의 급여와 지위는 노동법에 따라

보호받는다. 거래처는 계약을 통해 보호받는다. 그러나 주주는 기업이 도산 위기에 빠졌을 때 모든 리스크를 짊어져야 하며, 경우에 따라서는 투자한 자금을 한 푼도 돌려받지 못할 수 있다. 그런 의미에서 기업이 낳는 이익뿐만 아니라 리스크도 전부 짊어지는 주주가 자신이 투자한 자산을 어떻게 지킬 것인가가 기업 거버넌스의 근본이다.

직원과 거래처 같은 이해관계자도 기업을 운영하는 데 매우 중요한 존재다. 궁극적으로 말하면 투자자에게 중장기적인 이익을 가져다주기 위해 기업에 반드시 필요한 존재라고 규정할 수 있다. 직원을 적재적소에 배치하고 의욕을 끌어내 효율적으로 일하게 하는 것은 경영자의 책무다. 구조조정을 해야 하는 상황에 몰리면 직원을 해고하는 것도 경영자가 할 일이며, 그런 결과를 불러온 경영자의 책임이다. 좋은 거래처를 찾고 양호한 관계를 구축해 직원들의 안정된 생활을 보장하는 것도 경영자의 임무다.

직원은 경영자를 따르는 존재다. 그들에게 투자자는 매우 멀고 일반적으로는 직접 만날 일도 없으니 매일의 업무에서 주주를 의식하면서 일하기는 어려울지 모른다. 그렇기에 기업 가치, 즉 주주 가치를 향상시키려면 경영자가 더더욱 주주의 시선에서 직원을 이끄는 것이 매우 중요하다.

자기자본이익률(ROE)은 기업 거버넌스 지표 중 하나로서 투자한 금액으로 얼마나 이익을 냈는지를 보여주며, 당기순이익을 순자산으로 나누어 산출한다. 투자자가 투자한 돈이 어느 정도 효율로 이익을 낳는지 알 수 있는 지표다.

기업이 ROE를 높이려면 당기순이익을 늘리거나 순자산을 줄이는 두 가지 방법뿐이다. 당기순이익을 늘리려면 이익을 늘리려는 노력이 필요하다. 한편 순자산을 줄이고자 할 때는 자사주 매입이나 배당 등을 통해 투자자에게 환원하게 된다.

그런데 일본 상장기업에서는 투자자와 경영자가 의식하는 지표가 분리된 경우가 많다. 투자자는 ROE 향상을 원하지만, 경영자는 안정된 경영을 위해 자금을 수중에 두고 싶은 마음이 강하다. 이는 순자산의 과도한 증대로 이어져 일본은 미국에 비해 ROE가 현저하게 낮은 경향이 있다. 기업 거버넌스를 이해하지 못하는 구식 경영자는 기업을 자기 집으로 착각한다. 그래서 빚을 싫어하고, 현금에 여유가 있으면 안심한다. 그런 잉여 자금을 순환시키기 위해 ROE를 중시하는 규칙이 생긴 것이다.

내가 투자한 기업에 주주환원을 요구하는 이유도 바로 여기에 있다. 운전자금으로 확보할 필요가 있는 액수보다 훨씬 많은 현금·예금을 보유한 상장기업이 많다. 잉여 자금을 모아두지 말고 더 많은 이익을 내기 위해 적극적으로 투자하거나, 투자할 만한 기회가 없다면 투자자에게 환원해야 한다.

투자자가 경영진에게 바라는 것은 은행에 저금해서 쥐꼬리만

한 이자 수입을 얻는 것이 아니다. 그럴 생각이었다면 애초에 기업에 투자하지 않고 직접 은행에 예금했을 것이다. 기업에 투자하는 것은 리스크를 동반하기는 해도 은행에 저금해서 받는 이자보다 많은 이익을 원하기 때문이다.

기업은 투자받은 자금을 효율적으로 사용할 수 없는 상황이라면 적극적으로 투자자에게 돌려줘야 한다. 그러면 투자자는 성장을 위한 자금이 필요한 다른 기업에 그 자금을 투자한다. 그렇게 세상에 돈이 순환하고 경제가 돌아가는 것이다.

2015년, 아소 다로 재무장관은 내부 유보금을 쌓아두고 있는 일본 기업을 두고 "아직도 돈을 쌓아놓고 싶어 하는 기업은 수전노일 뿐이다"라고 발언해 비난을 받았다. 표현 방식이 옳았는지는 논란의 여지가 있어도 나는 아소 장관이 정론을 말했다고 생각한다. 일본에는 상장기업에만 300조 엔을 훌쩍 뛰어넘는 내부 유보금이 있다. 심지어 그중 절반이 현금·예금이다. 평소에 자금을 쌓아놓지 않아도 필요할 때 시장에서 조달할 수 있는 것이 상장기업의 큰 장점이고, 애초에 그러라고 있는 제도가 상장 아닌가.

신규 사업이나 설비 투자에 자금을 적극 사용해서 실적을 키우지도 않고, 그렇다고 주주에게 환원하지도 않고 돈을 쌓아두는 데 집착하는 경영자야말로 장기적인 기업 성장을 바라지 않는 장본인이다. 자신이 재직하는 몇 년 사이에 사업 환경이 악화되더라도 망하지 않고 살아남는 일에 중점을 두는 듯 보인다. 역시 '수전노'라고 부를 수밖에 없다.

집중투표제를 도입하라 : 도시바의 커다란 과오

나는 기업 거버넌스가 효과적으로 기능하기 위한 방법 하나가 집중투표제라고 생각한다. 미국 등에서 잘 사용하는 방법이다. 주주총회에서 이사를 여러 명 선임할 때 각 주주에게 선임할 이사의 수와 같은 수만큼 의결권을 부여한다. 주주는 이 의결권을 여러 후보자에게 나눠서 투표할 수도 있고 후보자 한 명에게 몰아줄 수도 있다. 이렇게 투표한 결과로 득표수가 많은 후보부터 순서대로 이사에 선임된다.

가령 이사를 세 명 뽑는데 주주 A가 10주를 보유했다면 A의 의결권은 30표다. 5주를 보유한 주주 B에게는 15표가 주어진다. 이때 A는 후보자 ①, ②, ③에게 10표씩 투표했고 B는 후보자 ①, ②에게 1표씩 투표하고 특히 지지하는 후보자 ④에게 나머지 13표를 전부 투표했다고 가정하면 선임되는 이사는 후보자 ①, ②, ④다. 주식을 더 많이 보유한 A가 어떻게 투표하든 B가 자기 표 전부를 ④에게 몰아주면 ④는 반드시 이사에 선임된다.

요컨대 집중투표제를 도입하면 소수주주도 자신이 지지하는 사람을 이사로 만들 수 있다. 그리고 소수주주에게 선택받은 이 이사가 기업 거버넌스에 중요한 역할을 한다.

일본 기업에서는 보통 후보자별로 찬반을 묻는 방식을 쓴다. 그러나 이 방식은 대주주의 의향은 쉽게 반영하는 반면 소수주주의 의견은 거의 반영하지 못한다. 한편 집중투표제는 일본에서도 회사법 제342조로 정해져 있어서 주주총회 5일 전까지 주주가 주식회사에 청구하면 가능하다. 그러나 실제로는 정관에 집중투표제를 도입하지 않는다고 규정한 기업이 대부분이다.

기업 거버넌스 코드는 소수주주를 보호한다는 의미에서도 사외이사 도입을 제창했다. 그러나 나는 현재의 사외이사가 독립성 측면에서 큰 문제가 있다고 생각한다. 미국에서는 주식을 5% 정도 취득하면 거의 확실히 이사를 들여보낼 수 있고, 상장기업은 주주가 제안한 이사를 받아들일 각오를 해야 한다.

그런데 일본에서는 기업의 양해를 얻지 않고 주식을 취득한 주주는 주식이 아무리 많아도 이사를 들여보내기가 불가능에 가깝다. 애초에 사외이사 후보자를 경영자가 선택하기 때문에 경영자 편에 가까운 사람만 사외이사가 된다. 나도 투자처의 사외이사와 면담한 적이 있는데, 외부에서 경영을 감시한다는 사외이사의 역할조차 이해하지 못한 사람도 있었다. 이런 이름뿐인 사외이사에게 보수를 지급하는 것은 돈 낭비일 뿐이다.

지금까지 집중투표제를 권장하는 이유를 이야기했고 이제 미국과 일본의 사례를 살펴보자. 미국의 대표적 사례는 거대 생명보험사 AIG다. AIG는 리먼브러더스 사태 이후 주택담보대출을 포함한 금융 파생상품 거래로 거액의 손실을 입어 파산 직전까지 몰렸다. 대규모 공적 자금이 투입된 뒤에도 AIG의 형편없는 경영이 개선되지 않자 본격적인 재건을 위해, 역시 거대 보험사인 메트라이프의 회장 겸 CEO를 역임한 로버트 벤모시가 CEO로 영입되었다.

벤모시는 사업 규모 축소와 자산 매각, 인원 감축을 진행했고, 그 결과 이자를 포함해 2,000억 달러 넘는 공적 자금을 전부 갚는 데 성공했다. 한때 1달러 밑으로까지 떨어졌던 주가도 벤모시가 퇴임한 2014년에는 50달러를 넘겼다.

벤모시가 은퇴한 뒤 피터 핸콕이 CEO로 취임했다. 그런데 주주행동주의 투자자로 유명한 존 폴슨과 칼 아이칸이 핸콕의 재건 성과가 '기대 이하'라며, 사업 분할 등을 통해 주주 가치를 높이라는 압력을 가했다. 2013년 미국 금융안정감시협의회(FSOC)가 AIG를, 파산할 경우 경제 전체에 커다란 영향을 끼칠 위험성이 있는 '시스템적으로 중요한 금융기관(Systemically Important Financial Institution, SIFI)'으로 지정함에 따라 자사주 매입 등에도 규제가 가해져 사업 자유도가 훼손된 상태였다.

폴슨과 아이칸 등 주주들은 AIG를 손해보험, 생명보험, 주택대출보험 세 회사로 분할해 규제의 영향을 최소화하고 각 사업의 자유도를 유지해 기업 가치를 향상시키라고 압박했다. 이에 AIG는 타협안으로 사업 규모 축소, 자회사 매각과 동시에 2년 동안 최소 250억 달러의 주주환원을 실행하겠다는 계획을 발표했고, 그 직후 폴슨 본인과 아이칸의 직원이 이사로 취임해 경영을 감시하게 되었다. 그러나 실적은 계속 하락했고 2016년 결산에서는 최종 적자를 기록했다. 결국 2017년 3월, 핸콕은 실적을 회복시키지 못했다는 이유로 취임 3년도 안 된 시점에 인책 사임을 발표했다.

전임자 벤모시가 재임하는 동안 주가가 1달러 근방에서 50달러까지 회복한 반면, 핸콕에게 바통이 넘어간 뒤로는 60달러 전후에서 오르내렸다. 폴슨은 100달러를 넘겨도 이상하지 않은 AIG 주가가 60달러 근방에서 정체된 것은 '경영에 문제가 있기 때문'이라고 주장했다. 핸콕이 사임한 배경에는 아이칸의 해임 요구가 있었다고 한다.

미국 상장기업의 경영자는 항상 이런 식으로 주주의 냉혹한 시선에 노출되어 있다. 펀드 등의 주주가 직접 이사로 취임하는 일도 드물지 않다. 경영자는 주주의 기대에 부응하는 결과를 내거나, 그러지 못했다면 왜 그랬는지 설명해서 이해를 얻거나, 그마저도 하지 못하면 경영자 자리에서 쫓겨나야 한다.

이런 긴장감은 경영자와 주주가 '기업 가치 향상'이라는 같은 목표를 향해서 나아가는 데 매우 중요하다. 경영자는 주주의 시선을 가까이서 느끼고, 주주는 일상의 업무를 깊게 이해하며, 이사회라는 자리에서 철저히 토론해 서로에게 최선인 방향을 이끌어내기 위해 주주를 이사회에 맞이한다. 이사로서 투자하는 기업의 경영에 참여하는 것은 쌍방에게 유의미한 일이고 쌍방에게 최선인 결과를 만들어낼 것이다. 그래서 나는 그 기회를 확대하는 집중투표제에 찬성한다.

반면 일본 기업을 보면 대척점에 있는 사례가 존재한다. 바로 도시바다. 도시바도 리먼브러더스 사태 이후 창사 이래 최대 적자를 기록했다. 엎친 데 덮친 격으로 동일본 대지진과 후쿠시마 제1원자력발전소 사고의 영향으로 경영이 악화되었을 때 1,500억 엔이 넘는 부적절한 회계 문제가 먼저 불거졌고, 이어서 미국의 원자력발전소 사업에서 7,000억 엔 넘는 손실을 기록하는 등 문제가 속출했다.

본래 도시바는 2003년에 '위원회 등 설치 회사'*로 이행하고 사외이사도 초빙하는 등 기업 거버넌스에 힘을 쏟는 선구적인 기업으로 인식되었다. 그러나 일부 언론이 지적했듯이 시스템을 잘 갖추고도 사외이사 인선 등 운영에 문제가 있었던 듯하다.

부적절한 회계 문제가 떠오른 뒤 사내 시스템을 재검토하고

* 지명위원회, 감사위원회, 보수위원회라는 세 위원회를 두고, 이사회가 경영 전반을 감시하고 집행 임원이 실무를 집행하도록 조직 형태를 분리한 주식회사. 세 위원회는 이사회 내부에 설치되며 위원 과반수를 사외이사로 구성해야 한다.

정비를 진행했을 텐데도 거액의 손실이 발생한 것은 회사 내부 커뮤니케이션에 문제가 있었기 때문이 아니냐는 보도가 있었다. 주주와의 커뮤니케이션이라는 대외적 문제를 논하기에 앞서, 정보가 필요한 부서에 공유되지 않는 사내 시스템 문제도 있었던 듯하다. 시가총액이 수조 엔에 이르고 일본을 대표하는 상장기업임에도 생명보험과 은행 같은 주주의 거버넌스가 없는 것과 마찬가지였고, 그 후 실적과 신뢰를 회복하는 과정에도 주주의 엄격한 감시가 없었던 것은 심각한 사태였다.

미국의 원자력발전회사 웨스팅하우스와 건설회사 S&W를 인수한 것은 도시바 경영진의 관점에서는 승률은 낮아도 기댓값이 매우 높은 안건이었는지도 모른다. 성장을 가속하기 위해 그런 투자를 하는 것 자체를 부정할 생각은 없다. 그러나 리스크의 크기에는 주의해야 했다.

투자에 따르는 최대 리스크를 어림셈했을 때 그 리스크가 기업 전체의 존속을 불가능하게 만들 위험성이 있다면 재무적으로 기업 가치는 제로 혹은 마이너스가 되어버린다. 그런 거대한 리스크를 짊어진 것이 도시바의 가장 큰 실책일 것이다. 그런 상황에서 기업 거버넌스가 기능하지 않아 최악의 사태를 초래하고 말았다.

최근에는 닛산의 칼소닉칸세이, 히타치의 히타치공기 같은 대기업 자회사를 대상으로 공개매수가 계속되고 있다. 칼소닉칸세이는 공개매수 발표 전 6개월간 종가 평균이 923엔인 데 비해 공개매수 가격은 1,860엔(이 중 570엔은 특별 배당)이었다. 히타치공기도 공개매수 발표 전 6개월간 종가 평균이 893엔인데 비해 공개매수 가격은 1,450엔(이 중 580엔은 특별 배당)이었다. 양쪽 모두 기존 주가의 2배 가까이를 매수 가격으로 설정했다. 이것이 의미하는 바는 두 기업 모두 그때까지 기업 가치를 극대화하기 위해 노력하지 않았다는 것, 최대주주인 모기업을 비롯한 주주들이 시장에서 주가가 낮은 상태로 방치되는 것을 허용해왔다는 것이다.

이들 기업의 주주들은 때마침 그 기업에서 시장 가격보다 훨씬 높은 가치를 발견한 제삼자의 공개매수 덕분에 정당한 리턴을 얻을 수 있었다. 그러나 일본에는 이런 외부의 움직임이 없는 상태이고, 기업 거버넌스도 기능하지 않으며, 주주의 시점이 크게 결여된 경영을 계속하는 상장기업이 아직도 많다.

나는 이처럼 어떤 사정으로 주가가 정당한 가치를 반영하지 못하는 기업을 효과적으로 시정하는 가장 좋은 방책이 집중투표제라고 생각한다. 대주주뿐만 아니라 폭넓은 계층의 주주가 이사회에 자신의 의견을 반영할 수 있는 시스템이기 때문이다.

주주에게는 좀 더 진지하게 투자처의 의사결정에 관여하려는 자세가 필요하다. 직접 이사를 보내거나, 이사 후보자로 오른 사람의 프로필과 실적을 철저히 파악하고 의결권을 행사해야 한다. 수동적으로 기업이 알아서 가치를 올려주기를 기다리지 말고 스스로 행동해야 한다. 일본 기업의 가치는 투자한 기업과 투자자가 서로 절차탁마할 때 비로소 크게 향상된다.

현재 칼소닉칸세이와 히타치공기의 공개매수, 자회사화를 목적으로 한 M&A 등은 외국 자본이 주도한 경우가 많다. 기술이 유출될 수 있다거나 장기적인 이익의 일부가 국외로 유출된다는 우려는 있지만, 기업 가치가 지속적이면서 장기적으로 성장한다면 결국 일본에 이익이 된다.

기업 인수나 합병을 통해서 주식을 팔면 그 이익에 세금이 징수된다. 설령 팔지 않더라도 주가가 적정 가치를 향해 상승하면, 그 주식을 일본은행이나 연금이 보유하고 있을 경우 운용 실적 상승으로 이어진다. 실적이 오르면 소비세와 법인세 등의 세금도 늘어나고, 직원이 늘고 급여가 오르면 소득세도 증가한다. 그리고 기업이 지속적으로 성장하면 주가는 더욱 상승한다.

이렇게 해서 사회에 자금 선순환이 일어난다. 자금 선순환은 반드시 파생적인 선순환을 불러온다. 그 계기를 만들기 위해 무엇보다 먼저 현재 필요 이상으로 많은 자금을 쌓아둔 상장기업이 시장에서 정당한 평가를 받는 기업으로 거듭나도록 변혁을 촉구해야 하며, 이를 위해서는 주주의 관점에서 생각하는 이사가 필요하다. 그런 의미에서도 상장기업들이 집중투표제를 검토했으면 하는 바람이다.

3장

生涯投資家

도쿄스타일에

방만한 경영을 계속하는 도쿄스타일에

500엔 배당과 자사주 취득 등을 요구하며 시작한 위임장 대결.

진행 도중에 중재를 맡은 재계인의 호출을 받고 찾아갔는데…….

위임장 대결을 시도하다

세상이 바뀔 때 누군가가 나쁜 짓을 해서 페널티를 받는 것을 보면 '저런 나쁜 짓을 해서는 안 되는구나'라고 생각하는 계기가 된다. 반대로 누군가가 훌륭한 일을 해서 칭찬받거나 사회적으로 높은 평가를 받거나 돈을 버는 것을 보고 다른 사람들이 따라 함으로써 변혁이 일어나기도 한다.

내가 지향하는 것은 후자다. 내가 펀드를 시작했을 무렵, 일본에는 공개매수에 관한 지식이 없었으니 반발이 있었다. 그러나 공개매수는 나쁜 것이 아니고 정당한 규칙의 범위 안에서 실행된다. 이 점을 이해한다면 다른 누군가가 나를 이어서 공개매수를 실행할지도 모른다고 생각했다.

펀드를 설립한 뒤로 몇 개 종목에 투자하고, 쇼에이의 공개매수를 시도하고, 투자한 도큐호텔이 비상장화하는 등 큰 성과를 올렸다. 나에 대한 취재도 늘어서 텔레비전과 잡지에서는 나를 변혁자의 위치에 두고 호의적으로 보도했다. 그 정도로 세상이 바뀔 조짐이 보이지는 않았지만 예상하지 못한 바는 아니었다. 나는 줄곧 생각했다. '기업 거버넌스는 일본에서 아직 낯선 개념인데 더 널리 알려서 상장기업이 좀 더 주주를 중시하게 하려면 어떻게 해야 할까? 한 사례가 커다란 계기가 될 텐데….'

내가 존경하는 로버트 몽스는 미국에서 기업 거버넌스 개선을 실천하기 위해 투자처에 주주 제안을 하고 위임장 대결을 끊임없이 시도했다. 실패한 건도 많지만 투자한 기업의 경영진에게 좋은 의미로 긴장감을 부여했다. 미국에는 앞서 설명한 집중투표제가 있어서 일정 수의 주주를 모으는 데 성공하면 임원 선임 위임장 대결에서 제안을 통과시키는 경우가 많다. 위임장 대결로 주주가 사외이사를 보내서 기업 거버넌스가 올바로 기능하도록 할 수 있는 시스템인 것이다.

몽스도 나에게 여러 번 조언했다. "공개매수를 통한 인수에 집착하지 말고 더 많은 주주의 찬성을 얻는 위임장 대결에 도전하면 어떻겠습니까? 기업이라는 곳은 조금씩 바뀌어가기 마련입니다." 그래서 일본에서도 위임장 대결을 통해서 기업 거버넌스가 정상적으로 기능하지 않는 '나쁜 기업'을 바꾸는 일에 도

전해보자고 생각하게 되었다.

그러던 중 내가 나쁜 기업으로 판단하는 전형적인 요소, 즉 '주주와 마주하지 않는다, 경영자가 자기 보신에 열중한다, 주주 가치를 생각하지 않는다'를 모두 갖추고 방만하게 경영하는 기업을 발견했다. 그곳에 대한 투자는 나에게 필생의 사업이라고 말할 수 있을 만큼 길게 진행되었고 언론의 주목도 받아서 세상 사람들이 '기업은 누구의 것인가?'를 다시 한번 생각하게 하는 커다란 계기가 되었다.

도쿄스타일이 바로 그 기업이다.

도쿄스타일에 투자하다

2000년 뉴욕에서 열린 기업 거버넌스 포럼에 연사로 초청받았을 때였다. 애프터파티에서 미국인 투자자 몇 명이 내게 물었다. "도쿄스타일을 어떻게 생각합니까?"

도쿄스타일은 1949년에 창업한 여성복 제조사다. 개요는 알지만 투자에는 이르지 않은 기업이었다. 나는 펀드에서 투자할 종목을 선택할 때 시가총액에서 현금·예금(부동산, 유가증권 등 환금 가능한 자산 포함)이 차지하는 비율, PBR, 주주 구성 등을 점수로 환산해 심사한다. 도쿄스타일은 늘 투자 대상으로 첫손에 꼽힌 후보였다. 그러나 의류 제조업은 당시 내 전문 분야가 아니었다. 시가총액도 1,000억 엔이라 당시 300억 엔 정도였던 펀드 규모보다 상당히 커서 투자하지 않았다.

"무라카미 씨, 부디 도쿄스타일에 투자해주십시오. 그렇게 이상한 기업은 세상에 또 없습니다." 미국 투자자들은 입을 모아 말했다. 뭐가 그렇게 이상한지 물어보니 도쿄스타일은 상장기업이고 외국인 투자자의 주식 보유율이 높은데도 주주의 면담 요구에 경영자가 절대 응하지 않는다는 것이었다. 그래서 누구도 경영자를 만난 적이 없다고 한다.

당시 도쿄스타일 사장 다카노 요시오는 다카노 제국을 구축했다는 말이 있을 만큼 기업 내부에서 강한 권력을 가졌다. 일개 영업사원이었지만 재능을 인정받고 출세해 1979년 사장으로 발탁되었고 이후 2009년에 타계하기까지 30년 동안 실질적인 경영자로 군림했다.

뉴욕에서 돌아온 나는 곧바로 도쿄스타일의 주식을 살지 말지 펀드 내부에서 논의했다. 규약에 따르면 한 종목에 투입할 수 있는 자금은 펀드 총액의 20%까지, 즉 60억 엔까지였다. 이 금액으로는 아무리 애써도 시가총액이 1,000억 엔인 도쿄스타일의 발행주식 중 5% 정도만 살 수 있었다. 과연 이런 상황에서 투자해도 될지 망설여졌지만 일단 조금씩 사보자고 결론을 내렸다.

2001년 당시 도쿄스타일은 연결 매출액 625억 엔, 영업이익

48억 엔, 영업 외 이익(주로 이자와 배당금 수입) 52억 엔, 경상이익 92억 엔, 당기순이익 47억 엔이었다. 한편 자산 상황은 순자산 1,576억 엔, 총자산 1,771억 엔이었으며 이 가운데 현금·예금, 유가증권, 투자유가증권이 1,300억 엔이었다.

시가총액이 1,000억 엔 조금 넘는 수준이었으므로 매우 저평가된 상태였다. 시가총액 이상의 현금·예금 동등물을 보유한 현금 부자였던 것이다. 본업인 의류 제조업의 매출액은 순자산의 절반 정도에 불과했고 심지어 점점 감소하고 있었음에도 경영 개혁이나 구조조정을 실시하지 않고 막대한 자산에 의지해 사업을 계속하고 있었다. 사실상 투자회사나 다름없었다.

펀드가 어느 정도 주식을 보유하게 된 시점에 나는 도쿄스타일의 IR 담당자에게 연락하려 했다. 주주로서 다카노 사장을 만나고 싶다고 요청하기 위해서였다. 그러나 도쿄스타일에는 IR 부서도, 담당자도 없었다.

대신 총무부장인 나카지마 요시키가 나를 상대했다. "사장님께서는 주주를 만난 적이 없고 만날 생각도 없으십니다. 만나고 싶다면 주주총회에 참석하십시오." 그도 이런 답만 내놓을 뿐, 내 요청을 들어주지 않았다. 총무부장의 태도 또한 매우 오만하게 느껴졌다. 후일담이지만 다카노 사장이 타계한 뒤 놀랍게도 그가 도쿄스타일의 사장이 된다.

15분 만에 끝난 사장 면담

어쩔 수 없이 일단 주주총회에 참석한 다음 이후 전략을 생각하기로 했다.

2001년 5월 총회에 펀드의 부사장을 참석시키고 보고를 받았다. 질문도 없이 약 15분 만에 끝난 이른바 일사천리 총회였다고 했다. 게다가 의안 결의에 들어가면 직원 주주들이 일제히 "이의 없습니다!"라고 외쳐서 깜짝 놀랐다고도 했다. 당시 도쿄스타일은 외국인 주주 비율이 40%에 가까웠기에, 도쿄스타일의 경영자가 어떤 인물인지 신기하게 생각한 주주들이 총회에 참석해 이것저것 질문하지 않을까 생각했는데 그런 모습도 없었다고 한다.

나는 어떤 사람들이 실제로 주식을 보유하고 있는지 알고 싶어져서 도쿄스타일에 주주 명부 열람을 청구했다. 회사법 제125조 제2항에 규정된 주주의 정당한 권리다. 그런데 도쿄스타일은 내 요구를 계속 거부했다. 이에 나는 도쿄지방법원에 주주명부 열람에 관한 가처분 신청을 했고, 법원이 도쿄스타일에 권고함으로써 드디어 주주 명부를 열람할 수 있었다.

명부를 분석한 결과, 외국인 투자자의 대부분은 펀드였다. 나는 주주 가치 향상에 도움이 되는 제안을 한다면 그들의 찬동을 얻을 수 있지 않을까 생각했다. 동시에 도쿄스타일의 다른 주주들도 만나보고 다카노 사장에게 접근할 방법을 모색했다.

명부를 보니 법인 주주 중에 이토요카도가 있었다. 이토요카도의 이토 마사요시* 회장과는 친분이 있었기에, 실례를 무릅쓰고 도쿄스타일 다카노 사장과의 만남을 주선해줄 수 있는지 물었다. 그러자 이토 회장은 매우 떨떠름한 표정으로 말했다. "으음…. 다카노 군은 뭐랄까, 예전에는 참 귀여운 친구였는데 지금은 조금 변한 것 같아서 말이지…."

여기에는 사연이 있었다. 다카노 사장은 도쿄스타일의 창업자와 같은 야마나시현 출신이라는 인연으로, 야마나시 현립 히카와고등학교를 졸업한 뒤 도쿄스타일에 입사했다. 신출내기 영업사원이었던 그는 1960년대에 자전거를 타고 거래처를 돌아다니다가 기타센주에 있는 이토 회장 집을 찾아가게 되었는데, 그때 사모님이 손수 만든 소면을 먹었다. 이토 회장의 정원에 있는 우물물로 식힌 차가운 소면은 정말로 맛이 끝내줘서, 그는 활짝 웃는 얼굴로 이토 회장 내외에게 "이렇게 맛있는 소면은 먹어본 적이 없습니다"라고 인사하고는 이후에도 이따금 소면을 먹으러 찾아왔었다고 한다.

이토 회장은 그런 다카노가 마음에 들어 이토요카도에 도쿄스

* 현재 세계 1위의 편의점 기업 세븐일레븐을 성장시킨 전설적인 경영자다. 이토요카도는 슈퍼마켓이며 2005년 세븐앤아이홀딩스 산하의 비상장 자회사로 통합되었다.

타일 제품을 잔뜩 들여놓았다. 다카노는 1등 영업사원으로서 도쿄스타일을 뒷받침했고 창업자 사장의 마음에도 들어 점점 출세했다. 그리고 창업자가 세상을 떠난 뒤 그의 양자였던 임원을 몰아내고 사장으로서 실권을 쥐었다. 그 후로는 예전 같은 귀여움이 사라지고 매우 오만한 사람이 되어버렸다는 이야기였다.

그래도 얼마 후 이토 회장은 나를 위해 다카노 사장과의 면담을 주선해주었다. 마침내 다카노 사장을 만날 수 있게 된 것이었다. 도쿄스타일 본사를 찾아가 안내데스크에서 다카노 사장을 만나기로 약속했다고 이야기하자, 나카지마 총무부장이 내려와 사장실 바로 옆에 있는 회의실로 나를 데려갔다.

이윽고 다카노 사장이 무뚝뚝한 표정으로 회의실에 들어왔다. 그리고 명함을 교환하자마자 불만을 토로했다. "나는 은행과 거래처 외에는 주주를 만난 적이 없네. 왜 자네를 만나야 하는지 모르겠군. 나는 주주 따위 만나고 싶지 않네. 나를 보고 싶다면 주주총회에 오면 되지 않나?"

그래도 나는 끈질기게 경영 내용에 관해 몇 가지 질문을 했다. 그러나 다카노 사장은 나를 상대해주지 않았다. "내가 왜 자네한테 그런 것을 말해줘야 하지?" 도쿄스타일은 이러해야 한다고 아무리 이야기해도 "자네 따위에게 왜 그런 말을 들어야 하는지 모르겠군"이라며 들은 체도 하지 않았다.

대화가 진전될 것 같은 상황이 전혀 아니었다. 면담 시간은

30분으로 예정되어 있었지만 15분 만에 할 말이 없어진 나는 이쯤에서 실례하기로 마음먹고 만나주셔서 감사하다고 고개 숙여 인사했다. 다카노 사장은 인사를 받지도 않고 이웃한 사장실로 돌아갔다.

그대로 남겨진 나는 혼자서 회의실을 나왔다. 그런 경험은 그때까지 해본 적이 없었고 그 후로도 없다. 주주로서 경영자와 건설적인 대화를 나누고 싶다는 기대는 순식간에 무너졌다. 직접 이야기를 나눠도 전혀 의미가 없음을 깨닫고서 주주총회를 이용하기로 결정했다. 이듬해 총회에서 주주 제안을 제출하고 위임장 대결을 벌이기 위한 준비를 시작한 것이다. 2002년 말에는 펀드 규모도 500억 엔을 넘어섰기에 그중 100억 엔을 사용해 10% 정도의 도쿄스타일 주식을 사들였다.

나는 잉여 자금을 어떻게 활용할지 경영자가 명확하게 설명해달라고 요구했다. 잉여 자금은 좀 더 이익을 내기 위한 투자에 활용하거나 아니면 주주에게 환원해야 한다는 것이 나의 지론이다. 또 투자에 활용한다면 일정 수준의 수익률이 기대되는 투자여야 한다.

주주는 주식이라든가 영문 모를 채권에 투자하는 것을 바라지 않을 텐데 도쿄스타일은 주식과 채권에 막대한 잉여 자금을 투자하고 있었다. 그럴 바에는 주주에게 자금을 돌려줘야 한다는 것이 내 기본적인 주장이었다.

이토 회장의 격노

이듬해의 주주총회를 위해 위임장 대결을 준비하자고 결정은 했지만 펀드에는 위임장 대결을 경험한 사람이 단 한 명도 없었다. 애초에 일본에서 위임장 대결이 실행된 적이 거의 없었으니 일단 암중모색을 거듭하며 준비했다.

UBS증권에 고문을 의뢰하자 그쪽에서는 고정급으로 1억 엔, 위임장 대결에서 승리할 경우 승리 보수로 1억 엔을 조건으로 제시했다. 그래도 대형 증권사인 UBS증권이 고문을 맡아준다면 내가 하는 일에 대의명분이 있고 진심으로 위임장 대결에 임하고 있음을 다른 주주들에게 이해시킬 수 있다는 매우 큰 이점이 있었기에, 어떻게 해서든 UBS증권에 의뢰하고 싶었다.

500억 엔 규모의 펀드에서 비용으로 최대 2억 엔을 지출할 수 있다는 점은 투자자들에게 면목이 없었지만, 펀드 자문단에 의견을 물으니 이 비용 부담을 승인해주었다. 그래서 UBS증권과 정식으로 계약하고 도쿄스타일 주주들과 교섭을 진행해나갔다.

2002년 1월, 나는 도쿄스타일에 ① 1주당 500엔 배당 ② 최대 500억 엔 자기 주식 취득을 요구하는 서면을 제출했다. 그리고 2월에 주주 집회(주주총회가 아니라 주주들을 모아놓고 설명하기 위한 자리)를 열어 취지를 설명하고 이해를 구했다. 호텔 회의실을 빌려 준비한 주주 집회장에 도쿄스타일 주주뿐만 아니라 언론도 초대해서 내가 왜 이런 제안을 하는지, 또 도쿄스타일이 어떻게 되기를 바라는지 설명했다. 주주 집회에는 주주 200명 정도가 참석했고 응원도 받았다. 이런 움직임에 대해 회사 측은 나의 제안을 "상궤를 벗어난 요구"라며 거부했고, 상호 보유 주주에 대한 공세를 강화해가는 듯했다.

내가 제안한 500엔 배당과 최대 500억 엔 자기 주식 취득이 과연 도쿄스타일 말처럼 '상궤를 벗어난 요구'였을까? 아니다. 도쿄스타일의 재무 상태를 분석한 결과에 입각한 매우 현실적인 제안이었으며, 둘 다 도쿄스타일의 사업 지속을 대전제로 삼은 것이었다. 내 주장과 회사 측 반론은 다음과 같았다.

① 500엔 배당에 관해

- 나의 주장: 도쿄스타일은 본업인 의류 사업에서 약 600억 엔 매출을 올리는 반면, 본업이 아닌 유가증권·부동산에 800억 엔에 이르는 금액을 투자하고 있다. 그러나 대형 슈퍼마켓인 마이칼이 도산하면서 마이칼 채권 투자에서 31억 엔 정도 손실을 봤고, 다른 유가증권 투자까지 합치면 손실은 40억 엔에 이른다. 이런 투자는 회사의 자산 가치를 크게 훼손할 우려가 있다. 또 패션빌딩에 500억 엔 규모로 부동산 투자를 예정하고 있는데, 명확한 비전과 수익성에 관해 주주에게 아무런 설명도 없다. 회사 자산은 주주의 출

자를 바탕으로 사업을 한 결과가 축적된 것이다. 그 자산이 사업에 효과적으로 활용되지 않는다면 필요 이상으로 내부 유보금을 늘리거나 본업과 무관한 위험한 투자를 하지 말고 본업에 집중하는 동시에 잉여 자산을 주주에게 환원해야 한다.

- 도쿄스타일의 반론: 본업과 관계없는 부동산 투자는 하고 있지 않으며 새로운 사업 전략에 대비하기 위한 것이다. 잉여 자금은 변화 대응에 필요한 자금을 집중 투자할 수 있는 체제를 유지하기 위해 보유하고 있다. 무라카미가 주장하는 총 500억 엔에 이르는 배당 실시는 미래의 발전과 건전성을 크게 손상시키는 동시에 많은 주주를 포함해 직원, 매입처, 거래 기업, 거래 은행 등의 이익을 저해한다.

② 자기 주식 취득에 관해

- 나의 주장: 잉여 자금을 이용해 적극적으로 주식을 취득하면 시장에 나도는 주식 수가 감소하고, 주가가 상승해 자산 가치가 증가하며, 주주 가치가 향상된다.
- 도쿄스타일의 반론: 무라카미의 제안은 향후의 사업 전략에 막대한 지장을 초래할 뿐만 아니라, 1년이라는 기간을 생각하면 현실적이지 않은 금액이다. 또 주식의 유동성을 현저히 저해한다.

회사가 잉여 자금을 어떻게 쓸 계획인지 명확히 설명하면 제안을 철회할 생각이었다. 그러나 500억 엔을 들여서 패션빌딩을 건설한다는 것 외에는 구체적인 회답을 전혀 듣지 못했다.

나는 두 차례 주주 집회와 개별 면담으로 나의 주장을 주주들에게 설명했고 반응은 매우 호의적이었다. 특히 의결권의 40%를 차지하는 외국인 투자자들은 나의 제안에 적극 찬성했고 "무라카미 씨, 정말 잘했습니다. 고맙습니다"라며 악수까지 청했다. 나는 이것으로 외국인 투자자가 보유한 40% 의결권은 확보했다고 생각했다. 여기에 무라카미펀드의 의결권이 10% 조금 넘는 수준이었으므로 틀림없이 위임장 대결에서 승리할 수 있으리라는 느낌을 받았다.

2개월 후, 나는 회사에 사외이사 후보 두 명의 선임을 제안했다. 사외이사는 기업 거버넌스에 매우 중요한 존재이므로 도쿄스타일과도, 또 우리와도 이해관계가 없는 제삼자를 후보로 선택했다. 내가 제안한 두 명은 일본흥업은행 상무였고 현재는 일본 기업 거버넌스 포럼에 몸담고 있는 오쿠무라 아리요시, 보스턴컨설팅그룹 출신 경영 컨설턴트 사에구사 이즈미였다.

이런 나의 움직임에 위기감을 느꼈는지 도쿄스타일은 결산 발표 당일인 4월 26일, 그때까지 12.5엔이던 배당금을 20엔으로 올리고 최대 123억 엔의 자기 주식을 취득하겠다고 발표했다. 그러나 그 정도 양보로는 부족했다. 위임장 대결에서 승리할 자신이 있었기에 나는 제안을 철회할 생각이 없었다.

그런 상황에서 이토요카도의 이토 회장이 내게 전화해 이렇게 말씀하셨다.

"자네, 이번에는 너무 지나쳤네. 그런 무리한 요구를 하면 어떡하나? 다카노도 부를 테니 한번 만나서 이야기를 나누세."

나는 아마도 이토 회장이 다카노 사장을 잘 설득해 더 큰 양보를 이끌어낼 거라고 생각했다. 그래서 긴급 미팅을 열고 의견을 물었다.

"이토 회장이 중재해서 모레 다카노 사장과 만나게 되었습니다. 저쪽에서 어느 정도 양보한 타협안을 제안한다면 주주 제안을 철회해도 될까요?"

이토 회장의 체면은 세워드려야 한다는 생각도 있었기에 나는 조금은 타협해도 상관없다고 생각하고 있었다. 그러나 뉴욕에서 로드쇼(도쿄스타일의 외국인 주주들에게 설명)를 하던 펀드의 부사장과 UBS증권의 오쿠스 다이지는 '외국인 주주들이 찬성하는데 이제 와서 타협해서는 절대 안 된다'는 데 의견이 일치했다. 특히 오쿠스는 애초에 이토 회장을 내게 소개한 장본인임에도 "이토 씨와 대화가 결렬되어도 상관없으니 타협만큼은 절대 하지 마십시오"라고까지 말하며 강하게 반대했다.

한편 부사장 두 명 중 한 명은 "제안에 따라서는…"이라는 중립 노선이었다. "제안 내용에 따라 타협할지 말지는 무라카미에게 일임한다. 다만 타협안이 어중간하다면 끝까지 싸우기 바란다." 결국 내게 매우 무거운 짐을 지운 사내 합의에 이르렀다.

5월의 어느 일요일 낮, 나는 무거운 마음으로 면회 장소인 호텔뉴오타니를 찾아갔다. 택시에서 내려 현관에 도착하자 기다리던 남성 세 명이 다가왔다. "무라카미 님, 이쪽입니다." 그리고 그대로 나를 호위하듯 둘러싸고 최상층으로 안내했다. 엘리베이터 문이 열리니 그곳에도 뉴오타니 사람들이 열 명 정도 줄지어 있었고 또다시 "무라카미 님, 이쪽입니다"라며 나를 안내했다. 묘한 분위기였다.

미팅룸에 들어서자 이토 회장, 다카노 사장, 그리고 다른 한 명이 있었다. 3 대 1 면담이었다. 이토 회장이 물었다. "무라카미 군, 이쪽은 호야(HOYA)의 스즈키 씨라네. 만난 적이 있는가?" 바로 호야의 스즈키 데쓰오 사장이었다.

"아닙니다. 오늘 처음 뵙습니다." 그렇게 대답하고 명함을 교환했다.

세 명의 가운데에 이토 회장이 앉고 옆에 다카노 사장이 기운 없는 표정으로 앉아 있었다. 이토 회장은 부드러운 말투로 말했다.

"무라카미 군, 기업 거버넌스는 물론 중요하지만 이번에는 이 이토의 체면을 생각해서 부탁을 들어주지 않겠나? 여기 있는 스즈키 씨가 도쿄스타일의 사내이사를 맡아주겠다고 하셨네.

배당도 무라카미 군이 원하는 정도는 아니겠지만 오랫동안 인상하지 않았던 것을 인상하겠다고 발표한 것이네. 그러니 이 정도로 만족하고 철회할 수 없겠나?"

나는 도쿄스타일의 재무 상황, 핵심 사업에는 투자하지 않고 있다는 점, 기업 거버넌스를 개선할 방안 등을 이야기하려 했는데, 그 순간 이토 회장이 내 말을 끊었다.

"그런 건 아무래도 좋아. 타협해주지 않겠나? 배당금은 이제 20엔이 되었네. 이 정도면 충분하지 않은가."

도쿄스타일로서는 과거 수십 년 동안 한 번도 인상한 적 없는 배당금을 처음 인상한 것이니 이 정도에서 타협하자는 논리였다. 그러나 왜 20엔이며 남은 잉여 자금은 어떻게 할 생각인지 전혀 설명이 없었다.

나는 다카노 사장에게 무엇을 위해 내부 유보금을 쌓아놓고 있는지 모르겠다고 말하고, 잉여 자금 사용에 대한 상장기업의 자세와 내부 유보금의 바람직한 형태를 길게 설명했다. 그러자 이토 회장은 또 화를 냈다.

"자네, 이렇게까지 자리를 마련해줬는데 내 얼굴에 먹칠할 생각인가!"

그러나 펀드 책임자로서 독단으로 주주 제안을 철회할 수 있는 처지가 아니었기에 나는 물러서지 않았다.

"회장님, 그럴 마음은 추호도 없습니다. 하지만 역시 무엇을 위해서 내부 유보금을 쌓아두고 있는지 설명은 들어야겠습니다."

"당장 나가게."

"이렇게 힘을 써주셨는데 정말 죄송합니다. 그럼 이만 실례하겠습니다."

나는 눈앞에 준비되어 있었던 점심 식사를 건드릴 틈도 없이 이토 회장에게 인사하고 방을 나왔다. 그리고 이날을 기점으로 위임장 대결에 매진하겠다는 결의를 굳혔다.

이토 회장이 모처럼 마련해준 자리를 그런 식으로 걷어찬 것은 지금도 조금 후회하고 있다. 정말로 옳은 선택이었을까? 이토 회장에게 사과할 기회를 마련하려고 수없이 노력했지만 그는 나를 만나주지 않았다. 파티장에서 몇 차례 뵈어도 가볍게 목례만 나눴을 뿐, 대화할 기회는 없었다.

'타협하면서 살아갈 것인가, 그러지 않을 것인가?' 이 사건이 내게 분수령이었는지도 모른다. 물론 내 신념을 구현하려고 설립한 펀드의 책임자로서 펀드의 이익을 극대화한다는 측면에서도, 설령 상대가 은인이라 한들 나는 도저히 타협할 수가 없었다.

'내가 옳다고 생각하는 바는 절대 타협하지 않는다. 타협하고 싶지 않다.' 이런 성격은 이후로도 내 인생에서 여러 차례 재난을 불러온다. 물론 그러리라는 것을 이해하고는 있었지만….

결전의 주주총회

뉴욕과 런던에서 도쿄스타일의 외국인 주주와 면담하고 온 UBS증권의 오쿠스는 “우리의 제안을 크게 환영하면서 찬성해 주었습니다. 위임장 대결은 반드시 승리할 것입니다”라고 말했다. 실제로 주주총회를 앞두고 국제우편과 신탁은행을 통해서 위임장이 속속 도착해 마음이 든든했다.

우리가 보유한 의결권이 10% 초반, 도착한 위임장이 20% 초반. 이것으로 3분의 1은 확보했다. 그 밖에도 직원들이 총출동해 주주들에게 일일이 전화를 걸어 찬성표를 던져달라고 부탁했는데, 특히 개인 주주들의 반응이 좋았다. 당연한 말이지만 주주들도 위임장 대결을 해본 적이 없기에 위임장 쓰는 법부터 도장 찍는 법까지 상세히 설명해야 했다.

외국인 주주는 대다수가 찬성할 거라고 생각했기에, 개인 주주의 찬성을 얻을 수만 있다면 반드시 승리할 수 있다고 예상하면서 한 표라도 더 많이 확보하고자 노력했다.

마침내 결전의 날이 찾아왔다. 정식 주주총회로 만들기 위해서 사전에 검사인 선임을 청구했고, 법원이 선임한 검사인이 의결권을 집계했다. 2002년 5월 23일. 언론도 주목하는 가운데 내게는 최초의 위임장 대결인 도쿄스타일 주주총회가 개최되었다.

오전 10시에 시작된 총회는 처음부터 트러블이 속출했다. 의결권을 집계하기 위해서라는 이유로 대기 지시가 내려져 11시 반이 되어서야 총회가 시작되었다. 여기에 의안 설명 등이 진행되고 휴게가 선언되는 등 예상과 달리 전개되면서 시간이 더욱 지연되었다. 결국 표결에 들어간 것은 오후 2시 40분이 다 되어서였다. NHK 낮 뉴스에서 '도쿄스타일 주주총회는 아직 결론이 나지 않았다'라고 보도했던 모양이다. 석간 신문도 '도쿄스타일 주주총회 계속 중' 같은 헤드라인을 달았다.

표결에 들어갔지만 이번에는 집계에 시간이 걸려서 마침내 결과가 나온 것은 오후 5시 40분이었다. 나로서는 도저히 믿을 수 없는 결과였다. 모든 의안에서 내 제안이 부결되었다. 회사 제안은 20엔 배당 건이 찬성 48,031표 대 반대 37,456표, 자사주 120억 엔 매입 건이 찬성 45,522표 대 반대 40,015표로 전부 가결되었다. 또 사외이사 선임 건은 오쿠무라가 찬성 40,824표 대 반대 44,713표, 사에구사가 찬성 40,760표 대 반대 44,777표로 모두 근소한 차이로 부결되고 말았다.

나는 망치로 한 대 얻어맞은 듯한 기분으로 주주총회장을 떠나면서 나를 둘러싼 언론의 취재에 응했다. 언론은 일본 최초의 위임장 대결을 시도한 것, 근소한 차이까지 선전한 것에 찬사를 보냈다. 그러나 그런 것은 이기지 못한 이상 아무 의미도 없었다. 참을 수 없을 만큼 분했다.

질 리가 없었는데 왜 졌을까? 아무리 생각해도 원인을 알 수가 없었다. 그러다 2002년 8월 도쿄스타일 중간 결산 시점의 주주 명부를 취득해 살펴보고서야 이유를 알 수 있었다. 든든한 우군인 외국인 주주의 비율이 40%에서 20% 후반까지 크게 줄어 있었다. 위임장 대결이 시작되고 도쿄스타일 주가가 오르자 기회라는 듯 주식을 팔아치운 것으로 생각된다. 나의 안일한 수 읽기를 책망하는 수밖에 없었다.

그러나 나는 포기하지 않았다. 펀드 규모도 1,000억 엔에 가까워졌기에 주주총회 직후부터 연말에 걸쳐 주식 보유량을 약 16%까지 늘렸다. 다카노 사장과의 직접 면담은 여전히 불가능했기에 서한을 보내 우리 생각을 전했지만, 역시 아무 반응이 없었다. 그래서 이번에는 역시 친분이 있던 미쓰이스미토모은행의 니시카와 요시후미 은행장에게 의견을 구했다. 미쓰이스미토모은행은 도쿄스타일의 상호 보유 주주이기도 했다.

나는 이렇게 말을 꺼냈다.

"이번 도쿄스타일 주주총회에서 미쓰이스미토모은행이 도쿄스타일의 제안에 찬성한 것은 당연히 이런저런 사정이 있어서라고 생각합니다. 하지만 도쿄스타일은 바뀌어야 합니다. 어떻게 하면 도쿄스타일을 바꿀 수 있을까요?"

니시카와 은행장은 일단 내 이야기를 전부 들은 뒤 말했다.

"무라카미 씨의 말도 일리가 있습니다. 할 수 있는 일이 없을

지 생각해봅시다."

그리고 수개월 뒤 니시카와 은행장이 도쿄스타일에 관해 설명할 것이 있으니 은행으로 와달라고 연락했다. 기대 반 불안 반으로 찾아갔는데 그의 표정이 별로 좋지 않았다.

이야기를 들어보니 내 부탁을 받기도 해서 직접 이야기를 나눠보려고 다카노 사장을 찾아갔다고 한다. 미쓰이스미토모은행의 은행장이 도쿄스타일 본사까지 행차한 것이다. 그런데 다카노 사장은 30분이나 기다리게 했을 뿐만 아니라 와서도 "아아, 안녕하십니까"라고 인사할 뿐, 사과 한마디 없었다고 한다. 그리고 니시카와 은행장이 "기업 거버넌스를 제대로 개선하는 것이 어떻겠습니까?"라고 말을 꺼내자 "이미 충분히 하고 있습니다"라고 퉁명스럽게 대답한 모양이었다.

니시카와 은행장은 내게 이렇게 말했다.

"무라카미 씨 말처럼 다카노 사장은 주주를 외면하고 있습니다. 하지만 유감스럽게도 은행으로서는 할 수 있는 일이 한정적입니다. 개인적으로는 무라카미 씨가 계속 싸워도 되지 않나 싶고, 계속 싸워줬으면 합니다."

이런 식으로 많은 분의 응원을 받은 나는 이듬해에도 위임장 대결을 시도했다. 그러나 외국인 투자자가 감소한 탓도 있어서 역시 승리에는 이르지 못했다.

왜 주주 대표 소송을 제기했는가

위임장 대결에 패하기는 했어도 펀드는 도쿄스타일 주식을 계속 보유했고 기회가 있을 때마다 회사 측에 여러 가지를 제안했다.

그러던 가운데 증권회사 프라이빗 뱅킹 담당자에게서 이런 이야기를 들었다. "다카노 사장만큼 공사 혼동이 심한 사람은 본 적이 없습니다. '회사에서 채권을 사줄 테니 IPO(신규 공개주)를 내게 개인적으로 넘기게'라는 요구를 몇 번이나 받았는지 모릅니다."

나는 2001년 도쿄스타일이 대형 슈퍼마켓인 마이칼의 도산 등으로 73억 엔 손실을 낸 경위를 조사해야겠다고 마음먹고 주주로서 이사회 의사록 가운데 '투자에 관한 의사록 부분'의 열람을 청구했다. 이전의 주주 명부 건으로 진저리가 났는지 이번에는 순순히 내줬다.

관계가 없는 부분, 내부 정보가 될 수 있는 부분 등 대부분이 새까맣게 칠해져 있었지만 의사록을 살펴본 결과, 73억 엔 손실을 낸 도화선인 1999년의 거액 채권 투자가 이사회 결의를 거치지 않았음을 알 수 있었다. 증권회사의 권유를 받은 다카노 사장이 독단으로 구조화 채권을 잔뜩 구입했다가 거액의 손실을 낸 것이었다.

상법에는 거액을 투자할 경우 이사회 결의가 필요하다고 규정되어 있다. 투자 지식도 없는 다카노 사장이 이사회를 거치지 않고 독자적인 판단으로 회사 자금을 대규모로 투자한 것은 중대한 상법 위반이었다.

도쿄스타일은 마이칼 외에도 1,000억 엔에 가까운 투자 자금을 운용하고 있었다. 그런데 사내에는 투자를 담당하는 부서가 없었다. 전부 다카노 사장의 독단이었다. 주주와 전혀 마주하지 않는 그는 도쿄스타일을 자신의 사유물로 착각하는 듯했다.

2003년, 나는 다카노 사장을 상대로 10억 엔 배상을 요구하는 주주 대표 소송을 제기했다. 재판은 2005년에 다카노 사장이 책임을 인정하고 도쿄스타일에 1억 엔을 배상할 것, 회사는 주주 가치 향상을 위해 노력할 것 등의 조건으로 화해함으로써 종결되었다.

주주 대표 소송은 소송을 제기한 내가 승리하더라도 패배한 경영자가 회사에 배상금을 지급할 뿐이다. 이쪽에는 1엔도 들어오지 않을 뿐만 아니라 재판 비용도 이쪽이 부담한다. 다카노 사장의 배상으로 도쿄스타일의 순자산이 1억 엔 증가할 뿐이다.

변호사 비용과 재판에 소요되는 시간을 생각하면 경제적으로 전혀 이익이 되지 않는 재판이라는 사실은 당연히 알고 있었다. 그러나 나는 기업 거버넌스 개선을 위해서라고 생각하며 싸웠고, 일정 수준의 성과를 올렸다고 생각한다.

이전까지 주주 대표 소송은 하나같이 총회꾼에 대한 이익 공여 등 매우 알기 쉬운 사례뿐이었다. 그러나 상법상의 절차 위반도 주주 대표 소송에서 손해 배상이 인정된다면 경영자의 긴장감은 높아진다. 그런 의미에서 세상의 주목을 받았고, 일본에서 기업 거버넌스가 개선되는 데 매우 중요한 역할을 한 사건이었다고 자부한다.

기나긴 싸움의 끝

그 후 도쿄스타일은 자사주 취득을 발표했다. 주식을 마냥 묵혀둘 수도 없었기에 펀드는 도쿄스타일에서 철수했다. 2006년에 펀드를 해산한 후 나는 주식 투자를 거의 하지 않았지만, 각별한 감정이 있는 극히 일부 기업의 주식만은 계속 보유했다. 도쿄스타일은 그 얼마 안 되는 종목 중 하나였다. 물론 대외적으로는 전혀 움직이지 않았지만, 도쿄스타일이라는 기업이 어떻게 되어갈지 기대와 아쉬움이 교차하는 복잡한 심경으로 행보를 지켜보았다.

2010년 10월, 역시 의류회사인 산에이인터내셔널과 도쿄스타일의 경영 통합이 발표되었다. 산에이는 나도 친분이 있는 미야케 마사히코 회장이 경영하기에 굉장히 기쁜 소식이었다. 2003년에 산에이가 상장하기 전, 나는 미야케 회장에게 "도쿄스타일 같은 기업과 통합한다면 서로의 기업 가치를 높일 수 있을 겁니다"라고 제안한 적이 있었다. 그때 산에이는 스스로 상장하는 길을 선택했지만 내 마음은 마침내 내가 제안했던 통합이 실현되었구나 하는 기쁨과, 통합을 통해서 새로 탄생할 TSI홀딩스에 대한 기대감으로 가득해졌다. 도쿄스타일과의 싸움이 마침내 보상받았다는 기분도 들었다. 아내와 시드니로 은혼 여행을 갔을 때 이 소식을 듣고서 아내와 건배하며 기쁨을 나눴다.

양사가 발표한 사업 계획을 보니 통합 후의 TSI홀딩스는 매출액 3,000억 엔, 영업이익 300억 엔을 목표로 삼는다고 나와 있었다. 미야케가 회장, 도쿄스타일 출신 나카지마가 사장으로 취임했다. 과거에 총무부장이었던 그 나카지마다. 나는 미야케 회장이 진심으로 경영 개선에 나서리라는 기대감과 응원하고 싶다는 마음에서 TSI 주식을 더 사들였다.

미야케 회장은 기회가 있을 때마다, 통합하는 도쿄스타일의 잉여 자금 사용처 재검토, 상호 보유 주식 해소, 그 밖에 본업의 적자 개선 등을 기대한다는 취지로 발언했다. 올바른 경영을 하겠다는 자세였다.

그러나 산에이 출신인 까닭에 도쿄스타일 쪽의 경영 실권을 쥐는 데 어려움이 있었던 듯하다. 처음에는 눈에 띄는 움직임이 없었고 통합의 시너지도 발휘되지 않는 듯 보였다.

경영 통합 후 8개월이 지난 2012년 2월, 미야케 회장이 쿠데타를 일으켰다. 이사회에서 나카지마 사장 해임안의 긴급 동의를 제안한 것이다. 당시 이사회는 '대등한 통합'이라는 취지에서 도쿄스타일 네 명, 산에이 네 명으로 구성되어 있었다. 그런데 이 제안에 산에이 네 명과 도쿄스타일 사외이사가 찬성했고, 당사자인 나카지마 사장을 제외하고 실시된 투표 결과 5 대 2로 해임이 가결되었다.

나는 이 소식을 듣고 미야케 회장이 진심으로 경영해주리라는 확신을 얻었다. 도쿄스타일이 마침내 변화하기 시작한 것이었다. 이런 기대를 바탕으로 나는 TSI 주식을 더 사들였고, 2012년 말에 내 관련 회사와 공동 보유자를 합쳐서 4.9%를 보유하게 되었을 때 매수를 중단했다. 5.0%를 초과하면 대량보유상황 보고서를 제출해야 하는데, 가능하면 보고서를 제출하는 일이 없게 해달라는 미야케 회장의 의향이 있었기 때문이다. 내가 주식을 계속 사들이고 있다는 사실이 세상에 알려지면 다른 주주들이 동요한다는 이유였다.

무라카미는 주주 가치가 높은 기업의 주식은 사지 않는다. 무라카미가 주식을 사들인다는 말은 그 기업에 문제가 있어서 이익을 낼 수 있다고 판단했다는 의미다. 주주들 사이에 이런 생각이 확산될 가능성이 있었다. 그래서 어떤 기업이든 내가 투자하고 있다는 사실을 숨기고 싶어 했다.

나는 주식 매수를 멈췄지만 본업의 적자 개선, 상호 보유 주식 매각, 자사주 취득 등을 통한 ROE 개선 같은 제안을 계속했다. 그러나 유감스럽게도 근본적인 개혁은 진행되지 않았다.

그래서 나는 2013년 2월 미야케 회장에게 ① 이쪽에서 이사를 파견한다 ② 동의한다면 주가에 일정 프리미엄을 붙인 형태로 주식 공개매수를 실시한다 ③ 경우에 따라서는 함께 MBO를 실시한다는 세 가지를 서면을 통해 정식으로 제안했다. 그리고 기업 가치 향상을 추진하고 있으니 1년만 기다려달라는 답을 받았다.

그다음 달에 미야케 회장과 식사할 기회가 있었고, 이 자리에서 구조조정으로 공장을 폐쇄하는 문제에 관해 내 생각을 묻기에 나는 이렇게 대답했다.

"사람을 해고하는 것은 가급적 자제해야 합니다. 특히 지방에서 섣불리 구조조정을 하면 그 사람과 가족의 생활을 빼앗는 것이 되기 때문에 안일하게 검토해서는 절대 안 됩니다. 그보다는 더 좋은 브랜드를 만들어 본업에서 이익을 높이는 쪽으로 노력해주셨으면 합니다."

폐쇄를 고민하던 공장은 약 100명이 일하는 시골의 봉제공장이었다. 공장이 폐쇄되면 다음 일자리를 금방 찾을 수 있는 곳이 아니었다. 아마도 30년 전부터 그 공장에서 일해온 사람들은 어찌 될까? 공장을 폐쇄하고 인원을 정리한다는 선택이 불러올 사회적 평판 문제도 있었다. 임금을 삭감해서라도 조업을 계속하는 편이 좋지 않을까? 경영자는 전체적인 관점에서 무엇이 손해이고 무엇이 이익인지 판단해야 한다.

나의 대답이 의외였는지, 미야케 회장이 손수건으로 눈가를 훔치는 모습이 인상적이었다. 경영자로서 직원을 생각하는 가운데 주주 가치도 높여갈 방법을 모색해야 한다는 갈등 속에서 고민했으리라. 미야케 회장은 경영 개혁에 한층 더 매진하겠다고 약속했다.

그해 5월에는 미야케 회장이 싱가포르에 있는 우리 집까지 찾아왔다. 선물로 가져온 조니워커 블루라벨을 함께 마시면서 TSI의 미래에 관해 이야기를 나눴고, 반드시 좋은 기업으로 만들겠다는 다짐을 다시 한번 들었다.

그 말을 믿고 기다렸지만 주주 가치 향상에 관한 시책은 생각만큼 진전되지 않았다. 나는 2014년 4월 미야케 회장의 자문 역할을 하는 사람에게 “TSI에 대한 MBO를 포함한 주식 공개매수를 제안하고 싶습니다”라고 말했지만 그는 그러지 말라며 반대했다.

이대로는 기업 가치가 오르지 않을 것이라는 생각이 커진 나는 결국 2015년 2월까지 TSI 주식을 전량 매각했다. 그리고 이 사실을 미야케 회장에게 전하자 미야케 회장은 나를 식사에 초대해 “지금까지 주주로서 지속적으로 의견을 제시해줘서 고맙습니다. 많은 것을 배웠습니다”라며 고마움을 표했다.

아직까지도 TSI는 본업에서 큰 이익을 내지 못하고 있다. 그러나 자본 정책상으로는 자사주 취득을 실시하고 상호 보유 주식을 해소하는 등 주주의 시선에서 경영하는 훌륭한 기업으로 탈바꿈했다. 나는 도쿄스타일과의 기나긴 싸움이 좋은 형태로 마무리되었다고 생각한다.

4장

生涯投資家

닛폰방송과

상장기업의 '바람직하지 못한 모습'이
집약되어 있었던 닛폰방송.
라이브도어의 등장에 맞서
후지산케이그룹은 자기 보신으로 일관했고,
본질적인 논의는 뒷전으로 밀려나 버렸다.

후지TV

닛폰방송을 이야기하지 않고 넘어갈 수가 없다. 나와 라이브도어의 호리에 다카후미가 여러 면에서 세상을 떠들썩하게 만들었기 때문이 아니다. 상장기업의 바람직한 모습과는 거리가 멀고 기업 거버넌스 왜곡이 현저한 대표적 기업이 닛폰방송이었기 때문이다.

2001년 당시 후지산케이그룹은 라디오 방송국인 닛폰방송이 그룹 내에서 존재감이 압도적이던 후지TV의 모회사이면서 30% 넘는 주식을 보유한 최대주주인 상황이었다. 규모가 작은 모회사의 시가총액이 보유 자산을 항상 밑도는 비정상적인 상황이기도 했다. 간단히 말해 현금 1만 엔이 든 지갑을 7,000엔에 팔고 있는 것과 같았다.

상장기업이 여럿인 후지산케이그룹의 '먹음직스러움'은 자회사인 후지TV의 주식을 공개할 때 '모회사가 상장되어 있어야 한다'라는 조건을 충족하기 위해 모회사인 닛폰방송이 직접 상장한 시점에 이미 만들어졌다. 아래 그림은 2003년 M&A컨설팅이 작성한 자료 중 일부다. 상장기업(이름 앞에 별표 추가)과 비상장기업이 섞인 복잡한 자본 구조를 확인할 수 있을 것이다.

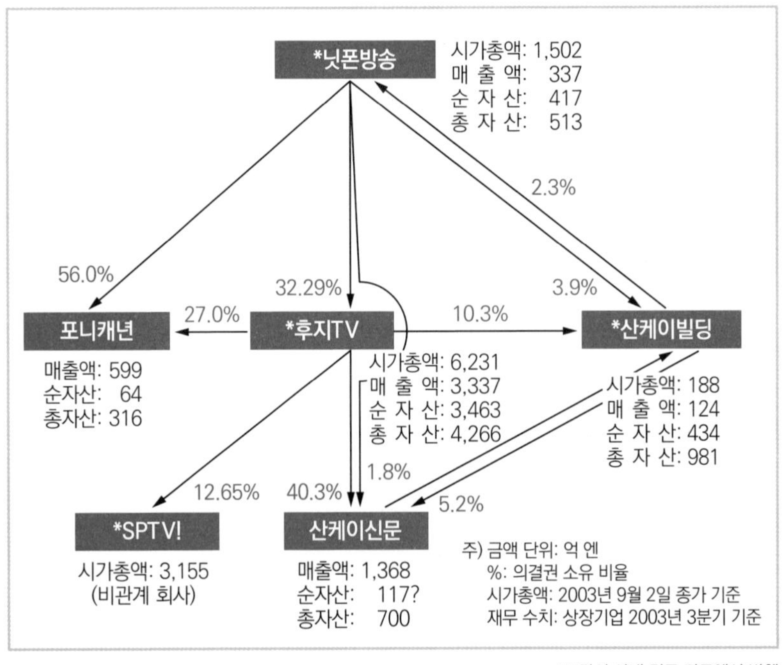

※ 당시 사내 검토 자료에서 발췌

그저 복잡하기만 한 것이 아니라 닛폰방송 산하에 후지TV가, 후지TV 산하에 산케이신문이 있어 언론의 독립성이 위협받는 관계이기도 했다. 크게 저평가된 닛폰방송 주식을 취득하면 후지TV와 산케이신문까지 손에 넣을 수 있었다. 특정한 의도를 가진 사람이 매수에 나서면 라디오, 텔레비전, 신문이라는 3대 미디어를 손쉽게 차지할 위험이 있음은 명백했다.

이런 상황을 경영진이 이상하다거나 위태롭다고 느끼지 않는 것도, 이런 비정상적인 상황에 시장이 구체적인 행동을 전혀 하지 않는 것도 나는 이해할 수 없었다. 그룹 모회사인 닛폰방송의 기업 거버넌스 왜곡은 충격적인 수준이었다.

나는 기업 거버넌스 개선을 추구하는 펀드로서 주주 입장에서 이 지분 관계의 '이상함'을 바로잡고 싶었다. 제안한 선택지 중 하나는 후지TV를 닛폰방송의 모회사로 만드는 것, 즉 기존 관계를 역전시키는 것이었다. 다른 선택지는 그룹 지주회사를 만들고 후지TV와 닛폰방송, 그 밖의 사업회사를 지주회사 산하에 두는 것이었다. 이는 닛폰방송이 인수당하는 사태를 예방하는 대책이기도 했다.

한 가지 덧붙이면 나는 닛폰방송의 주식을 취득해서 닛폰방송이나 후지TV의 경영에 뛰어들 생각은 조금도 없었다. 내 변함없는 지론대로 기업 거버넌스 왜곡이 초래한 상황을 바로잡고 싶었다. 명백하게 비정상적인 이 사태를 케이스 스터디로 삼아 '주식을 상장한다는 것은 어떤 의미인가?', '상장기업의 바람직한 모습은 무엇인가?' 시장에 질문을 던지고 싶었다. 후지TV의 지명도를 생각하면 도쿄스타일을 상대로 위임장 대결을 했을 때보다 더 많은 사람의 관심을 끌 테니 틀림없이 세상에 더 널리 호소할 수 있을 터였다.

이 비정상적인 상태를 바로잡는 과정으로서 후지TV를 통한 공개매수, 주식 교환을 통한 지주회사화를 생각했고, 사실 여기서 얻게 될 예상 이익은 펀드매니저로서 아주 매력적이었다.

닛폰방송에 대한 투자는 펀드를 창설한 직후 시작한 상태였다. 2001년경부터는 비정상적인 지분 관계를 바로잡기 위한 제안을 수없이 반복했다. 이 문제가 크게 다루어지자 그룹도 서서히 움직이기 시작했다. 닛폰방송과 후지TV를 상장한 지 10년이 넘은 시점에 드디어 지주회사를 만들어 바람직한 모습이 되어갔다. 숫자로만 이 건을 보면 펀드매니저로서 나는 성공했다고 말할 수 있을 것이다.

그러나 2005년에 호리에 다카후미가 등장하고 이 안건이 단숨에 표면화되자 솔직히 나는 조금도 기쁘지 않았다. 왜냐하면 내가 전하고자 한 메시지, 시장에 던지고자 한 질문과는 전혀 다른 관점에서 소동이 점점 커져갔고, 닛폰방송도 후지TV도 주주를 완전히 도외시하고 '자기 보신'으로 여겨지는 대응만을 반복하면서 본질적인 문제는 뒷전으로 밀려난 채 소동이 끝나고 말았기 때문이다. 게다가 이듬해에 내가 이 안건을 둘러싼 내부자 거래 혐의로 체포되는 사태가 벌어지자, 본래 호소하고자 했던 메시지는 완전히 지워지고 말았다.

그래서 이 책에서 후지산케이그룹의 성립과 주식 상장 후 2005년까지 일어난 일을 다시 한번 돌아보고, 내가 어떤 문제의식을 가지고 투자를 시작했으며 후지산케이그룹을 재편해 이루고 싶었던 '상장기업의 바람직한 모습'은 무엇인지 이야기하고자 한다.

후지산케이그룹의 비정상적인 구조

닛폰방송은 라디오도쿄(현재의 TBS), 문화방송에 이은 세 번째 민영 라디오 방송국으로 1954년 개국했다. 창설 당시 전무였던 시카나이 노부타카는 재계의 지원 속에서 널리 수많은 주주를 모아 자금을 획득했다. 그는 일본경영자단체연맹(일경련) 전무이사로서 다양한 기업과 경영자를 상대했기에, 압도적인 최대주주가 존재하면 주주가 아닌 경영자의 지위가 위험해진다는 것을 알았다. 그래서 자신이 경영에 나설 때 압도적인 의결권을 보유한 주주를 만들지 않으려고 주의를 기울였다고 한다.

같은 해에 텔레비전 방송국 제1호로 NHK가 개국했고, 라디오 방송국과 신문사 들은 새로운 텔레비전 방송국을 개설하기 위해 동분서주했다. 시카나이 노부타카도 닛폰방송을 개국하고 1개월 뒤에 텔레비전 방송국 면허를 신청했고, 3년 후에는 닛폰방송을 최대주주로 후지TV를 설립했다.

시카나이 노부타카는 1961년 닛폰방송, 1964년 후지TV, 1968년 산케이신문 사장으로 취임했다. 후지산케이그룹에서는 산케이신문이 후지TV를 인수처로 삼는 증자를 실시하고, 후지TV가 닛폰방송을 인수처로 삼는 증자를 실시했다. 이렇게 해서 닛폰방송이 자회사인 후지TV와 그 산하 산케이신문의 경영을 장악, 지배하는 구조가 완성되었다. 그러나 텔레비전이 비약적으로 발전하면서 자회사 후지TV가 압도적인 자금력을 갖추며 그룹의 중핵이 되어갔다.

1985년, 시카나이 노부타카의 장남인 하루오가 그룹 의장 자리를 세습했다. 그러나 불과 3년 후에 42세의 젊은 나이로 세상을 떠나자 노부타카가 현장에 복귀했고, 그 후 사위인 히로아키가 시카나이 가문의 양자가 되어 회장으로 취임했다.

1990년 노부타카가 세상을 떠나고 카리스마 경영자의 구심력이 사라지자 그룹 내에서 쿠데타가 발발했다. 1992년에 후지TV의 히에다 히사시 사장이 히로아키를 몰아내고 회장 자리를 차지한 것이다. 노부타카가 집념이라고 불러도 과언이 아닐 만큼 열정을 쏟아부어 구축한 '시카나이 제국'은 이렇게 3대 만에 무너지고 말았다.

그 후 후지TV는 오다이바에 신사옥을 건설할 자금을 조달하는 수단으로 상장을 계획했다. 당시는 '모회사가 상장하지 않으면 자회사를 상장할 수 없다'라는 규제가 있어서, 전혀 상장할 필요도 없고 상장하는 의미도 없었던 닛폰방송이 1996년 도쿄증권거래소 2부에 상장했다. 이 일련의 움직임이 당시 여전히 최대주주였던 시카나이 가문의 닛폰방송 주식 보유 비율을 낮춰 영향력을 더욱 축소하려는 히에다의 책략이었다는 이야기도 있다.

후지TV는 이듬해인 1997년 도쿄증권거래소 1부에 상장한다. 그리고 이때 상장기업으로서 비정상적인 자본 관계가 등장한다.

닛폰방송 주식에 딸려 오는 '후지TV 주식'

다음 쪽의 그림은 상장 후 닛폰방송과 후지TV의 시가총액 추이다. 닛폰방송은 후지TV 상장 이래 오랫동안 의결권의 3분의 1이 넘는 주식을 보유한 최대주주였다. 그래프를 보면 2004년 2월과 3월에 후지TV 공개 증자와 제삼자 배정 증자를 시행해 보유율이 하락하기 전까지, 닛폰방송의 시가총액이 후지TV 주식 보유분의 시장 가치보다 낮았음을 알 수 있다.

시가총액 차이가 극단적으로 두드러진 2000년 2월을 살펴보자. 후지TV의 시가총액이 2조 6,200억 엔인데 닛폰방송의 시

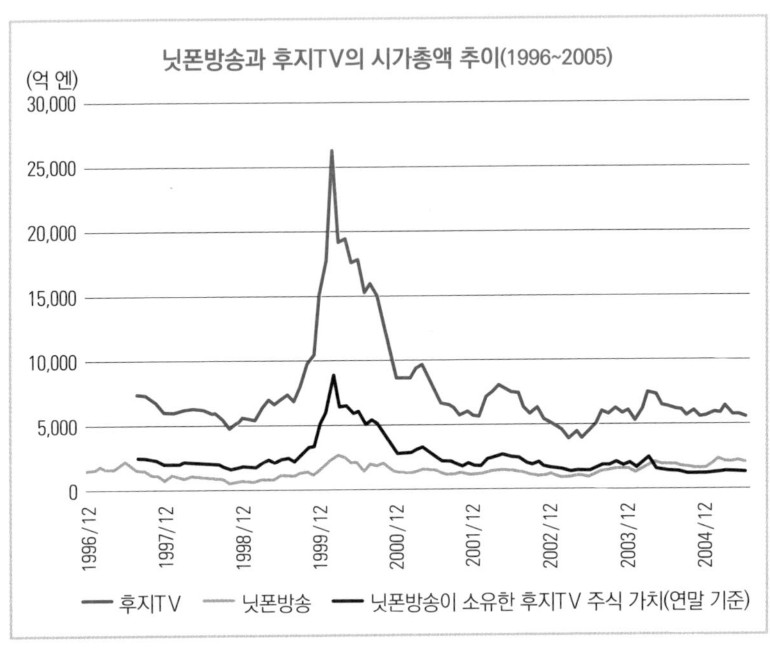

※ 데이터 출처: Astra Manager

가총액은 약 2,400억 엔에 불과하다. 닛폰방송이 보유한 후지TV 주식의 자산 가치만 9,000억 엔에 이르는데도 말이다.

간단히 말해 닛폰방송 주식 50%를 취득해 경영권을 얻으면 닛폰방송이 보유한 자산을 활용할 수 있다. 그래서 단 1,200억 엔으로 2조 6,200억 엔 가치인 후지TV의 3분의 1 이상을 통제할 수 있는 위치에 서게 된다. 3분의 1 이상의 의결권을 보유한다는 것은 후지TV의 특별 결의에 독단으로 '거부권'을 행사할 수 있다는 의미다. 저평가된 닛폰방송의 주식을 사들이기만 해도 후지TV에 대한 이런 권리를 획득할 수 있었다.

애초에 후지TV 주식의 가치가 전혀 반영되지 않은 닛폰방송의 시가총액 자체가 비정상적이었다. 아울러 후지TV라는 매력적인 기업의 통제권을 규모가 작은 모회사가 쥐고 있는 것도 비정상적이었다. 외국인 투자자들은 일찍부터 이 '비정상적인 상태'에 주목하고 머지않아 수정될 것을 기대하며 닛폰방송 주식을 사들이고 있었다.

한편 방송 사업에는 외국인의 보유량이 20%를 초과할 수 없다는 독특한 규제가 있다. 그래서 명의 개서를 하지 않아, 혹은 하지 못해 명부에 '외국인'으로 등록되지 않은 채 보유한 사람도 10~20%는 있었다고 짐작한다.

내 펀드가 닛폰방송에 투자하고 있다는 사실이 대량보유상황보고서로 밝혀지자, 행동주의 펀드로 불리는 해외 펀드 다수가 이 비정상적인 상태를 해소하는 행동에 나선다면 협력하겠다고 연락했다.

나와 호리에가 등장하기 전에 이미 외국인뿐만 아니라 수많은 국내 투자자와 증권회사가 이 비정상적인 자본 구조를 깨닫고 있었다. 그리고 개선되지 않은 채 방치되고 있었다. 시장에서는 '재계의 지원을 받아 시작한 닛폰방송'이라는 역사적인 배경 탓도 있어서, 누구도 손대지 않을 것이고 손대서도 안 된다는 암묵의 인식이 있지 않았나 싶다.

그룹사 간부들의 생각

나는 1997년부터 1999년까지 통산성의 서비스산업 기획관이라는 지위에서 영화 산업을 담당했다. 그때 유명한 프로듀서, 감독 등과 일본 영화 산업이 어떻게 되어야 할지 논의하는 위원회를 개최한 적이 있다. 여담이지만 이 성과를 정리해서 공저로 출판한 책 《日本映画産業最前線(일본 영화 산업 최전선)》은 업계 사람들에게도 좋은 평가를 받았다.

내가 개최한 것은 두 번째 위원회였고, 첫 번째 위원회에는 후지TV의 히에다 회장이 위원으로 참석했었다. 그런 관계도 있어서 나는 닛폰방송 주식을 구입하기 전부터 히에다와 안면을 텄고, 통산성을 그만둘 때 인사하러 가서는 닛폰방송을 둘러싼 비정상적인 지분 관계에 관해 "비정상적이네요"라고 말하기도 했다. 이때 후지TV가 한시라도 빨리 이 비정상적인 상황을 수정하고 싶어 하는 것 같다고 느꼈다.

쿠데타를 일으켜 히로아키를 추방하고 그 자리를 차지한 히에다로서는 시카나이 가문이 만든 '닛폰방송이 모회사'라는 구조가 전혀 필요하지 않았고, 규모도 자금력도 압도적으로 우위인 후지TV가 닛폰방송의 자회사로 남아 있고 싶어 할 리도 없었다. 실제로 어딘가 '상전'처럼 대응하는 닛폰방송에 히에다도 후지TV 직원들도 진저리가 난 듯했다.

여전히 10%에 조금 못 미치는 주식을 보유한 닛폰방송의 최대주주 히로아키는 간부들과 연락을 주고받는 관계였다. 히에다는 히로아키가 닛폰방송이나 후지TV 주주들에게 손을 써서 부활을 획책하는 건 아닌지 위기감도 느끼는 듯 보였다.

후지TV를 모회사로 만들거나 지주회사를 만든다는 나의 제안은 히에다의 입맛에 딱 맞는 이야기였다. 그러나 딱히 찬성하는 기색은 느껴지지 않았다. 아무래도 내가 어떤 형태로든 히로아키와 공동 전선을 펼쳐 자신을 추방할 가능성을 염두에 두었던 것이 아닐까 싶다. 그래서 내 제안에 "지분 구조를 수정하는 건 닛폰방송이 단호히 반대하기 때문에 어렵습니다"라고만 말했다.

닛폰방송 수뇌부의 이야기도 듣고 싶어서 어떤 분을 통해 가와우치 미치야스 회장을 소개받았고, 시부야에 있는 세룰리언 타워 도큐호텔의 요정 가네다나카에서 처음 만났다. 나는 비정상적인 자본 관계뿐만 아니라 콘텐츠 산업의 바람직한 모습에 관해서도 의견을 교환했다. 실무에 관해서는 아마이 구니오 부사장과 면담을 거듭했다.

당시 닛폰방송은 '우리는 후지TV의 사정 때문에 억지로 상장해야 했다'라고 주장했다. 그리고 동시에 오랫동안 자회사인 후지TV가 모회사가 되는 것에 거부 반응을 나타냈다. 그러니 지분 관계 수정이 원활하게 진행될 가능성은 전혀 없었다.

산케이신문의 스미다 나가요시 사장과도 그룹의 바람직한 미래상에 관해 많은 이야기를 나누었다. 그의 생각은 나와 비슷한 점이 많아서 후지산케이그룹 관계자 중에서 가장 발전적인 논의를 할 수 있었다. 우연히 같은 시기에 가루이자와에 머물 때는 스미다의 별장에서 이야기를 나누기도 했다. 그는 히로아키의 비서였으면서 히에다의 쿠데타를 지원한 경위도 들려주었다. 히로아키가 경영을 계속하면 그룹이 망가져버릴 거라 생각했기 때문이라고 했다. 정점에 있는 닛폰방송의 주식을 일부 보유하고 있다는 이유만으로 히로아키가 그 밑에 있는 모든 언론에 절대적인 영향력을 발휘하는 구조는 문제가 있다고도 했다.

그룹의 미래에 관해서는 라디오 밑에 텔레비전, 텔레비전 밑에 신문이라는 수직적인 관계가 아니라 같은 그룹이라도 각자의 지분 관계를 없애고 대등한 위치에서 사업을 해야 한다는 의견을 드러냈다. 가능하다면 산케이신문은 그룹에서 독립하고 싶다는 생각도 가지고 있었다.

나는 누군가의 소개로 시카나이 히로아키도 만나 몇 차례 이야기를 나눴다. 닛폰방송의 자본 구조 문제는 히로아키가 보유한 주식의 향방도 중요했는데, 그에게는 권토중래하고 싶다는 마음과 동시에 자본의 논리에 따르는 바람직한 모습을 추구하고 싶다는 꿈도 있었다. 계속 주식을 매입하는 나의 펀드에 대해서는 "상장했다는 것은 그런 것이니 하고 싶은 대로 하십시오"라며 응원했다. 물론 그룹에서 쫓겨났다는 원한인지, 어찌 되든 상관없다는 자포자기인지는 몰라도 우리 제안에 '비정상적인 지분 구조는 즉시 개선해야 할 문제'라며 찬성했다.

나는 이 네 명을 계속 찾아가 논의를 거듭했다. 그러나 정작 중요한 닛폰방송의 간부는 "왜 우리가 자회사가 되어야 하는지 모르겠습니다. 애초에 상장도 후지TV에서 하라니까 어쩔 수 없이 했을 뿐, 우리가 원해서 한 게 아닌데 말입니다"라는 자세여서 한 발도 더 나아갈 수 없었다.

후지TV는 지분 관계를 시정하고 싶어도 닛폰방송의 완강한 반대를 무릅쓰고 강행할 수는 없었기에 이러지도 저러지도 못하는 상태였다. 산케이신문은 지주회사를 만들어 신문, 라디오, 텔레비전이 수평 관계가 된다는 그룹 재편안에 크게 찬성했다. 자사의 처지는 둘째 치고 닛폰방송과 후지TV의 지분 관계는 시급히 바로잡아야 할 문제라고 인식하고 있었다.

각 기업에 제안을 거듭하면서, 같은 그룹에 속해 있어도 각 기업의 사이를 가로막은 벽이 상상을 초월할 만큼 높고 두껍다는 것을 느꼈다. 이상한 이야기지만 각 기업 경영자들은 나와 회의를 하면서, 내심 적으로 생각하고 있을 나에게 "그래서 다른 두 기업은 뭐라고 하던가요?"라고 물어보며 서로의 동향을 살폈다. 그룹 내의 경영자끼리 속마음을 터놓지 못하니 무엇이 그룹에 바람직한 일인가 하는 관점에서 논의가 진행되지 않는 상태였을 것이다. 이 사실만으로도 상장기업으로는 실격이다.

여기에 더해 이들 기업의 어떤 주장도 '주주의 처지'는 전혀 고려하지 않았다. 세 곳 모두 '우리 기업은 우리 것'이라는 의식이 너무 강한 나머지, '상장기업으로서 어떠해야 하는가? 무엇을 해야 하는가?'라는 관점은 완전히 결여되어 있었다.

본격적으로 닛폰방송 투자에 나서다

나는 펀드의 자금이 윤택해진 2001년경부터 본격적으로 닛폰방송 주식을 취득했다. 적극적으로 사들이기 시작했을 무렵에는 닛폰방송의 시가총액이 1,400억 엔 전후로 오르내렸다. 보유 자산을 생각하면 시장의 평가가 터무니없이 낮았다.

그런데 당시는 미실현 이익이 재무제표에 실리지 않았다. 최대 자산인 후지TV 주식도 장부가액은 40억 엔 전후로 계상되어 있어서 2001년 3월 말 시점에 닛폰방송의 순자산은 500억 엔을 밑돌았다. 그러나 실제로는 후지TV 주식 보유분만 해도 3,000억 엔 가까운 가치가 있었다.

후지TV는 역시 그룹 계열사이며 상장기업인 산케이빌딩 주식을 10% 넘게 보유하고 있었다. 종합 부동산 개발사인 산케이빌딩 또한 오테마치를 비롯한 도쿄의 최고 중심지에 부동산을 다수 보유하고 있었는데도 시가총액은 보유한 자산 가치의 절반 이하였다. 나는 그룹을 재편할 때 산케이빌딩의 가치도 올바르게 수정되어야 한다고 생각해서 그 주식도 매수하고 있었다.

이처럼 닛폰방송 주식을 취득하면 수많은 매력적인 자산이 덤으로 따라오는 상황이었다. 반대로 이런 자산을 제외하고 생각하면 라디오 산업은 성장성이 없고 배당 수익률도 매우 낮아 투자처로서 매력이 거의 없었다. 당시 닛폰방송은 주식의 매매 단위가 크고 주주 수가 상장 유지 기준을 충족하지 못했기 때문에 상장 폐지의 위기에 몰렸다.

사업 운영에서도 후지TV의 지원을 받으니 시장에서 자금을 조달할 필요가 없어, 간접적으로 후지TV를 인수당할 리스크를 감수하면서까지 상장을 지속할 의미를 찾을 수 없었다. 그럼에도 그룹 간의 영역 싸움에 몰두한 나머지 비정상적인 지분 구조를 방치한 채 주식시장에 남아 있었던 것이다.

닛폰방송의 투자자라면 누구나 이 비정상적인 지분 구조를 해소하면서 후지TV가 모회사가 되고 공개매수를 실시하거나, 지주회사 체제를 만들어 닛폰방송 주식이 정당한 가치로 재평가되기를 기대했을 것이다. 그러나 먼저 구체적인 행동에 나서는 사람이 나타나지 않은 채 시간이 흘러갔다.

2001년 이후 반복된 우리의 제안에 후지산케이그룹도 위기감이 높아진 듯 보였다. 2004년 2월과 3월에 공모 증자와 제삼자 배정 증자를 실시해, 닛폰방송이 가지고 있던 후지TV 주식 일부를 매각했다. 이로써 2004년 3월 말에는 닛폰방송의 후지TV 주식 보유량이 22.5%까지 하락했다.

후지TV가 공모 증자, 제삼자 배정 증자를 시행한 표면적 이유는 '닛폰방송과 공동으로 도쿄 임해 부도심에 스튜디오를 신축할 비용 580억 엔을 조달하는 것'이었다. 후지TV가 400억 엔, 닛폰방송이 180억 엔을 부담한다고 발표했다. 그러나 후지TV의 2004년 3월기 재무제표를 보면 보유한 현금과 유가증권(투자유가증권은 제외)이 590억 엔에 가까웠다. 닛폰방송이 이 신규 스튜디오를 공동으로 건설할 필요성 또한 명확하지 않았다.

닛폰방송이 보유한 후지TV 주식이 감소하면 분명 지분 구조는 약간 변경될 터였다. 그러나 나는 이런 어중간하고 임시변통인 대응 말고 닛폰방송과 후지TV 쌍방의 주주에게 이익이 되는 변경을 기대했다. 우리 펀드는 구체적인 계산식까지 투입해서 몇 가지 선택지를 제안한 터였다.

버림받은 우리 제안

다시 한번 말하지만 우리 제안은 닛폰방송이 위험한 상대에 인수당하는 사태를 막기 위한 예방책이었다. 펀드 내부에서 논의를 거듭하고 외부 전문가에게 확인을 받은 뒤 구체적인 개선책과 그 결과를 계산한 시뮬레이션을 포함한 자료를 작성해 제안을 거듭했다.

닛폰방송이 직면한 '상장을 유지하기 위한 주주 수 부족' 문제에는 임직원을 주주화하는 방안을 제시했다. 스톡옵션은 시간이 필요하니 개선책으로는 의미가 없지만 장기적 관점에서 개선안에 포함했다. 그리고 중심 주제인 '인수당하지 않기 위한 예방책'으로서 주식을 교환해 닛폰방송이 후지TV의 자회사가 되는 방안, 지주회사를 만들어서 닛폰방송, 후지TV, 산케이신문 외의 사업회사를 수평하게 두는 방안을 제안했다.

주주 수가 부족하다는 문제는 거래 단위를 바꾸면 피할 수 있었다. 그러나 이 무렵에는 공시 대상 기업이기만 하면 모회사가 비상장이어도 문제가 없도록 상장 규정이 변경되어 있었다. 즉 후지TV를 상장하려고 닛폰방송 상장을 유지해야 하는 상황에서는 해방된 상태였다. 그래서 자금 수요도 크지 않은 닛폰방송이 의의도 불명확한 채 상장 유지 목적만으로 거래 단위를 수정하는 것은 상장기업의 바람직한 모습이 아니라는 점을 전하고, 이런 관점에서 경영진의 MBO도 제안에 넣었다.

MBO를 실시한다면 후지TV 주식을 일정량 매각해 자금을 조달할 수 있고, 후지TV가 공개매수를 실시하고 닛폰방송이 응모하면 세제상 주식 매각 이익에 부과하는 세금 측면에서 크게 유리하기에 주주에게도 이익이 컸다.

우리는 2001년 후반부터 약 4년에 걸쳐 그때그때의 상황에 맞춰 자료 내용을 수정하고 숫자를 최신으로 업데이트하며 제안을 이어갔다. 각각의 세무적 측면까지 계산해 닛폰방송과 후지TV의 주주 모두에게 숫자상 이익이 되는 방법을 제안했다.

관계자들에게 다양하게 제안해도 무엇 하나 구체적으로 움직이지 않는 상태가 이어졌다. 그럼에도 나는 머지않은 미래에 그룹의 자본 구조가 시정되리라고 기대하고 기회가 있을 때마다 닛폰방송 주식을 사들였다. 이는 제안을 거듭할수록 우리 제안이 '바람직한 모습'이 되는 데 유효한 수단이며 많은 주주에게 이익이 되는 방법이라는 자신감이 커졌기 때문이기도 했다.

펀드가 보유한 주식은 2003년 6월 말 시점에 7%를 초과했고 향후 행동 계획을 잡기 시작했다. 우선 하반기에는 닛폰방송과 후지TV 양측이 공동으로 지주회사를 설립하기로 결단하는 것을 첫 번째 선택지로 삼았다. 이것이 성사되지 않으면 자본 구조 시정에 소극적인 닛폰방송이 아니라 후지TV 단독으로 할 수 있는 행동을 제안하려고 했다.

그래도 움직임이 보이지 않으면 닛폰방송 2004년 정기 주주총회에 참석해 펀드에서 사외이사 네 명을 보내는 것을 전제로 위임장 대결을 하려고 준비했다. 나아가 공개매수 등을 통해 과반의 지배 주주가 되어 자본 구조 시정에 힘쓰는 선택지까지도 생각했다.

이런 상황에서 후지TV는 앞서 언급한 2004년 2월과 3월의 공모 증자와 제삼자 배정 증자를 실시했다. 이는 기존 주주의 가치를 훼손하는 측면도 있었기 때문에 100% 만족스럽지는 않았지만 후지TV가 가야 할 방향을 향해 내디딘 첫 번째 걸음으로서 어느 정도 평가받아야 한다고 판단했다.

그런 식으로 비정상적인 자본 구조가 서서히 수정되리라는 기대로 펀드는 주식을 계속 사들였고, 2004년 3월 말 닛폰방송의 최대주주가 되었다. 드디어 위임장 대결을 진지하게 검토할 단계에 도달한 것이다.

우리는 히로아키가 보유한 주식을 취득할 가능성도 모색하고 있었다. 그런데 그 직후 히로아키가 시카나이 가문이 보유한 주식 전량을 다이와증권SMBC에 매각했음을 알고 경악했다. 후지TV가 뒤이어 발표한 닛폰방송에 대한 공개매수도 다이와증권SMBC에서 담당했다. 히로아키는 나중에 "매각 계약에 저촉되는 법적 위반 등이 있었다"라며 닛폰방송 주식을 반환하라고 도쿄지방법원에 가처분 신청을 냈지만 기각되었다.

나는 즉시 닛폰방송 주식에 관해 의견을 교환하던 외국인 투자자에게 연락해 히로아키가 주식을 매각했다는 사실, 히로아키와 연락이 되지 않는다는 사실을 전했다. 예상 가능한 최악의 시나리오는 히로아키가 후지TV와 손잡고 자신의 기득 권익을 지키려 하는 것이었다. 펀드는 설령 그런 상황이 되더라도 리스크를 감수하며 대응하자고 생각해서 닛폰방송 주식을 과반까지 획득한다는 선택지도 시야에 넣었다.

앞으로 어떻게 전개될지 전혀 예측할 수 없었기 때문에 자신의 보유분을 사달라고 우리에게 요청한 외국인 투자자도 있었다. 나는 그런 주식을 인수해 2005년에 접어들 무렵에는 단숨에 20% 가까이 보유하게 되었다.

위임장 대결을 준비하면서 그 밖의 방법도 본격적으로 검토하기 시작했다. 이 무렵 세상에서는 언론과 인터넷이 융합할 가능성에 관한 논의가 활발했다. 텔레비전 방송국에서도 앞으로 인터넷과 어떻게 공존할지, 방대하면서 가치 있는 콘텐츠를 어떻게 인터넷에 담을지, 광고주와의 관계를 어떻게 설정할지 등을 다방면으로 검토하고 있었다. 내가 알고 지낸 IT 기업의 경영자들도 텔레비전 방송국과의 융합에 강한 흥미를 보였다.

나는 후지TV를 중심으로 한 지분 구조 개혁이 계속 진행되지 않으면 닛폰방송 주식을 이런 IT 기업에 매각하는 방안도 고려했다. IT 기업이 닛폰방송을 통해서 후지TV에 대한 발언권을 가지면 사업 제휴나 업무 제휴가 가능해져서 새로운 형태의 미디어가 탄생하는 계기가 되지 않을까 생각했다. 그런 변화 속에서 지분 구조 개선도 진행되리라는 기대감도 생겼다. 어쩌면 단순한 주주보다 그렇게 사업 관계가 얽힌 주주가 더 원활하게 지분 구조 시정을 진행할지도 모른다고 생각했기 때문이다.

그러나 IT 버블도 이미 꺼진 상태였다. 시가총액 1,500억 엔을 넘긴 닛폰방송의 주식 과반수를 취득할 만한 자금력을 가졌으면서 적대적 인수를 당할 가능성을 무릅쓰고 행동에 나설 기업은 좀처럼 나타나지 않았다.

최종적으로 행동에 나선 곳은 규모 면에서나 자금 면에서나 도저히 불가능하리라고 생각한 기업, 그전 해에 야구단 인수 문제로 세상에 이름을 알린 호리에 다카후미의 라이브도어였다.

내가 본 라이브도어 대 후지TV

2005년 1월 17일, 후지TV가 닛폰방송 주식 50% 이상 취득을 목표로 공개매수를 실시한다고 발표했다. 발표가 나고 10분 후, 나는 히에다 회장에게 전화를 걸었다. 공개매수 가격이 기대보다 낮기는 했지만 큰 결단을 했다고 축하를 전했다. 히에다 회장도 "드디어 앞으로 나아가기 위한 첫발을 내딛게 되었습니다"라며 기뻐했다.

한편 산케이신문의 스미다 사장은 "후지TV가 해결을 위해서 행동에 나선 것은 알겠는데 산케이신문은 앞으로 어떻게 될까요"라며 불안감을 드러냈다. 그룹 내에서도 이런 움직임이 최종적으로 어디를 향하게 될지 예측하기 어려웠을 것이다.

후지TV가 공개매수를 발표한 날 밤, 호리에 다카후미가 내게 전화해서 물었다. "이제 닛폰방송에 대해 할 수 있는 일은 아무

것도 없는 겁니까? 뭔가 라이브도어가 할 수 있는 일은 없습니까?" '도전하고 싶다'라는 그의 마음에는 호감이 가면서도, 당시 자금력이 없던 라이브도어로서 할 수 있는 일이 없어 보여서 그에게 내 생각을 전했다.

"후지TV의 이번 행동은 기대에 비해 100% 만족스럽지는 않지만 그래도 어느 정도 높게 평가할 수 있고, 다음 단계로 이어지는 행보라고 생각합니다. 펀드의 이익을 극대화해야 하는 펀드매니저로서 주식을 팔고 끝낼 생각입니다."

그런데 2월 초순에 호리에가 또다시 연락했다. "어떻게든 주식을 사고 싶으니 닛폰방송 주식을 보유한 외국인 투자자를 소개해주십시오." 그 후로도 내 펀드의 보유분을 그대로 유지해 달라는 의뢰도 했다. 이 시점에 나는 호리에의 이야기를 내부자 정보로 펀드에 등록하고 닛폰방송 주식 매수를 중단했다.

그러나 솔직히 말하면, 내부자 정보로 등록은 했지만 라이브도어가 닛폰방송 주식을 취득하는 것은 자금력을 생각하면 현실적으로 불가능하다고 생각했다. 호리에의 의뢰에 어떻게 대응해야 할지 사외이사인 오릭스 관계자와 의논했고 펀드 내부에서 회의도 열었다. 물론 의사록도 남아 있다.

그런데 라이브도어는 놀랍게도 리먼브러더스를 인수처로 삼고 전환가격수정조항부전환사채(Moving Strike Convertible Bond, MSCB)를 800억 엔 발행해 자금을 조달했다. 그리고 2월 8일, 자회사를 통해 닛폰방송 주식 35%를 취득했다고 발표했다.

자세한 설명은 생략하지만 MSCB라는 자금 조달 수단은 인수하는 쪽(이 경우는 리먼브러더스)은 손해를 보지 않는 반면 발행한 쪽의 주주 이익이 훼손되는 방식이라서 문제가 많다. 라이브도어가 그런 방법을 사용해 800억 엔이나 되는 자금을 조달하리라고는 꿈에도 생각하지 못했다.

라이브도어가 닛폰방송 주식을 대량 보유했음이 밝혀진 2월 8일, 라이브도어는 닛폰방송에 업무 제휴를 제의했다. 이에 대해 후지TV는 다음 날인 9일에 공개매수로 대항할 것을 암시했고, 10일에는 취득 목표를 50%에서 25%로 낮추는 대항 조치를 실행했다. 이 25%는 어떤 의미일까? 후지TV가 닛폰방송의 의결권을 25% 이상 소유하면 닛폰방송이 후지TV에 대해 의결권을 행사할 수 없다는 법률이 있기 때문에, 50% 취득은 이미 어려워진 상황에서 최저선을 목표로 삼은 결과로 추측된다.

공개매수는 3월 8일에 성립되었고 후지TV는 최종적으로 닛폰방송 주식 36.47%를 취득하게 되었다. 이렇게 해서 닛폰방송이 소유한 후지TV 주식에는 닛폰방송이 의결권을 행사할 수 없는 상태가 되었다.

갑자기 3분의 1이 넘는 주식을 보유한 대주주가 되어 등장한 호리에에게 위기감을 느낀 닛폰방송은 약 2주 후인 2월 23일, 후지TV를 대상으로 대규모 신주 예약권을 발행한다고 발표했다. 그러자 라이브도어는 법원에 금지 가처분을 신청했고, 3월 11일에 이 가처분 신청이 인정되어 23일에 발행 중지가 결정되었다.

3월 24일에는 노무라증권 출신 기타오 요시타카가 이끄는 SBI홀딩스가 등장했다. 닛폰방송은 후지TV 주식 보유분을 SBI홀딩스에 5년 동안 대여한다는 데 합의했다. 이것은 크라운주얼(crown jewel) 혹은 초토 작전이라고 부르는 수법이다. 적대적 인수의 대상이 된 기업이 자사가 보유한 중요한 재산이나 사업을 제삼자 또는 자회사에 매각함으로써 인수자의 전의를 꺾는 방어책이다. 자사의 주주와 주주의 이익을 완전히 무시한 채 자기 보신만을 생각한 행동이라고 할 수 있다.

닛폰방송도 후지TV도 호리에의 등장을 계기로 같은 방향을 향해 달리기 시작했다는 점에서는 좋았지만, 그것이 '서로의 보신'이라는 방향이었기에 더더욱 '상장기업의 바람직한 모습'을 내팽개친 싸움이 되고 말았다.

SBI홀딩스가 등장한 이후로도 전파법이 개정되고 후지TV의 우호 주주 확보가 진행됨에 따라, 라이브도어가 닛폰방송을 통해서 후지TV 경영에 관여한다는 시나리오는 점점 멀어져갔다. 언론에서는 연일 라이브도어와 후지TV의 공방을 보도했다. 그리고 4월 13일, 후지TV와 라이브도어의 화해안이 공개되었다. 라이브도어가 보유한 닛폰방송 주식 전체를 후지TV에 매각하고 나아가 후지TV로부터 출자를 받는다는 내용이었다.

이 뉴스를 들었을 때 나는 솔직히 크게 실망했다. 주위의 압력이 엄청났을 것이고 라이브도어의 대표로서 비즈니스적인 판단도 있었음은 이해한다. 그러나 '후지TV와 함께 다음 세대의 미디어를 만들고 싶다'며 세상을 깜짝 놀라게 한 방법으로 자금을 조달하면서까지 싸움을 걸었던 호리에가 형식뿐인 '화해'라는 결말을 선택한 것은 매우 유감스러웠다.

후지TV의 공개매수와 라이브도어의 주식 매입으로 닛폰방송은 결국 상장 폐지가 결정되었다. 그리고 4월 18일에 라이브도어와 후지TV 등이 공동 기자회견을 열면서 소동은 일단 종결되었다.

그로부터 3년이 지난 2008년 10월, 후지산케이그룹은 마침내 적법한 지주회사 체제로 이행했다. 시카나이 일족의 세습제에 중점을 둔 비정상적인 지분 구조가 자회사인 후지TV의 상장을 계기로 대중에게 알려져 바람직한 모습을 찾기까지, 상장으로부터 10년이 넘는 긴 세월이 소요된 것이다.

체포

그리고 또 한 가지. 이 건으로 나는 내부자 거래 혐의로 체포, 기소되었다. '내부자 거래라는 근거가 무엇인가?'라는 시시비

비는 일단 접어두겠다. "'펀드인 이상 싸면 사고 비싸면 파는 것은 당연한 일'이라고 말하지만 그런 철저한 이익 지상주의에는 경악할 수밖에 없다." 1심 재판에서는 판사에게서 펀드 운영을 깡그리 부정하는 이런 말까지 들었다. 판결은 벌금 300만 엔과 추징금 11억 4,900만 엔, 그리고 징역 2년 실형이었다.

2심에서는 "처음부터 내부자 정보로 이익을 얻으려 했다고는 말할 수 없다"라며 집행유예 3년을 선고받았지만 결국 대법원에서 유죄가 확정되었다.

나 혼자 체포되는 것으로 끝난다면 펀드는 계속 운영할 수 있으리라고 생각했기 때문에 나는 일단 혐의를 인정하는 쪽을 택했다. 그러나 결과적으로 펀드는 청산되었다. 유죄 판결은 긴 시간을 들여 심리를 거듭한 재판으로 국가 기관이 판단한 것이니 받아들일 수밖에 없다고 생각한다. 그러나 마음속에는 아직도 라이브도어의 당시 상황을 고려했을 때 그들과 우리의 커뮤니케이션이 내부자 정보에 해당하는지 의문이 남아 있는 것 또한 사실이다.

내 인생을 크게 좌우한 이 닛폰방송 건에는 일본 상장기업의 '바람직하지 못한 모습'이 집약되어 있다고 말할 수 있다. 라이브도어가 등장하면서 세간에는 '신흥 기업이 텔레비전 방송국을 잡아먹는다'라는 측면이 강조되고 말았다. 그런 상황에 이르는 과정에 존재했던 상장기업의 '바람직하지 못한 모습'은 거의 논의되지 않고 끝나 참으로 슬프다.

애초에 자회사 상장에 관한 규칙이 변경된 시점에 닛폰방송은 상장할 의미도 필요도 없었다는 점, 닛폰방송 주가는 보유한 자산 가치와는 거리가 먼 수준에서 몇 년씩이나 방치되고 있었음에도 기업 거버넌스를 개선하려는 노력이 전혀 없었다는 점, 파벌과 자존심 같은 불합리한 역학이 경제 합리성을 완전히 초월해서 존재했다는 점, 처음부터 끝까지 주주의 관점이 무시되었다는 점, 최종 국면에서도 자기 보신만을 생각한 대응이 계속되었다는 점…. 인수 소동 자체보다 왜 그런 일이 일어나게 되었느냐는 관점에서 상장기업의 바람직한 모습에 관해 논의해야 할 포인트가 매우 많았다.

나에게도 늘 그랬지만 그 후 등장한 호리에에게도 언론 보도는 '주식을 일정량 사들였으니 악인'이라는 투로 취급했다. 자꾸 반복하게 되지만 다시 한번 강조하고 싶다. 상장된 기업의 주식은 누구든 사고팔 수 있다. 상장기업은 그 리스크와 비용을 염두에 두면서 그럼에도 필요할 때만 상장을 유지해야 한다. '의의와 필요성은 모르겠지만 일단 사회적 지위로서 상장하고 싶다. 하지만 내 마음에 안 드는 상대가 주식을 보유하는 것은 싫다.' 이런 자세는 상장기업에 통용되지 않는다.

아직 수가 적기는 하지만 최근에는 상장의 의의를 재검토해 비상장화를 선택하는 기업도 조금씩 나타나고 있다. 그러나 상장기업 대부분은 "왜 상장을 유지할 필요가 있는가?"라는 질문에도 "신용 때문에"라든가 "옛날부터 상장해왔으니까" 같은 막연한 대답만을 할 뿐이다.

나는 닛폰방송과 다음 장에서 이야기할 한신철도에 대한 투자로 명확한 메시지를 보냈다고 생각했다. 그러나 유감스럽게도 그 메시지가 상장기업과 시장에 정확히 전달되었다고는 말하기 어렵다.

5장

生涯投資家

한신철도

개선의 여지가 많고,

재편을 실행할 경우 비약적인 성장이 기대되며,

현재의 주가가 그 가치에 비해 턱없이 낮고,

과반수에 가까운 주식을 취득할 수 있는 기업

—그것이 한신철도였다.

대재편 계획

철도회사에 대한 투자는 1장에서도 언급했듯이 M&A컨설팅을 창업한 뒤 처음으로 맡았던 도큐그룹 재편 컨설팅에서 출발했다. 이때 철도 사업 외에도 다양한 사업을 하는 '철도회사'라는 업종을 폭넓게 공부할 수 있었고, 이것이 세이부철도와 한신철도에 투자하는 계기가 되었다.

철도 사업은 기본적으로 적자가 나지 않는 구조다. 철도사업법·철도영업법이라는 법률을 바탕으로 반드시 이익이 나도록 운임이 설정된다. 다만 공공성이 높은 사업이기에 이용자를 보호하려는 목적에서, 사업에 들어가는 비용을 무제한으로 운임에 전가할 수 없다는 규정도 있다. 철도사업법 제16조 제2항에

철도회사가 설정하는 운임의 상한을 국토교통성 장관이 심사해 인가하도록 한 규정이다.

요컨대 철도 사업은 어지간히 이상한 설비 투자나 경비 계상을 하지 않는 한 반드시 이익이 나지만, 만들 수 있는 이익의 범위에 제한이 있다. 철도회사는 이런 특수한 핵심 사업을 운영하는 가운데, 수많은 역과 노선 주변에 광대한 토지를 소유하고 이를 이용한 부동산 사업을 축으로 삼아 백화점, 호텔 사업도 전개하고 있다.

나는 높은 공공성, 사업을 둘러싼 규제, 수익 구조의 특수성을 고려할 때 철도 사업은 그 밖의 사업과 분리되어야 한다고 생각한다. 이용자 편의를 제일로 생각해 지역별로 사철(私鐵)을 통합하거나 공동 운행을 실시해야 한다. 철도 외 사업에서 효과적으로 활용하지 못하는 자산은 활용하거나 처분해서 정리·재구축해야 한다. 상장을 유지한다면 방치 수준으로 낮은 자산의 효율을 개선해 수익성 높은 기업으로 성장시켜야 한다.

세계를 둘러봐도 도쿄와 오사카만큼 철도망이 불편한 대도시가 없다. 도쿄에는 JR, 도쿄메트로, 도에이지하철, 게이세이, 도부, 세이부, 오다큐, 게이오, 도큐, 게이힌급행 같은 전철과 지하철이 달리고 있다. 오사카에도 JR, 시에이지하철, 한큐, 게이한, 긴테쓰, 난카이, 한신이 있다. 각각의 기업이 별개 노선을 운행한다. 그래서 과거에는 다른 철도회사 노선으로 환승하려면 번

거롭게 일일이 표를 다시 사야 했다.

지금은 스이카와 파스모 같은 교통카드가 보급된 덕분에 개찰구를 통과하는 것 자체는 편해졌지만 운임은 따로따로 징수되며 환승은 여전히 불편하다. 철도 사업 전체가 이용자의 시선에서 운영되지 않고 있었다.

나는 오래도록 이런 불편함이 이상했다. 경영을 통합하면 환승 편의성이 높아지고 운행 비용이 반드시 낮아지니 도큐를 중심으로 간토 지방 사철의 경영을 통합해서 이용자가 좀 더 이용하기 편한 환경을 만들어야 하지 않나 생각했다. 그러나 도큐그룹과 관계를 맺게 된 계기가 펀드 투자가 아니라 컨설팅이었기에 내가 할 수 있는 일에는 한계가 있었다. 게다가 그런 논의에 이르기 전에 도큐호텔 주식 교환을 계기로 펀드가 엑시트했기 때문에 도큐그룹에서 멀어지고 말았다.

세이부철도도 도큐와 마찬가지였다. 자산과 비교했을 때 주가가 너무나도 낮은 상태로 방치되고 있었다. 엎친 데 덮친 격으로 이익 공여 사건과 허위 보고가 발각됨에 따라 주가는 더욱 하락했다. 그런 타이밍에 나는 펀드의 투자 대상으로 세이부를 선택했다. 보유한 사업과 브랜드는 훌륭한데 충분히 활용하지 못하고 있다고 느꼈다. 어떻게 해야 모든 사업의 가치를 극대화할 수 있을지 궁리했다. 그리고 철도 사업의 역할에 입각해 내 나름대로 공부해서 만든 철도회사의 바람직한 모습을 쓰쓰미 요시아키 회장을 비롯한 세이부 간부들에게 제안했다.

제안 내용이나 주주로서 나의 펀드가 사업 재편에 힘쓰는 것에 관해서는 쓰쓰미 회장의 찬성을 얻을 수 있었지만, 도중에 이런저런 외부 관계자가 늘어나는 바람에 안타깝게도 최종적으로는 철도 재편에 관여하지 못했다. 그러나 철도회사의 사업 재편에 대한 내 마음은 점점 더 강해졌고, 그 후 조사를 거쳐 한신철도에 초점을 맞추게 된다.

세이부철도 개혁의 꿈
: 쓰쓰미 요시아키와의 대화

세이부철도는 본업인 철도 사업보다 대량으로 보유한 부동산에서 얻는 수입이 더 많았다. 그런 상황에서 2004년 2월, 총회꾼의 요구에 응해 토지를 싸게 양도한 이익 공여 사건이 발각되었다. 게다가 반년 후에는 특정 주주의 주식 보유율이 상장 기준에 저촉되는 80%를 넘긴 사실을 은폐하고 허위로 보고해 증권거래법을 위반한 사건까지 발각되면서 주가가 급락했다. 오랫동안 1,500엔을 오르내리던 주가가 약 300엔까지 떨어졌다.

세이부철도가 보유한 자산과 비교했을 때 너무나도 낮은 주가였다. 우리가 대략 계산해본 바로는 주가가 하락한 후 시가총액이 1,500억 엔 정도였는데 자산의 가치는 1조 엔을 가볍게 넘

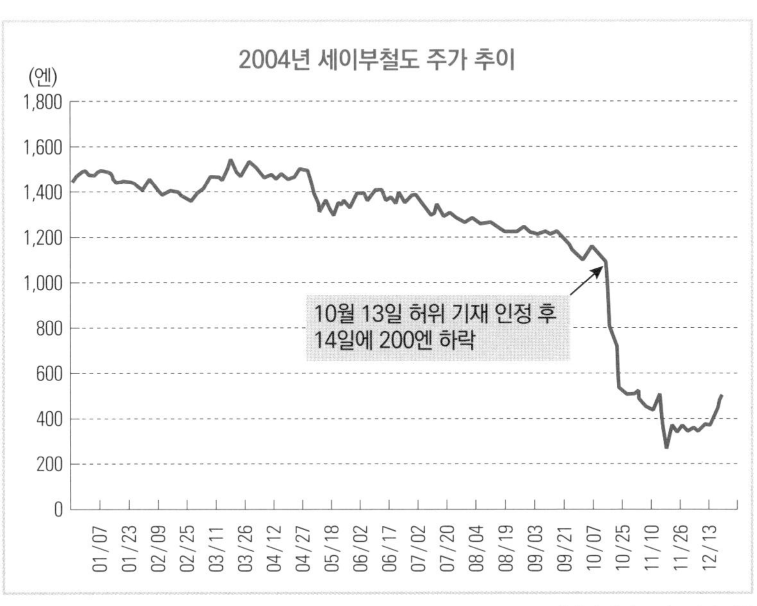

※ 당시 사내 검토 자료에서 발췌

졌다. 8,000억 엔 넘는 유이자 부채를 안고 있었어도 보유 부동산을 살펴보면 도쿄도 내의 프린스호텔만 해도 시나가와, 다카나와, 신다카나와, 아카사카, 시바, 롯폰기 같은 입지 좋은 곳에 자리를 잡고 있었고 그 밖에 가루이자와, 가마쿠라, 하와이 등지의 휴양지에도 수많은 부동산을 보유하고 있었다. 부동산 가치만 해도 1조 5,000억 엔 정도는 되었을 것으로 생각된다. 여기에 프로야구팀 세이부 라이온즈라는 우량 콘텐츠도 보유하고 있었기에 잠재적인 기업 가치가 매우 높았다.

유가증권 보고서 허위 기재 사실을 발표한 2004년 10월 14일부터 상장이 폐지된 12월 중순까지 주가는 200엔대 후반에서 400엔까지 오르내렸다. 세이부철도는 창업자인 쓰쓰미 가문과 그 관계자가 발행주식 80% 이상을 보유해서 애초에 거래량이 매우 적은 종목이었다. 다만 상장 폐지가 결정되고 2개월 동안은 거래량이 발행주식의 10여 퍼센트에 이르렀다. 그리고 이때 내 펀드가 수 퍼센트를 취득해 쓰쓰미 가문에 이어 두 번째 주주가 되었다.

주식을 운용하는 펀드나 연금은 상장기업 유지를 보유 조건으로 삼는 경우가 많아서, 상장 폐지가 되기 전에 보유 주식 매각을 진행한다. 반면에 내 펀드는 상장 유지를 보유 조건으로 삼지 않았다. 기댓값이 매우 높다고 판단해 필사적으로 투자한 결과였다.

마침 자산 가치를 기업 가치에 올바르게 반영하기 위해서 사업을 재편할 철도회사가 있을지 펀드 내부에서 조사하던 타이밍이기도 했다. 나는 세이부철도를 반드시 재건할 수 있다는 믿음으로 주식을 계속 사들인 것이었다.

쓰쓰미 요시아키 회장을 만날 기회를 얻고 싶었지만 내 인맥으로는 좀처럼 접점을 찾을 수가 없었다. 라쿠텐의 미키타니 히로시 회장이 세이부의 미나카미 리조트에 광대한 별장 부지를 매입하고 미나카미 프린스호텔의 운영에도 관여했기에 그에게 부탁해보기도 했지만 허사였다.

결국 2004년 12월 초순, 프로야구 구단주 회의에서 쓰쓰미 회장과 친분을 쌓은 오릭스의 미야우치 요시히코 회장과 함께 시바의 도쿄프린스호텔에 있는 쓰쓰미 회장 전용 방에서 만나 내 생각과 마음을 전했다. 호텔 운영 개선과 개장(改裝) 같은 사소한 부분까지 내 나름의 아이디어를 말하고 그에게 요청했다.

"이 회사는 반드시 변화할 수 있습니다. 세이부의 재편과 재건을 부디 제게 맡겨주십시오. 대주주가 되어도 좋습니다."

그 후 좀 더 자세히 가르쳐달라는 전화를 받고 12월 중순쯤 같은 장소에서 이번에는 쓰쓰미 회장과 단둘이 두 시간가량 이야기를 나눴다.

나는 어떤 안건이건 투자 대상인 부동산을 보러 현지에 직접 가고 운영하는 레스토랑에 직접 먹어보러 가는 등, 가치를 파악하기 위해 직접 움직인다. 세이부철도도 유가증권 보고서 분석을 바탕으로 보유 부동산 등기를 열람한 다음 현지에 직접 가보고, 주요 호텔의 가동률과 상황을 내 눈으로 확인하기 위해 오랫동안 로비에 앉아 관찰하기도 했다. 세이부전철을 타고 유원지에도 가봤다. 전철은 신규 투자가 없었는지 차량이 낡았고 유원지도 조금 한산했다.

다만 자산 중에서 팔아야 할 것을 팔고 추가 투자해야 할 곳에 적극 투자하면서 전체적으로 유이자 부채를 줄이고 자산 효율을 개선한다면 큰 이익을 얻을 수 있겠다고 생각했다. 재건에 투입할 비용을 조달하는 데도 협력하고 싶었고, 사업의 포인트를 좁혀서 경영 자원을 투입함으로써 세이부그룹의 가치를 본래의 응당한 모습으로 되돌릴 뿐만 아니라 더욱 성장시킬 수 있다는 절대적인 자신이 있었다.

쓰쓰미 회장은 내 제안의 열의를 느끼고 감동한 듯했다. "지금까지 세이부그룹을 어떻게 해야 할지 이렇게 직설적으로 제안해준 사람은 없었습니다"라며 고마워했다. '쓰쓰미 제국'으로 불릴 만큼 독불장군 이미지가 강한 그였지만 실제로는 그렇지 않았다. 내 이야기를 지긋이 경청했고 매우 냉정하고 합리적으로 판단했다. 나는 그의 인품에 깊은 감명을 받았다. 그리고 헤어질 때 그에게서 "내게 해준 것과 같은 프레젠테이션을 우리 그룹의 중핵인 세이부철도, 고쿠도, 프린스호텔의 경영자 세 명에게도 꼭 해주면 좋겠습니다"라는 요청을 받아 회의를 잡았다.

이때 쓰쓰미 회장은 틀림없이 자신이 체포될 가능성, 그룹 운영에 관여하지 못하게 될 가능성을 염두에 두었을 것이다.* 직속 부하 세 명과 나를 연결해서, 설령 자신이 없더라도 네 명이

* 쓰쓰미 요시아키는 2005년 3월 증권거래법 위반 혐의로 체포되었다. 상위 10대 주주 합산 보유율이 80%가 넘으면 상장이 폐지된다는 기준을 피하기 위해, 지주회사인 고쿠도가 보유한 세이부철도 주식을 임직원 명의로 기재하는 등의 방법으로 보유율을 허위로 축소한 혐의였다. 그는 앞서 2004년 초 총회꾼에게 이익을 공여한 혐의로 세이부철도 회장직에서 물러났고, 같은 해 10월 허위 기재 사실이 발각되면서 세이부그룹의 모든 자리에서 물러난 상태였다.

그룹을 확실히 재건하고 나아가 성장시키기를 바랐다고 생각한다. 그 직후 세이부철도는 상장이 폐지되었고 쓰쓰미는 그룹의 모든 직위에서 사임했다.

한편 내 안에서는 12월 중순에 쓰쓰미와 단둘이 만난 뒤로 세이부철도를 재건할 수 있다는 자신감이 확신으로 바뀌었다. 골드만삭스와도 제휴하고 미쓰이스미토모은행에서 대출을 받아 재건을 위한 준비를 진행했다.

세 경영자와의 면담은 곧바로 잡혔다. 12월 하순에 역시 도쿄프린스호텔에서 이야기를 나눈 뒤 식사하는 일정이었다. 나는 내 의견과 제안을 전하는 동시에 각 사업의 전문가이자 실무에 종사해온 그들이 현재 상황을 어떻게 타개하려고 하는지, 어떻게 기업과 사업을 재건하고 성장시키고자 하는지 궁금했다. 그래서 일단 내 생각을 말한 다음 각자의 의견을 듣고 싶다고 말했다. 그런데 그들의 입에서는 한결같은 말만 나왔다.

"오너께서 지시에 따르라고 말씀하셨습니다."

자주성이라고는 조금도 찾아볼 수 없는 이 경영자들에게 얼마나 큰 충격을 받았는지 모른다. 지금도 선명하게 기억한다. 너무나도 큰 충격에 나도 모르게 소리를 지르고 말았다.

"그렇게 쓰쓰미 씨에게만 책임을 떠넘겨도 되는 겁니까!"

식사할 마음이 싹 사라져 회식 전에 자리를 떴다. 이제야 당시 굉장한 실례를 저질렀다고 반성하지만, 그만큼 충격이 컸다. 그렇게 큰 사업을 해온 상장기업, 관련 기업 경영자들이 암묵적으로 쓰쓰미 회장에게서 바통을 넘겨받았는데도 자신이 지휘봉을 잡은 기업의 미래에 아무 의견이 없었다. 혹은 의견은 있어도 말하지 못했다. 쓰쓰미 회장의 말처럼 의도치 않게 모든 경영이 그의 수완에 맡겨졌고, 아무도 의견을 내지 않는 가운데 매일의 업무가 그의 뜻대로 진행되어왔음을 느꼈다.

해가 바뀌어 2005년 1월이 되자 쓰쓰미 씨가 체포될 것이라는 보도가 나오기 시작했다. 그리고 2월 19일, 나와 회의를 했던 경영자 세 명 중 한 명인 세이부철도 사장이 자살했다. 보도에 따르면 연일 검찰에 소환되어 조사를 받은 모양이었다.

이 무렵부터 쓰쓰미 씨와 연락이 닿지 않았고 얼마 후 미즈호파이낸셜그룹을 중심으로 세이부그룹 경영개혁위원회가 설치되었다. 내가 관여하지 않는 곳에서 세이부 재건이 진행되기 시작했지만 나는 주주로서 도전을 계속했다. 2005년 2월에는 공개매수를 신청해 〈니혼게이자이신문〉 1면을 장식했다.

최종적으로는 펀드들의 주식 매입 싸움이 되었고 서버러스(Cerberus Capital Management)*가 우리를 이겼다. 그 후 주주총회에 출석한 나는 “저희 펀드가 재건에 협력하지 못하게 되어

* 세이부그룹 경영개혁위원회의 백기사 역할을 했으나, 최대주주가 된 후 세이부 경영진과 갈등을 벌였다.

아쉬움도 있지만 부디 이 일을 계기로 좋은 기업이 되었으면 합니다"라고 말하고 큰 박수를 받은 것이 기억에 남아 있다. 모든 주주가 기업의 재건을 진심으로 바랐을 것이다. 내 펀드로 세이부철도를 인수해 재건하겠다는 꿈은 이렇게 무너졌다.

최종적으로 세이부그룹은 지주회사화되었고, 10년이라는 세월이 흐른 뒤 세이부홀딩스로 재상장했다. 예상보다 시간은 걸렸지만 실시된 개혁은 내 구상과 거의 같았다. 현재 세이부홀딩스의 PBR은 2배 정도다. 내가 진두지휘하지 못했다는 아쉬움은 있지만, 자산 효율이 낮고 상장기업의 바람직한 모습과는 거리가 멀었던 철도회사가 새롭게 태어나 시장에서도 적절한 평가를 받는 기업으로 변화한 것은 결과적으로 매우 기쁜 일이다.

여담인데 세이부그룹의 재건에 크게 공헌한 인물은 미즈호코퍼레이트은행의 부은행장으로서 세이부를 담당했던 고토 다카시다. 2005년 2월에 세이부철도의 특별 고문이 된 그는 2006년에 세이부홀딩스의 초대 사장으로 취임했다.

그가 세이부에 파견되기로 결정되었을 때 면담할 기회가 있었고, 미래에 관해 이야기를 나누는 가운데 "나는 그저 구원투수일 뿐이라 개혁을 실행하는 3~5년이 임기일 겁니다"라는 말을 들었다. 그로부터 10년도 더 지난 지금 그는 완전히 '세이부의 얼굴'이자 '카리스마 경영자'가 되었다.

세이부철도는 '쓰쓰미 제국'으로 불리며 카리스마가 지나치게 강한 경영자 아래에서 건전하게 운영되지 못한 과거가 있다. 재건을 주도한 고토의 수완은 물론 훌륭하지만 또다시 세이부 그룹에 '카리스마 경영자'가 등장한 것이 조금은 마음에 걸린다. '고토 제국'이 되지는 않기를 진심으로 기원한다.

그리고 한신철도로

'일정 수준의 주식을 보유할 수 있고 주주로서 경영을 개혁해 본래의 바람직한 모습을 되찾게 할 수 있는 철도회사가 있을까?' 그런 생각으로 펀드에서는 세이부철도 대개혁의 꿈이 무너진 뒤에도 조사를 계속했다. 세이부에서 얻은 지식을 기반으로 철도 사업을 둘러싼 법률과 제도도 더욱 상세히 공부했다. 그렇게 다음 투자 대상을 물색한 결과, 일정 수준의 주식을 단기간에 취득할 수 있으며 커다란 개선과 개혁을 기대할 수 있다는 결론에 도달한 철도회사가 나타났다. 바로 한신철도였다.

한신철도는 매출액에서 철도 사업이 차지하는 비중이 10%에 불과했고 매출은 유통업에서, 이익은 부동산업에서 나오는 구조였다. 그 유통업과 부동산업은 같은 업계의 다른 기업들에 비해 이익률이 낮았고, 본업인 철도 사업 역시 다른 사철에 비해 이익 수준이 낮았다. 2004년 3월기는 한신 타이거즈가 18년 만에 우승한 영향으로 타이거즈를 보유한 레저 사업의 이익 공헌이 컸다. 그 밖의 사업은 수익이 나지 않는 것을 매각해 이익률을 개선하면 자산 효율이 높아져 실적이 크게 개선될 가능성이 있었다.

이 무렵 한신철도의 시가총액은 1천 수백억 엔 정도였다. 그러나 한신 우메다역 위의 한신백화점과 인근의 대규모 상업 시설인 하비스오사카를 비롯해 우메다, 노다, 고베의 산노미야에 빌딩 다수를 가지고 있었다. 펀드 내부에서 계산한 바로는 그 부동산의 가치만 해도 3,000~5,000억 엔은 되었다. 기업의 본래 가치가 주가에 전혀 반영되지 않은 사업 구조였다.

한신철도가 보유한 자산은 취득 당시의 장부가액대로 계상되어 있어서 미실현 이익의 규모가 아주 크다는 점, 한신 타이거즈라는 콘텐츠에는 더 큰 가치가 있다는 점 등이 주가에 제대로 반영되지 않았다. 나는 세이부에서 단념했던 철도회사 재편과 상장기업의 바람직한 모습 추구를 한신철도를 통해서 실현하기로 결심하고 주식 매입을 진행했다.

어떤 기업이 어떤 노선을 운영하고 있는지는 철도 이용자에게 전혀 중요한 문제가 아니다. 목적지까지 얼마나 접근성 좋게, 저렴한 운임으로, 적게 환승해서, 짧은 시간에 편하게 도착할 수 있는지가 중요할 뿐이다. 하물며 매일 출퇴근 혹은 등하교에 이용하고 있다면 작은 차이가 큰 차이를 낳는다.

한신전철의 본선은 오사카 우메다와 고베 해안을 연결한다.

오사카-고베 노선은 산 쪽을 한큐가, 그 중간을 JR이 병행해서 통과하면서 같은 지역에서 철도회사 세 곳이 제각각 사업을 전개하고 있었다. 한편 고베에서 오사카 남바와 와카야마 방면으로 가려면 반드시 우메다에서 갈아타야 한다. 이용자의 편리성을 생각하면 그런 불편함도 변혁해야 한다고 생각했다.

노선 통합 제안은 과거에 도큐와 세이부에도 했었다. 나는 펀드 경영자로서 펀드에 이익을 안겨야 하니 채산성을 도외시하고 철도 이용의 편리성을 추구하거나 내 꿈만 추구할 수는 없었다. 그러나 사철을 통합해 이용 편리성을 개선하면 반드시 이용자의 이익으로 이어진다. 그러면 이동 수단으로 철도를 선택하는 사람이 늘어날 뿐만 아니라 남는 시간에 역사에 있는 백화점, 쇼핑센터에 들러 쇼핑하는 등 다각적으로 경영하는 그룹 기업에 긍정적인 파급 효과와 이익을 가져다줄 테니 펀드 경영자로서도 장기적인 기업 가치가 높아지리라고 기대할 수 있었다.

오사카에서 태어나고 자란 나는 한신철도그룹 재편에 다른 사철도 끌어들여 이용자의 편의성을 최우선으로 고려해 노선을 정리하고 운영을 통합하고 싶었다. 어린 시절에 오사카 도톤보리에 살면서 줄곧 여러 개로 나뉜 전철회사를 하나로 합치면 굉장히 편리하겠다고 생각했고, 한신전철은 매일 등하교할 때 이용한 노선이기에 애착도 갔다.

또한 나는 한신 타이거즈의 팬으로 중학생 때는 하굣길에 친구들과 함께 한신 타이거즈와 요미우리 자이언츠의 경기를 보러 고시엔에 갔었다. 1985년 우승 당시의 랜디 바스 선수는 정말 멋졌다.

조금 기술적인 이야기지만 당시 내 펀드는 특례 보고자로서 월 2회 정기적으로 대량보유상황 보고서를 제출했다. 그러나 주식 보유량이 5%를 넘겨 대량보유상황 보고서를 제출한 결과 '무라카미펀드가 주식을 사고 있다'라는 사실이 세상에 알려지면 많은 사람이 그 주식을 사려고 몰려들어서 갑자기 주가가 급등한다. 그래서 투자 비용을 가급적 낮추기 위해, 우리는 5%를 넘긴 뒤부터 대량보유상황 보고서를 제출하기까지 짧은 시간 동안 어떻게 하면 조금이라도 더 많은 주식을 모을 수 있을지 궁리해야 했다.

세간에는 우리가 주식을 사는 방식이 도를 넘었다든가 비겁하다든가 하는 여론이 있었던 듯하다. 그러나 '싸게 사서 비싸게 파는 것'은 모든 장사의 기본이다. 규칙을 어기지 않는 범위에서 무엇을 할 수 있을지 궁리하는 것은 당연하다.

한신철도 본사뿐 아니라, 자회사화되어 2005년 10월 1일 상장을 폐지하기로 결정되어 있었던 한신백화점 주식도 사들였다. 이미 주식 교환 비율이 결정된 상태였기에 아무리 사들여도 한신철도 이상의 주가는 절대 안 되었고, 사려고 마음만 먹으면 얼마든지 살 수 있을 만큼 매물도 나오고 있었다.

그 구조를 설명하려면 조금 기술적인 이야기를 해야 하는데, 한신백화점 주식을 5%가 될까 말까 한 수준까지 사면 내 이름은 드러나지 않은 채 실질적으로 한신철도 주식을 10% 산 셈이 되었다. 한신백화점이 자회사가 되어서 상장이 폐지되는 순간 한신철도 주식으로 바뀌기 때문이다. 그래서 한신백화점 주식을 5%까지 사들이고, 대량보유상황 보고서를 제출하기 전까지 단숨에 10%든 20%든 살 수 있을 만큼 사놓으면 전부 한신철도 주식으로 바뀌게 되어 있었다.

그리고 동시에 상환일이 2005년 9월로 코앞까지 다가왔던 한신철도 발행 전환사채 구입도 진행했다. 전환사채는 주식으로 전환하지 않는 이상 겉으로 드러나지 않는다. 이런 식으로 대량보유상황 보고서를 제출할 필요가 없는 방법을 궁리하면서 한신철도 주식 보유량을 조금씩 늘려갔다. 그리고 대량보유상황 보고서를 제출할 무렵에는 이미 한신철도 주식으로 환산하면 30% 정도를 확보하기에 이르렀다.

기업을 크게 변혁하려면 과반수에 가까운 의결권을 쥐고 있어야 한다. 이는 아버지의 가르침이기도 했고 나 또한 펀드를 설립한 뒤 여러 안건으로 이 사실을 실감했다.

투자자로서 기업 거버넌스 관점에서 많은 기업에 다양한 제안을 하고, 투자 대상이 그 제안을 바탕으로 개혁을 실행하거나 상장기업의 바람직한 모습에 가까워지는 결과로 이어지는 등

기업 개혁에 일조했다는 기쁨을 느낀 적도 있었다.

그러나 내 마음이 기업에 전해지지 않아 아쉬운 결과로 끝난 적이 더 많았고, 대부분 주주 구성이나 유동성 문제로 과반수 주식을 취득하는 이상적인 상태를 실현하지 못한 것이 원인이었다.

그런 가운데 마침내 기업 거버넌스 관점에서 개선할 여지가 많고, 재편을 실행하면 비약적인 성장이 기대되며, 현재 주가가 가치에 비해 턱없이 낮고, 과반수에 가까운 주식을 취득할 수 있겠다고 전망되는 기업을 찾아낸 것이었다.

관료를 그만두고 독립할 때 상장기업의 바람직한 모습을 추구한다는 꿈을 그렸는데 그 꿈을 드디어 실현할 수 있겠다고 느꼈다. 이 꿈을 실현한다면 틀림없이 일본에 기업 거버넌스가 침투할 것이라고 믿었다. 심지어 그 대상은 내가 태어나고 자란 땅에 뿌리를 내린, 애착이 가는 기업이다. 필사적으로 찾던 보물을 마침내 찾아낸 기분이었다.

한신철도는 주주 구성뿐만 아니라 이미 이야기한 한신백화점과의 통합과 전환사채 같은 특수한 사정도 있어 나의 이상에 가까이 다가갈 수 있다고 여겨졌다. 그래서 펀드 내부에서는 주가가 1,000엔 가까이 상승해도 과반수 획득을 향해 매입을 계속하기로 결정했다. 그렇기는 해도 최대한 많은 주식을 가급적 낮은 가격에 사고 싶었기에, '무라카미펀드가 보유했다'는 사실이 세상에 알려져 주가가 상승하기 전에 필사적으로 사 모았다.

기업의 미래를 생각하지 않는 임원들

"아버님을 뵐 수 있을까?" 한신철도 재편에 관해서 고민하고 또 고민하다가 대학 동창인 다마이 가쓰야에게 전화를 걸어 부탁했다. 다마이 가쓰야는 나와 함께 국가 공무원 시험을 본 사이로, 대장성에 합격하고 도쿄대학교에 남아 교수가 되었다. 그의 아버지 다마이 에이지는 스미토모은행 부은행장을 지내고 당시 한신철도의 사외이사를 맡고 있었다.

"자네, 재미있는 생각을 하는군." 다마이 씨는 한신철도 재편에 관한 내 마음과 구상을 듣고 이렇게 말했다. 그리고 물었다. "자네 말처럼 한신철도도 슬슬 달라져야 할 시기가 되기는 했네. 다만 정말로 그게 가능하겠나?"

"가능하다고 믿습니다." 나는 즉시 대답했다.

그는 아들의 친구가 아니라 세상을 떠들썩하게 만들었던 무라카미펀드의 대표인 내게 몇 번이고 확인했다.

그래서 나는 최종 목적이 기업을 차지해서 엉망으로 만들려는 것이 아니며, 펀드의 이익만을 추구하는 것이 아니라 제대로 된 시나리오를 바탕으로 지속적인 성장을 목적으로 삼은 개혁안이라는 것을 명확히 했다.

“그런 것이라면….” 그는 결국 내 마음을 이해하고 한신철도 임원과 진지하게 대화해보라며 최적의 인물로 이모토 가즈유키 부사장을 소개해주었다. 나중에 한신철도의 적이 된 무라카미 펀드와 한패라는 오해를 받게 된 이모토 부사장에게는 참으로 죄송스러울 따름이다.

나는 이모토 부사장, 그리고 같은 시기에 이야기를 나눈 한신 백화점 사에구사 데루유키에게서 여러 의견과 생각을 들을 수 있었다. 모두 기업과 사업을 구석구석까지 파악하고 있는 매우 훌륭한 경영자라는 느낌을 받았다. 노동조합 간부였던 직원과도 이야기를 나눌 기회가 있어 기업의 미래를 진지하게 생각하고 기업의 바람직한 모습에 관해 명확한 비전을 가진 직원이 많다는 사실 또한 알게 되었다.

나는 가슴이 고동쳤다. ‘내 생각을 이해하는 원군이 있고, 내부에 이대로는 안 된다는 위기감을 품은 사람도 있어. 이 기업은 정말로 커다란 개혁을 이룰 수 있을지도 몰라.’

그 후 다른 임원들을 만나서도 몇 차례 회의를 했다. 나는 등하교에 이용했기에 한신전철에 특별한 애착이 있다는 것, 마침 건설 중이던 니시오사카 연장선을 이용해 우메다, 남바, 고베, 나라까지 환승 없이 갈 수 있게 된다는 점이 이용자들에게 매우 중요하다는 것 등을 이야기했다.

한신철도의 기업 가치를 극대화하기 위해 이익을 내지 못하는 자산 매각, 이익을 낼 가능성이 있는 사업에 적극 투자, 주가 개선을 위한 자사주 취득 등을 구체적으로 제시했다. 동시에 다른 기업과 통합해 이용 편리성을 개선하고 운영 효율도 향상시키자고 제안했다.

세이부전철 때와 마찬가지로 밖에서만 보고 그린 그림에는 부족한 면이 있을 수 있고 자본 효율화와 더 큰 성장을 위해서는 실무에 임하는 경영진의 의향이 반영되어야 한다. 그래서 임원들에게 앞으로 한신전철을 어떤 모습으로 만들어가고 싶으며 그러려면 어떤 시책이 효과적이라고 생각하는지 솔직하고 기탄없는 의견을 말해달라고 수없이 전했다.

그러나 여러 차례 회의를 했어도 마지막까지 누구 하나 자기 의견을 적극적으로 말하지 않았다. 회의할 때마다 다마이 씨가 “사외이사인 저보다 실제로 내부에서 사업하는 여러분이 많은 의견을 내주셨으면 합니다”라고 독려해도 구체적인 의견은 나오지 않았다. 그보다는 항상 질문이 나에게 향했다.

“우리가 어떻게 해야 주식을 팔아주시겠습니까?”

“우리가 어떻게 해야 나가주시겠습니까?”

그런 이야기가 진행되다 회의가 끝났다. 임원들 반응을 보고 나는 이들이 자기 보신에만 관심이 있을 뿐, 주주의 이익은 고사하고 기업의 미래조차 진지하게 생각하지 않는다고 느꼈다. 그래서 개인적인 생각을 솔직하게 말했다.

"펀드로서 그렇게 길게 보유할 수 없으니 머지않은 미래에 주식을 팔아야 합니다. 대신 제 개인 자산을 전부 쏟아부어서 일정 수준의 주식을 보유하고 주주로서 재편을 지원하려 합니다."

그러나 그 말마저 진지하게 듣는 이사가 거의 없었다. 그저 자신의 기득 권익을 침해하는 인간을 배제하고 싶어 할 뿐이었다. '한신'이라는 철도 브랜드를 바탕으로 오랫동안 조용하고 안정적으로 사업해왔으니 주가가 낮은 상태에서 벗어나든 말든, 자산 효율이 낮든 말든, 흔들림 없이 안정적으로 출근하고 싶은 마음이었을 것이다. 경영진이 직접 자사 주식을 보유하고 주가를 책임지는 일이 없는 일본 기업의 폐단이 여실했다. 당시는 유명한 상장기업들도 대부분 이런 수준이었다.

투자하는 과정에서 많은 기업의 경영진과 의견을 교환해보면 상장한 지 오래된 명문 기업일수록 이런 안일한 마음가짐이 뿌리내린 경우가 많았다. 달콤한 꿈을 꾸고 있는데 상장기업이라는 냉혹한 현실을 들이미니 그들에게 나는 갑자기 찬물을 끼얹어 꿈에서 깨게 만든, 불쾌함을 심어준 짜증 나는 인간일 뿐이었으리라.

상장기업임을 자각하고 현실을 바라보자는 생각보다 나에 대한 분노와 불쾌감이 앞서는 것처럼 느껴져 지금 돌이켜 봐도 몹시 유감스럽다.

한신 타이거즈 상장 계획 : 호시노 센이치의 충격적인 발언

대화 가운데 여론의 큰 비판을 받은 한신 타이거즈 상장이 주제로 나왔다. 구단을 사유화해서 수익을 독점하려 한다고 받아들여졌다. 그러나 내 의도는 전혀 달랐다. 구단을 상장해 선수를 비롯해 열광적인 팬, 연고지의 기업, 주민이 주식을 보유한다면 자신도 한신 타이거즈의 일원임을 강하게 느낄 것이다. 그 결과 구단과 연고지, 팬이 전보다 더 단단하게 결속하고, 구장을 신축하고 스타 선수를 확보하는 데 필요한 자금도 원활하게 조달하리라는 것이 내 생각이었다. 나는 그 선순환을 머리에 그리면 가슴이 두근거렸다.

나도 물론 한신 타이거즈의 팬으로서 조금이나마 구단 주식을 보유해 구단과 함께 꿈을 좇고 싶었다. 팀명을 '무라카미 타이거즈'라고 바꾸고 싶다든가, 구단주가 되고 싶다든가, 이익을 전부 독점하고 싶다든가 하는 생각은 전혀 없었다. 애초에 한신 타이거즈 상장도 한신철도 재편 과정에서 도출한 성장 전략, 자산 효율화를 위한 선택지 중 하나였고 수많은 팬이 구단의 주인이 될 수 있다는 즐겁고 꿈같은 방안이었다.

그런데 세상은 한신 타이거즈를 강탈하려는 계획이라고 집중 비난했고, 그 바람에 철도 사업을 재편하겠다는 나의 마음은 완전히 묻히고 말았다.

2006년 5월, 당시 한신 타이거즈의 시니어 디렉터 호시노 센이치가 나를 가리켜 "언젠가 천벌이 내릴 것이다"라고 한 말이 여론에 불을 댕겼다.

사실은 그보다 반년도 더 전인 2005년 10월 초순 호텔오쿠라에서 호시노와 면담했었다. 우리는 그가 늘 사용하는 스위트룸인 1001(센이치)호실에서 만났다. 나는 세상에 퍼진 근거 없는 소문만 듣고 있을 그에게 내 의도를 제대로 전하려 했고, 그는 매우 호의적으로 내 이야기를 끝까지 들어주었다. 그리고 "다음에는 투자의 세계에 관한 이야기도 들려주십시오"라는 말과 함께 화기애애하게 악수하고 면담을 마쳤다.

그의 협력을 얻는다면 구단과 팬의 거리를 더욱 좁힐 수 있고, 자금 면에서 여유가 생기며, 스포츠 구단이 상장하는 멋진 전례를 만들 수 있다.

'아아, 이것으로 과제를 하나 해결했구나.' 나는 안도감을 느꼈었다.

그랬기에 그의 발언을 전해 듣고 대체 무슨 일이 일어난 것인지 순간 이해가 되지 않았다. 여우에게 홀린 기분이라고 해야 하나, 참으로 충격이었고 슬픈 심정이었다. 언론에서 봐온 호시노도, 실제로 만난 호시노도 정말 신사적이고 냉정한 사람이었다. 공적인 자리에서 그런 발언을 할 사람이라고는 전혀 생각되지 않았었다.

내 인간적인 미숙함이나 지나치게 직설적인 화법 때문에 그런 말이 나왔을까? 어떤 단계에서 내 의도를 오해했을까? 그렇다면 내가 반성해야 할 일이지만 참으로 슬픈 사건이었다.

한신철도 주식 보유율이 상승함에 따라 나와 내 펀드를 비판하는 여론은 점점 더 거세졌다. 어떤 설명도, 어떤 제안도 진의가 올바르게 전달되지 않는 수준을 넘어 무엇 하나 순순히 받아들여지지 않았다. 그래도 나는 이 꿈에 강한 집착이 있었기에 언젠가는 틀림없이 이해해주리라고 믿으며 열심히 한신철도와 교섭을 계속했다.

또다시 무너져 내린 꿈

회의는 주로 롯코산 깊은 곳에 있는 한신철도 소유의 시설에서 열렸다. 무라카미펀드가 한신 주식을 사들이는 것이 언론에 보도된 뒤 세상의 이목이 집중되어 원활하게 회의를 열 수가 없었기 때문이다.

첫 회의는 본사에서 했지만 다음에 본사로 회의하러 가니 어디에서 정보가 샜는지 빌딩 입구에 언론 관계자와 구경꾼이 수백 명이나 모여들어, 내가 탄 차가 주차장에 들어가기 전부터 둘러쌌다. 차 앞 유리를 두드리는 사람, 보닛에 올라타는 사람까지 있을 만큼 큰 소동이 벌어져 결국 경찰을 불러야 했다.

그런 상황에서 간부들과 회의를 거듭했지만 한신은 앞으로 어떤 모습이 되어야 할 것인가에 관한 구체적인 의견은 역시나 나오지 않았다. 그러나 나는 펀드 경영자로서 이익을 추구하는 것과는 별개로 철도회사를 어떻게 재편해야 지역 주민에게 가장 이익이 될지 매일 진지하게 궁리했다. 내가 태어나 자란 오사카에서 일본 각지 사철의 롤모델을 만들고 이용자의 시점에서는 경영 통합을 실현하고 싶다는 마음이 강했다.

펀드 경영자로서 한신에 투자하려고 생각한 가장 큰 이유는 실제 가치에 비해 너무나도 저평가된 주가였다. 동시에 나 개인에게는 도큐와 세이부에서 이루지 못했던 철도회사 재편을 오사카에서 이루고 싶다는 마음이 있었다. 모든 철도가 공동으로 운행된다면 이용 편의성이 높아질 것은 자명하다. 운임이 저렴해지고 환승과 접속도 편리해진다.

나는 고등학교에 다닐 때 한신전철을 등하교에 이용했기에 어떻게 하면 오사카에 있는 5개 사철을 통합할 수 있을지 궁리했다. 그리고 갑자기 5개 사철을 전부 통합하기는 어렵다면 첫 단계로서 어디와 어디가 하나가 될 때 서로에게 이익이 있을지 내 나름대로 궁리한 끝에 한신과 게이한전철의 통합이 최선이라는 결론에 도달했다.

게이한은 오사카의 나카노시마와 교토를 연결하는 노선을 운영하고 있고, 우메다역을 지나가는 한신과는 연결되지 않는다. 그렇기에 더더욱 서로를 연결하면 이용이 편리해진다. 또한 게이한은 한신을 인수하고 싶다는 생각이 있어서 합병설이 나돌기도 했다. 시가총액은 한신보다 게이한이 더 컸다.

한신에 게이한과의 통합을 제안하기 시작했을 무렵, M&A 자문 업무를 하는 GCA사비안그룹의 사야마 노부오가 갑자기 내게 연락했다. 한신과 한큐의 통합을 제안하면서 무라카미펀드가 보유한 한신철도 주식을 한큐에 팔지 않겠느냐는 의사를 타진했다. 이를 계기로 사태가 빠르게 전개된다.

한큐와의 통합을 제안받고서 나는 제시 가격이 타당한지, 게이한이나 기타 사철과 비교했을 때 통합의 장단점이 무엇인지, 통합 후에 어떻게 사업을 전개할지, 오사카의 향후 발전과 지역 주민의 편의성이 어떻게 될지 등을 생각했다. 지금 한 회사와 통합하기 위해 펀드가 보유한 주식을 포기할 것인가, 아니면 5개 회사의 통합을 실현한다는 목표 아래 계속 보유할 것인가? 개인 재산을 투입해서 계속 보유하는 선택지도 생각하면서 사야마의 제안을 검토했다.

그런 상황에서 2006년 5월 29일, 한큐가 느닷없이 한신을 공개매수하겠다고 발표했다. 그리고 그 공개매수에 이의를 제기할 틈도 없이 도쿄지검 특수부에서 나를 소환했다. 앞 장에서 이야기한 닛폰방송 건 때문이었다.

나는 6월 5일에 체포되어 도쿄구치소에 구류되었다. 그 뒤로는 펀드 투자자의 손실을 최소화할 조치를 강구하는 것 외에 할 수 있는 일이 없었다. 투자자를 보호하려면 그때까지 생각해온 모든 선택지를 포기하고 한신철도 보유 주식의 공개매수에 응해야 하는 상황에 몰렸다. 철도회사 재건이라는 나의 꿈은 이렇게 해서 또다시 무너져 내렸다.

한신철도 건 전까지만 해도 나는 '기업 사냥꾼'으로 불린 적이 없었다. 쇼에이, 도큐호텔, 세이부철도 등은 인수까지 염두에 두었음에도 그렇게 불리지 않았다. 물론 내게 기업을 차지할 실력이 없다고 생각했기 때문인지도 모르겠다. 반면 한신철도는 주식을 많이 보유했으니 경영진이 '회사를 빼앗기는 것은 아닐까?' 하는 마음에 공포스러웠을 것이다. 구단의 처우가 큰 화제가 되어 '무라카미 타이거즈' 같은 이야기로 떠들썩해진 탓에 '기업 사냥꾼'이라는 이미지가 세간에 생겼는지 모르겠다.

나는 기업 거버넌스를 개선할 목적으로, 기업 거버넌스가 좋지 않은 기업이 상장기업의 바람직한 모습에 가까워지기를 바라며 투자자로서 관여해왔다. 일정 수의 주식을 사들인 것도 이를 실현하기 위한 수단 중 하나였다.

애초에 나는 상장기업이 인수되는 것을 나쁘게 생각하지 않고, 오히려 그런 적극적인 움직임이 있는 편이 낫다고까지 생각한다. 미국처럼 기업을 빼앗기거나 적대적으로 인수당하는 국면을 거치면 상장기업이 원치 않는 인수를 막으려고 저마다 기업 가치 향상에 매진해 시장이 활성화되고 자금 순환이 촉진될 것이기 때문이다.

1장에서 소개한 ISS의 로버트 몽스는 기득 권익 속에서 사는 사람들에게 배신자 취급을 받았다. KKR의 헨리 크래비스는 '기업 사냥꾼'으로 불렸고 그를 야유하는 영화까지 만들어졌다. 그러나 나는 이들의 공적을 높게 평가한다. 내 생각에 미국 주식시장이 지속적으로 성장해 일본보다 훨씬 높은 가치를 유지하는 것은 이들 같은 존재가 시장을 상대로 행동에 나서서 기업 거버넌스가 좋은 환경을 만들었기 때문이다. 나는 행동으로 세상을 크게 바꿔나가는 역동성과 그런 행동에 대한 동경심이 미국 사회에는 있다고 생각한다.

그래서 일본 기업의 PBR은 평균 1배인 데 비해 미국 기업의 PBR은 평균 3배다. 일본의 주식시장은 규모가 500조 엔밖에 안 되는 데 비해 미국은 2,000조 엔이나 된다. 미국 연금은 주식시장 투자를 수입원으로 삼아 착실히 수익을 얻고 있다. 그에 비해 일본은 어떤가? 1990년에는 일본과 미국의 주식시장 규모가 같았음을 잊지 말아야 한다.

어지간히 큰 시너지 효과를 기대할 수 없다면, 기업 거버넌스가 우수하고 경영자가 주주를 바라보면서 경영해 높은 주가를 유지하는 상장기업을 상대로는 기업 탈취나 적대적 인수 시도가 일어나지 않는다. 상장기업이 인수되는 것을 리스크라고 생각한다면 인수 방어책이나 주식 상호 보유처럼 보신적인 의미의 대책을 세우기보다 기업 거버넌스를 개선하고 기업 가치를 향상하는 데 힘써야 한다. 그것이야말로 인수당할 위험성을 낮추는 효과적인 방법이다. 주가가 높은 기업은 빼앗기지 않는다는 것이 세상의 상식이다.

경영 통합으로 한큐한신홀딩스가 탄생한 지도 10년이 지났다. 최근 주가가 10년 전 수준을 간신히 회복했을 뿐이어서, 쌍방의 자산을 효과적으로 활용해 기업 가치를 극대화하고 있다고는 말하기 어려운 상황으로 보인다. 무라카미펀드와 나 개인을 필사적으로 배제해서 더 나은 결과를 손에 넣었다고 말할 수 있을까?

물론 내가 계속 경영에 관여했다고 해서 계획대로 개혁을 추진할 수 있었으리라는 보장은 없다. 그러나 적어도 나는 당시 주주로서 당사자 누구보다 진지하게 한신철도와 오사카의 지속적인 발전을 생각했다고 자부한다. 그 무렵 나는 내 꿈과 마음이 너무 강한 나머지, 사적인 감정을 배제하고 이익을 추구해야 하는 펀드 경영자로서는 실격이었는지도 모른다.

그러나 내 인생을 걸었다고 해도 과언이 아닌 안건이 그런 형태로 강제로 종료된 아쉬움과 슬픔은 시간이 지난 지금도 전혀 퇴색되지 않고 그대로 남아 있다.

더는 주주가 아니게 된 지금도 도큐, 세이부, 한신에 강한 애착이 있다. 그래서 주가와 뉴스를 통해 어떻게 성장하는지 지켜보고 있다. '나라면 이렇게 했을 텐데….' '이렇게 했다면 틀림없이 좀 더 성장했을 텐데….' 종종 그런 생각도 한다.

기업 거버넌스에 대한 인식이 높아져 기업이 조금씩이라도 변화할 수밖에 없는 환경이 된 가운데 당시 내가 보낸 메시지가 절대로 적대적이지 않았다는 점, 극단적인 부분은 있었을지 모르지만 합리적이었다는 점을 조금이라도 이해하고 앞으로의 발전에 활용한다면 정말 기쁠 것이다.

6장

生涯投資家

IT 기업 투자:

편드 시절의 나는 IT의 장래성을 기대하는 투자를 한 적이 없었다.
그러나 IT 버블의 물결에 올라타 단숨에 주식 상장을 이룬
젊은 경영자들의 기세에는 크게 놀랐다.

벤처기업의 경영자들

솔직히 말하면 나는 인터넷의 세계에서 탄생한 혁신적인 서비스와 AI의 대단함을 아직도 잘 모르겠다. "이 기술이 세상을 바꿀 겁니다!" 그런 설명을 들어도 내 머릿속에서는 그런 미래가 떠오르지 않는다.

물론 이야기를 들으면 "오호! 대단하네요" 놀라기도 하고 "아하, 그런 것이군요" 감탄도 한다. 다른 분야라면 내가 들은 이야기보다 더 미래의 모습도 머릿속에 그릴 수 있지만 유독 IT에 관해서는 그게 안 된다. 그 성장성을 내 나름의 '기댓값'으로 구체화할 수가 없다.

그래서 펀드 시절의 나는 IT의 장래성을 기대하고 투자한 적이 없다. 최근에는 안목이 좋은 친구와 IT에 해박한 큰아들의 조언을 받으며 벤처 투자로서 몇몇 기업에 출자하고 있다.

실제로 최근 20년을 돌아보면 이 분야의 선구자라고 말할 수 있는 기업들이 엄청난 속도로 성장해 우리 일상생활을 바꾼 것은 의심할 여지가 없는 사실이다. 미국에서는 구글, 아마존, 일본에서는 GMO, 사이버에이전트, 라쿠텐 같은 기업이 급성장했다. 이런 기업들은 창업 후 장기간 적자를 기록하면서도 높은 성장률이 예측됨에 따라 IPO로 대규모 자금을 조달해 사업을 가속화한 경우가 많다.

IT 버블이 붕괴한 뒤 나는 크레이피시와 사이버에이전트 같은 기업에 펀드 차원에서 투자했다. 이들이 보유한 기술력이 언젠가 큰 리턴을 만들 것이라고 생각해서가 아니었다. IT 버블 붕괴 직후 이 기업들은 높은 주가로 조달한 거액의 자금을 그대로 보유해서, 보유한 현금·예금보다 시가총액이 훨씬 낮은 상태였기 때문이다. 순수하게 '저평가된 주식'이었다.

상장기업은 성장을 위한 투자에 필요한 자금보다 큰 잉여금을 보유하고 있을 경우 자사주 취득·배당으로 주주에게 환원하거나, MBO를 실시하거나, 사업을 분리해 해산하거나 하는 수단으로 주주와 저평가된 주가에 대응해야 한다.

당시 사례에서는 그런 대응 없이 주가가 계속 낮은 수준에서 방치되면 반드시 합병이나 인수 등의 행동이 일어날 거라고 생각했기 때문에 투자하기로 했다. 성장성 말고도 내가 예측할 수 있는 요소가 가미되었기에 기댓값을 산출할 수 있었던 것이다.

IT 버블과 붕괴

내가 펀드를 시작한 1999년부터 2000년은 IT 버블이 정점을 맞은 시기였다. 애초에 IT 버블은 일본의 버블 붕괴, 1997년 아시아 금융위기로 남아돌던 자금이 당시 주목받기 시작한 컴퓨터와 인터넷 분야로 흘러들면서 시작되었다고 알려져 있다. 마이크로소프트의 윈도95가 대히트를 기록하면서 세계적으로 개인용 컴퓨터가 보급되었고, 마이크로소프트 주가가 급등하자 다른 IT 관련 기업에 투자가 가속되면서 버블에 이르렀다고 생각한다.

마이크로소프트의 시가총액(공모 가격)은 1986년 상장 당시 5억 달러를 조금 넘겼는데 1999년 말 단숨에 6,000억 달러까지 오르면서 상승 폭으로는 오랫동안 깨지지 않은 기록을 세웠다. 또 아마존은 1997년 상장한 이래 적자가 계속되었음에도, 상장 당시에는 4억 달러에 미치지 못했던 시가총액이 324억 달러를 넘어서는 등 IT 관련 종목의 급등세가 무서울 정도였다.

일본은 미국보다 몇 년 늦게 IT가 발전하기 시작했다고 알려져 있다. IT 버블 직전에 설립된 기업들은 아직 흑자를 내는 수준에 이르지 못해 상장도 못 하고 있었다. 그러다 IT 버블 절정기인 1999년 11월, 적자여도 상장이 가능한 도쿄증권거래소 마더스가 탄생했다. 이때부터 적자를 내던 벤처기업들도 단숨에 상장을 향해 달렸고 2000년 2월 소프트뱅크가 20조 엔, 히카리통신이 7조 엔이라는 시가총액을 기록했다. 그런데 새로운 시장이 창설된 지 몇 개월 만에 버블이 붕괴하고 말았다.

크레이피시, 사이버에이전트, 라이브도어, 라쿠텐 같은 기업은 버블 붕괴 직전 아슬아슬한 타이밍에 상장해 높은 가치로 자금을 조달하는 데 성공했다. 그러나 주가는 상장 당시 혹은 그 직후에 최고점을 찍은 뒤 급락했다.

라쿠텐과 사이버에이전트 등은 버블 붕괴 후에도 살아남아서 사업 규모를 확대하고 안정적인 수입원을 확보해 IT 버블 당시의 주가를 크게 웃도는 기업으로 성장했지만, 경영자로서는 주가가 부진에 허덕인 몇 년 동안 바늘방석에 앉은 기분이었을 것이다.

IT 기업에 투자할 때는 '기다리는 것'이 중요함을 느낀다. 아마존의 제프 베이조스는 "기다리는 것은 전혀 힘들지 않다"라고 단언했다. 적자가 계속되더라도 굴하지 않고 사업을 확대하기 위한 투자를 적극적으로 실시하고 서비스와 개선, 시행착오를 반복하면서 '기다린다'는 것이다. 물론 사안마다 다르지만 투자 후 수익이 나기까지 대체로 5년에서 7년을 생각한다고 한다. 실제로 아마존은 상장 후 무려 6년 동안 적자 결산을 거듭했다.

한편 매출액은 상장 후 급성장기를 지나서도 매년 30%대의 빠른 속도로 성장했으므로, 대규모 투자로 사업이 눈부시게 성장하고 있었음은 분명하다. 이익을 만들어 다음 투자에 아낌없이 사용하기에, 최종으로는 적자를 보거나 매출 규모에 비해 굉장히 적은 이익밖에 내지 못한 것이다. 최근에도 적자를 낸 적은 있지만 투자자들은 과거의 경험에 입각해 성장을 더욱 가속화하는 플러스 요소로 받아들이는 경우가 많은 듯하다. 다소 부침이 있기는 해도 주가는 우상향 추세가 이어진다.

사이버에이전트의 후지타 스스무 사장 또한 아메바블로그 사업이 최종 누적 60억 엔 적자를 내면서도 상장 후 5기째에 영업이익을 흑자 전환하는 데 성공했고, 현재는 이것이 사이버에이전트의 핵심 수익원이 되었다. 히카리통신의 시게타 야스미쓰와 라이브도어의 사장이었던 호리에 다카후미도 이런 투자 '안목'을 갖추었다고 느껴진다. 이들에게는 적자 저 너머에서 기다리는 미래가 보이는 것이리라.

히카리통신과 크레이피시

IT 버블 하면 제일 먼저 머릿속에 떠오르는 기업은 히카리통신일 것이다. 사실 히카리통신은 국제전화와 휴대전화의 서비스 회선을 판매하는 기업이니 IT 기업이라고 불러도 되는지는 조금 모호하다.

1996년 2월 장외시장에 상장했고 1999년 9월에는 도쿄증권거래소 1부 시장에 상장했다. 같은 해 초 2,000~3,000억 엔이던 시가총액이 버블이 정점을 찍은 2000년 11월 14일에는 7조 엔을 넘기기도 했다. 이 무렵 세계 억만장자 순위를 보면 1위인 빌 게이츠에 이어 2위가 소프트뱅크의 손정의, 3위가 히카리통신의 시게타 야스미쓰였다. 거리에서 쉽게 찾아볼 수 있는 히트숍(HITSHOP)이라는 휴대전화 판매 대리점 간판, 적은 초기 비용으로 휴대전화를 구입할 수 있다는 화제성 등이 실적에 영향을 끼쳤을 것이다.

히카리통신의 창업자이자 최연소로 도쿄증권거래소 1부에 상장한 기업의 사장으로서 세상을 떠들썩하게 한 시게타는 내가 존경하는 투자자 중 한 명이다. 자녀가 같은 반인 적이 있어서 사적으로도 친하게 지내며 서로의 투자 이념에 관해서도 의견을 교환했다. 시게타의 투자 센스는 천재적이어서 2000년에 잇달아 상장한 크레이피시, 사이버에이전트, 라이브도어에도 투자했다.

그러나 2000년 2월 말에 가공의 휴대전화 계약이 대량으로 발각되었고, 한때 7조 엔을 넘겼던 시가총액도 그 여파로 1년도 안 되는 사이에 500억 엔을 밑돌았다. 문제의 휴대전화 가공 계약이 발각된 직후부터 이어진 20일 연속 하한가라는 불명예스러운 기록은 아직도 깨지지 않았다.

그리고 히카리통신이 대주주로 있던 크레이피시 등도 연속으로 주가가 급락하면서 일본의 IT 버블은 붕괴되었다. 다만 이때는 미국에서도 마이크로소프트, 애플 등의 주가가 이미 하락 국면에 접어든 상태여서, 히카리통신 사건이 없었더라도 IT 버블 붕괴는 시간문제였을 뿐 피할 수 없었을 것이다.

시가총액이 500억 엔 정도 되었을 무렵, 히카리통신은 은행에서 돈을 빌릴 때 은행이 규정한 채무 조항(커버넌트)을 저촉할 가능성이 있어 증자가 필요해졌다. 시게타는 내게 펀드로서 히카리통신에 투자하지 않겠느냐고 물었고, 나는 그의 '안목'을 신뢰했기에 즉시 투자를 검토했다. 그런데 오릭스의 미야우치 회장에게 의논했더니 소프트뱅크의 사외이사 자리에 같이 있으면서 시게타와 알고 지낸 그가 크게 난색을 표해 투자에는 이르지 못했다. 결국 시게타는 자기 자산을 판 돈으로 증자해서 어려운 시기를 극복했다.

2008년경으로 기억하는데 시게타가 내게 의견을 구한 적이 있다. "히카리통신의 주가가 낮고 PBR도 1배가 안 되는 상태인데 어떻게 하면 좋겠습니까?" 나는 "자사의 주가가 낮다는 생각이 들 때야말로 철저히 자사주 매입을 해야 합니다"라고 조언했다. 히카리통신은 그 뒤 적극적으로 자사주를 취득해 2008년부터 10년 동안 매입한 자사주 총액이 500억 엔을 넘겼다. 최근에는 시가총액도 4,000억 엔 이상으로 회복해서, 나로서는 과거에 투자하지 못한 것이 아쉽다.

좋든 나쁘든 히카리통신의 영향을 가장 크게 받은 곳은 크레이피시일 것이다. 마쓰시마 이사오가 학창 시절에 친구들과 설립한 기업으로, 중소기업이 자체 서버를 보유하지 않고도 이메일 등을 사용할 수 있는 서비스를 제공한다. 2000년 미국 나스닥과 도쿄증권거래소 마더스 동시 상장, 26세로 상장기업 최연소 사장 기록 경신 등으로 큰 화제가 되기도 했다.

히카리통신의 자회사라는 브랜드는 학생이 창업해서 수년밖에 안 된 벤처기업의 가치를 가장 크게 높인 요소였다. 그러나 히카리통신의 가공 계약 문제가 보도되어 주가가 폭락하자 이 간판은 순식간에 장애물이 되고 말았다.

일본보다 며칠 일찍 상장한 미국 나스닥에서는 엔화로 환산했을 때 공모가가 보통주 1주당 약 1,320만 엔에서 시작해 장중 거의 9,000만 엔까지 올랐다가 약 6,800만 엔으로 마감했다.* 한편 3월 10일에 같은 공모가로 상장한 도쿄증권거래소 마더스에서는 매도 호가가 6,500만 엔으로 시작해 4,500만 엔까지 하

* 공모 당시 크레이피시의 미국주식예탁증서(ADR) 가격은 24.5달러(2,646엔)였고 보통주 1주는 5,000ADR로 구성되었다.

락했다가 결국 가격이 매겨지지 않은 채 종료되었다. 다음 날 붙은 시초가는 2,500만 엔이었다.

그래도 직전 결산에서 매출액이 11억 엔 정도였고 최근 결산은 적자인 기업이 공개 가격 기준으로 시가총액 1,343억 엔 정도의 가치가 있다고 평가받은 것이다. 그 후 주가는 크게 오르내렸지만 크레이피시는 상장 후 240억 엔이 넘는 자금을 조달했다.

이후 주가가 급락했고 시가총액도 40억 엔을 밑돌았다. 이 주가를 보고 나는 펀드 차원에서 투자를 시작했다. 주식 10여 퍼센트를 사들여 대주주가 된 다음 마쓰시마 사장을 만나 물었다. "무엇을 위한 자금 조달이었고, 그 자금을 기업 성장에 어떻게 사용할 것입니까?"

명확한 대답을 들을 수 없었지만 나는 내 의견을 전했다.

"현금 240억 엔을 보유한 상장기업을 수십억 엔에 살 수 있는 상태는 바람직한 모습이 아닙니다. 기업의 미래에 자신이 있고 지금의 주가가 부당하게 낮다고 생각한다면 자사주 매입을 실시하면 됩니다. 이익 잉여금이 적더라도 자본 준비금을 이용하면 자사주를 취득할 수 있습니다."

그러나 그는 히카리통신이 주주로서 존재감을 키우는 것,* 나아가 크레이피시를 인수하는 것을 크게 두려워했기 때문에 자사주 취득을 실시하지 않았다.

그 후 그는 크레이피시 사장직을 사임했고, 2001년 9월에 히카리통신이 공개매수를 실시함에 따라 크레이피시는 상장이 폐지되었다.

유센, 사이버에이전트, GMO

현재 유넥스트(U-NEXT)의 사장이자 유센(USEN, 오사카유선방송사)의 회장을 맡은 인물은 우노 야스히데다. 우노 일가 중 내가 처음 알고 지낸 사람은 그의 형이었다. 내 기억이 맞다면 그 계기는 관료의 스터디 클럽에서였다. 둘 다 오사카 미나미** 출신이라는 공통점에서 의기투합했고, 이윽고 유센 창업자인 그의 아버지 우노 모토타사 씨를 소개받았다. 이런저런 비즈니스를 궁리하는 아버님의 이야기를 즐겁게 들으면서 함께 식사도 했고 오사카와 도쿄의 유센 사무소로 놀러 가기도 했다.

아버님이 타계하기 1년 정도 전으로 기억하는데, 도쿄에서 함께 저녁을 먹으려고 약속 장소에 갔더니 야스히데가 함께 있

* 자사주를 사면 모회사 히카리통신이 보유한 크레이피시의 지분율이 상대적으로 높아지고 지배력이 강해지기에 자회사 사장으로서 이 점을 우려한 것이다.

** 오사카시 주오구의 남바, 도톤보리, 신사이바시, 센니치마에를 중심으로 한 번화가·환락가를 총칭하는 말이다.

었다. 나중에 생각하니 아버님은 유센의 후계자가 될 야스히데를 관료인 내게 소개하려고 한 게 아니었을까 싶다.

우노 야스히데는 리크루트의 계열사 리크루트코스모스를 거쳐 인재 파견 기업인 인텔리전스를 설립하고 순조롭게 사업을 확대해나갔다. 그런데 IT 버블 직전, 인텔리전스 상장을 준비하던 도중에 유센을 물려받게 되었다.

그 시점의 유센에는 아버님이 개인 보증을 선 채권이 800억 엔이나 있었고, 일본 전국의 전신주를 무단 사용하는 문제도 끌어안고 있었다. 유센이 전국에서 720만 개나 되는 전신주를 무단으로 사용해서 우정성, NTT와 마찰을 빚고 있었던 것이다. 이 문제까지 전부 떠안겠다는 각오도 대단했거니와 이후 불과 3년 만에 문제를 전부 해결하고 2001년 4월에 상장을 실현한 것도 놀랍다. 전신주 무단 사용 문제를 해결하기 위해서 NTT에 약 350억 엔을 지급했다고 한다.

우노 야스히데의 기세는 그 후에도 멈추지 않았다. 유센에서 광통신 인터넷 접속 사업을 진행하는 가운데 에이벡스, 기가커뮤니케이션즈, 라이브도어 주식을 취득하고 자신이 창업한 인텔리전스 주식도 취득하는 등 돈을 빌려서까지 적극적인 M&A를 실시하며 사업을 확대해나갔다.

2006년에 라이브도어 사건이 일어났을 때 호리에 다카후미에게 "뭔가 내가 도와줄 일이 있는가?" 하고 묻자 그는 이렇게 답했다. "무라카미 씨가 소개한 사람들 중에서 우노 씨가 가장 믿을 만하다고 생각합니다. 만약 내가 체포된다면 라이브도어를 계승해달라고 우노 씨에게 이야기해주실 수 있겠습니까?"

나는 그 말을 전하러 우노를 만나러 갔고 개인적으로도 그렇게 해달라고 부탁했다. 그 후 라이브도어의 자산 가치를 심사한 뒤 유센에 매각하는 단계에서 우노는 후지TV가 보유한 10% 넘는 라이브도어 주식을 개인 재산으로 인수했다.

이 무렵 유센은 적극적인 M&A를 위해 차입을 확대하면서 2006년 8월 말 유이자 부채가 2,000억 엔이 넘었다. 이런 상황에서 2008년 리먼브러더스 사태로 투자처의 가치가 축소되자 유센의 재무 상황은 순식간에 악화되었다. 라이브도어 주식도 이 무렵에 매각하게 되었다. 은행이 차입금을 상환하라고 압박하는 가운데 유센은 증자를 실시하기로 결정했다. 그리고 이번에는 내가 우노에게서 "대주주로서 회사를 인수해줄 수 있겠습니까?"라는 부탁을 받았다.

그때까지 교류하면서 우노의 인품을 충분히 알았고, 일시적인 적자 계상으로 주가가 하락한 타이밍이라 충분히 회복할 수 있다고 기대했기에 나는 개인적으로 투자할 것을 검토했다. 그리고 히카리통신의 시게타와 이 건을 의논하고 조언을 들었다.

"무라카미 씨가 자금을 투입한다면 유센으로서는 매우 편해질 겁니다. 나도 유센의 주주이니 주주로서는 무라카미 씨가 인수해주기를 강하게 바랍니다. 다만 유센의 손실은 수백억 엔 정도가 아닐 가능성이 있습니다. 개인적인 의견을 말하면 그렇게까지 리스크를 짊어지고 투자하는 것은 권할 수 없습니다."

결국 출자하지 않기로 결정하고 그 사실을 알리기 위해 우노를 만났다. 나는 시게타와 의논한 내용과 내 생각을 전달했다.

"정말 미안하지만 출자는 어렵겠습니다."

그 후 유센은 2기에 걸쳐 합계 1,000억 엔이 넘는 손실을 계상했다. 우노는 유센의 사장직에서 물러나는 동시에 유센의 적자 부문을 직접 떠맡아 유넥스트를 설립해 2014년에 마더스에 상장했다. 그리고 얼마 전 유넥스트가 유센에 공개매수를 실시한다는 소식이 날아들었다.

우노는 내가 IT 기업을 대상으로 투자하는 데도 큰 역할을 맡게 된다. 크레이피시의 주식을 취득했을 무렵 나는 또 다른 기업에도 투자하고 있었다. 크레이피시에 뒤이어 상장했고 역시 IT 버블 붕괴의 파도에 휩쓸린 사이버에이전트다. 사이버에이전트는 후지타 스스무가 대학교를 졸업한 뒤 근무했던 인텔리전스의 지원을 받아 인터넷과 관련한 기획 영업을 목적으로 1998년에 설립한 기업이다.

후지타는 학창 시절부터 발군의 영업 재능을 드러냈다. 그런 그가 기술은 있지만 영업 능력이 없는 인터넷 기업의 관련 상품과 서비스 대리점을 맡으면 좋지 않겠느냐는 발상이 출발점이었다. 인텔리전스에서도 입사한 지 1년도 안 되는 기간 동안 영업 재능을 유감없이 발휘했기에 후지타는 우노의 전폭적인 지원을 받으며 독립했다.

그러나 대리점 사업만으로는 이익이 좀처럼 나지 않았다. 후지타는 독자적인 상품을 만들기로 결정하고 대리점에서 판매하던 클릭당 비용 방식의 광고 배너를 직접 제작해 팔았다. 이때 광고 배너를 개발하는 과정에서 호리에 다카후미를 만났고 '사이버클릭'이라고 명명한 상품을 호리에의 회사인 온디에지(훗날의 라이브도어)와 협업해 제공하기 시작했다.

나이도 비슷한 둘은 사적으로도 친해서 이인삼각으로 각자의 사업을 확대해나갔다. 젊은 IT 벤처기업 설립자로 언론에 자주 소개되는 등 사이버에이전트는 세상의 주목을 받아 인터넷 광고 기업으로서 기세가 올랐다. 1999년 봄부터는 IT 버블의 파도에 올라타 더더욱 세상의 주목을 모았다. 후지타는 창업 당시부터 "2년 후에는 상장한다"라고 선언했다고 한다. 창업한 이상 당연히 상장해야 한다고 생각했던 듯하다. 그리고 사업 환경과 IT 버블이 그 목표를 현실로 만들었다.

당시 후지타 가까이에는 GMO의 구마가이 마사토시가 있었다. 1999년 8월 GMO(당시의 이름은 인터큐)가 공모가 4,200엔에 시초가 2만 1,000엔으로 상장했고, 이를 본 후지타가 상장을 목표로 삼은 것은 당연한 흐름이었을 것이다. GMO와 사이버에이전트는 같은 IT 기업이면서 경쟁자라 할 수도 있다. 구마가이와 후지타는 사이버에이전트가 사이버클릭 서비스를 개시한 직후에 지인을 통해서 만났다고 하는데, 구마가이는 처음부터 사이버에이전트에 출자하고 싶었던 모양이다.

GMO는 구마가이가 1991년에 설립한 기업이다. 다이얼Q2를 이용한 음성 정보 제공 서비스가 중심 사업으로, '0990'으로 시작하는 번호로 전화를 걸면 여러 정보에 접근할 수 있는 서비스였다. 이용 요금은 정보 제공자를 대신해서 NTT가 전화요금에 포함해서 징수했다.

GMO는 이 방식에 주목해 1995년 다이얼Q2를 이용한 인터넷 접속 사업으로 업태를 변경했다. 그 무렵의 인터넷 접속 서비스는 신청하고 1개월 정도가 지나야 이용할 수 있었는데, GMO가 당일 접속할 수 있는 획기적인 서비스를 제공하자 사업이 눈 깜짝할 사이에 커졌다.

구마가이는 미국 여행 중에 서버 사업을 목격하고 데이터센터와 도메인 사업에도 착수해 일본 최초의 인터넷 벤처기업으로서 상장에 성공했다. 시가총액은 상장 당시 시초가 기준으로도 1,000억 엔을 훌쩍 넘겼고 반년도 지나지 않아 IT 버블이 정점에 다다르면서 1조 엔을 넘기기도 했다. 그러나 다른 기업과 마찬가지로 IT 버블이 꺼지면서 주가가 급속히 하락해 2002년에는 시가총액이 100만 엔을 밑돌기도 했다.

IT 버블이 채 꺼지기 전이던 2000년 3월 24일, 사이버에이전트는 상장을 통해 225억 엔을 조달하는 데 성공했다. 그러나 버블 붕괴는 확실히 진행되고 있었고 주가는 빠르게 하락했다. 사이버에이전트의 매출액은 상장 직전에 4억 5,000만 엔 정도였다가 상장 반년 후인 2000년 9월 결산에서 32억 엔을 기록했다. 사업은 확대되었으나 영업이익이 16억 엔 적자로 발표되자 주가는 더욱 침체해 상장 당시의 10분의 1 수준까지 떨어지고 말았다.

이 무렵 나는 크레이피시에 투자했을 때와 같은 이유로 사이버에이전트 주식을 사들여 대주주가 되었다. 시가총액은 100억 엔을 크게 밑돌았지만 상장할 때 조달한 자금이 현금·예금+유가증권 형태로 180억 엔 정도 남아 있었기 때문이다.

그 무렵의 사내 자료를 살펴보면 MBO를 통한 비상장화도 포함해 유상감자 등 주주에게 환원하는 방안을 펀드 차원에서 몇 가지 제안했다. 후지타는 나를 여러 번 찾아와 사업에 관해 설명했다. 조달한 자금은 기회를 봐서 향후 성장을 위해 사용하겠다는 이야기였다. 그러나 투자자의 관점에서는 '먼저 자금을 조달한 다음 어디에 쓸지 생각하는' 것이 아니라 먼저 용도를 결정한 다음 자금을 조달해야 하며, 자금이 있다면 사업 성장과 주주 가치 향상을 위해 어떻게 사용할지 구체적인 계획을 듣고 싶기 마련이다.

"어떤 자금 계획이 있습니까? 투자 계획이 있다면 그 투자의 내부수익률은 어느 정도를 예상합니까?"

나 또한 자본 정책에 관한 질문을 거듭 던졌다. 그러나 후지타는 구상하고 있는 미래의 사업에 관해서는 여러 가지를 말하면서도 구체적인 자본 정책에 관해서는 "그런 건 잘 모르겠지만 향후의 사업으로서는…" 하는 식으로 얼버무리면서 같은 말만 반복했다. "3년만 기다려주십시오."

그는 그 무렵 다른 주주와 펀드로부터도 이런저런 개입을 받고 있었다고 한다. 상장 직전에 주주가 되었고 이후에도 인텔리전스가 매각한 분량 등을 취득해 사이버에이전트의 주식을 20% 정도 보유한 GMO의 구마가이는 계속 통합 이야기를 꺼냈던 모양이다. 내가 제안한 MBO와 유상감자에는 그런 외부의 공격을 막는 동시에 인수를 방어하는 의미도 담겨 있었다.

그러던 어느 날 우노가 후지타에 관해서 의논하고 싶은 것이 있다며 내 사무실을 찾아와 말했다.

"GMO가 사이버에이전트를 통합해서 함께 사업하고 싶어 하는 것도 알고, 무라카미 씨가 대주주가 되어 후지타에게 이런저런 제안을 하고 있는 것도 압니다. 지금 상태라면 사이버에이전트를 인수하는 것도 가능할 테고, 주가가 이렇게 된 데는 후지타에게도 책임이 있다고 생각합니다. 다만 지금까지의 친분을 생각해 이쯤에서 압박을 늦춰줄 수는 없겠습니까? 조금 더 장기적인 관점에서 사업을 지켜봐 주시면 좋겠습니다."

마침 후지타가 그리는 미래의 사업에 확신이 생기지 않았고 펀드로서도 주식을 장기 보유하기는 어려웠다. GMO도 나도 시장에서 주식을 산 뒤로 주가가 상당히 오른 상태였다. 결국 우노를 만나 이야기를 나눈 후 주식을 매각한 것으로 기억한다.

그 직후 상황을 마무리하는 의미로 우노, 구마가이, 후지타, 나, 이렇게 네 명이 시부야의 세룰리언타워에 모여 노* 공연을 보면서 저녁 식사를 하고 "앞으로도 서로 친하게 지냅시다"라는 이야기를 나눴다. 후지타는 그날도 매우 조용해서 나는 그가 내성적인 젊은이라고 생각했다. 자신의 책에서 이야기했듯이, 아마도 나를 만났을 때부터 이때까지가 인생에서 가장 괴로운 시기여서 정신적으로 많이 힘들었던 듯하다.

이후에 그는 우리 집 근처로 이사를 왔고 우리는 서로 조미료를 빌리기도 하는 사이가 되었다. 마작 일본 챔피언이었다는 사실 등 여러 이야기를 듣는 사이에 나는 그가 본래 조용한 성격과는 거리가 먼 인물임을 알게 되었다. 그 뒤로 내가 이사하기 전까지 후지타는 고민거리가 있으면 나를 찾아와 함께 와인을 마시면서 술기운에 푸념을 늘어놓다 돌아가는 등 스스럼없이 지냈다.

* 일본 전통 가무극이다.

사이버에이전트는 상장 당시의 계획대로 2003년까지는 선행 투자로 인한 적자 계상이 이어졌지만 그 후 마침내 사분기 결산에서 흑자를 기록했다. 그 무렵에는 상장 후 처음으로 주가도 상승 국면에 접어들었다. 2004년에는 공모가 이상으로 주가가 회복했고, 이후 다시 하락한 시기가 있기는 했어도 2016년 매출액은 상장 직후의 100배가 되었다. 동영상 스트리밍 플랫폼 아메바TV에 100억 엔을 선행 투자하면서도 영업이익은 300억 엔을 돌파하는 등 과거의 투자가 매출과 이익으로 연결된 결과를 보여주고 있다.

GMO는 사이버에이전트 주식 보유분 중 절반을 라쿠텐에 양도했다. 스스로도 IT 버블 붕괴의 영향을 받아 부진에 허덕이면서도 흑자 경영을 계속했고, 시장이 충격을 딛고 다시 일어서자 2005년에는 도쿄증권거래소 1부 상장을 실현해 앞으로도 더 큰 성장을 기대하게 했다.

그러나 인수한 소비자금융회사의 과납금 문제로 2006년과 2007년에 합계 300억 엔 정도의 적자를 계상했다. 이 때문에 채무 초과의 위기도 있었지만 본업에서의 투자와 인수, 자회사 상장을 통해 사업 자체는 성장을 계속했다. 그리고 2011년경부터 GMO클릭증권의 실적 호조와 2012년에 진출한 외국환 증거금 거래(FX) 기업의 자회사화 등이 시장에서 긍정적인 평가를 받아 주가가 완만한 회복세에 접어들었다.

나는 개인적으로 모회사·자회사 동시 상장에 찬성하지 않는다. 주주의 관점에서 사업상의 이익 상충이 일어날 가능성이 있기 때문이다. 상장한 지주회사 아래에 그룹의 여러 기업이 각각 활동하는 구조가 좋다고 생각한다.

자회사를 상장해 모회사 GMO는 투자에 대한 리턴을 얻고, 자회사는 상장으로 조달한 자금으로 사업을 더욱 확대하는 스타일은 구마가이의 사업 전략일 것이다. 이 책에서 언급한 IT 기업 중에서도 특히 오랜 기간 주가 부진에 시달렸지만 시장의 압박에 굴복하지 않았다. 본업과의 시너지를 내다보며 진출한 금융업에서 착실히 존재감을 높여갔고 FX에서는 4년 연속으로 세계 1위를 차지하는 등 과거의 투자로 훌륭한 결과를 빚었다.

최근에는 본격적으로 해외에 진출하기 위해 힘을 쏟는 모양이다. 아직까지 수익에 공헌은 거의 없는 듯하지만 구마가이의 머릿속에는 세계 진출 계획이 완성되어 있을 것이다. 그 역시 IT 분야에서 안목이 뛰어난 인물 중 한 명이라고 생각한다.

라쿠텐
: 미키타니 히로시의 적극적인 M&A

라쿠텐 창업자인 미키타니 히로시 회장의 주된 관심사는 늘 M&A인 것처럼 보인다. 일본흥업은행 M&A 부서 출신이라는 경력과 인맥을 최대한 활용한 적극적인 M&A로 라쿠텐을 크게 성장시켜왔다.

라쿠텐을 상장한 때는 2000년 4월 19일이다. IT 버블은 이미 붕괴 국면에 접어든 상태였지만 라쿠텐은 500억 엔을 조달하는 데 성공했다. 상장 직후에는 시가총액이 7,000억 엔을 넘기기도 했지만 다른 기업과 마찬가지로 2000년 연말에는 주가가 절정기의 10분의 1을 밑도는 수준까지 하락하고 말았다.

그런데 이 IT 버블 붕괴가 라쿠텐에는 오히려 기회였던 듯하다. 본래 M&A 은행가였던 미키타니는 상장을 앞두고 사내에 M&A 전문가라고 부를 수 있는 우수한 인재들을 모아놓았다. 이들은 풍부한 보유 자금을 앞세워 가격이 떨어진 IT 기업을 하나둘 인수했다.

그럼에도 라쿠텐의 시가총액은 보유 자금을 크게 밑돌았다. 그 무렵 나는 미키타니와 여러 차례 함께 술을 마시면서 뭔가 대책을 세우는 편이 좋겠다고 말했다. 가족의 주식 보유분이 과반수를 유지했기에 인수당할 위험은 없었지만, 그렇다고 낮은 주가를 방치해도 되는 것은 아니었다. 자신도 낮은 주가가 마음에 걸렸는지 미키타니는 그 이야기가 나올 때마다 말했다. "지금의 투자가 크게 꽃피울 날이 반드시 찾아올 겁니다. 지켜봐 주십시오."

2002년에 인터넷 쇼핑몰인 라쿠텐이치바의 사업 모델을, 고정된 출점 요금만 받는 방식에서 출점 요금에 매출액 기준의 로열티를 받는 방식으로 전환한 뒤 주가는 회복세에 접어들었다. 그리고 2003년 9월에는 숙박 예약 사이트 '여행 창구'를 운영하던 마이트립넷을 323억 엔에 인수했다. 이 발표 직후 미키타니에게서 전화가 왔다.

"무라카미 씨, 이제 돈이 없어요!"

그의 목소리에서는 기쁨이 느껴졌다. 얼마 후에는 DLJ증권도 인수했다(현재는 라쿠텐증권으로 상호 변경). 주가는 순조롭게 회복해 마침내 공모 가격을 웃돌았다. 그 뒤에도 라쿠텐은 인터넷과의 융합성이 높다고 판단한 금융과 여행 분야를 중심으로 M&A 기세를 멈추지 않았다. 2004년에는 라이브도어와의 경쟁에서 승리하고 프로야구팀을 신규 창단했다. 다만 2005년에는 인수한 신용판매회사가 끌어안고 있던 유이자 부채 등이 재무를 크게 악화시켜 주가가 또다시 크게 하락하기도 했다.

인터넷과 텔레비전의 융합을 목표로 1,000억 엔 이상 투입해 TBS 주식도 취득했다. 이 TBS 투자는 6년 후 500억 엔에 못 미치는 금액으로 엑시트하면서 끝나고 말았지만, 인터넷과 텔레비전의 융합으로 떠들썩하던 당시에 이를 진지하게 시도한 곳은 라쿠텐과 라이브도어뿐이었다. 신흥 기업이 기득 권익을 잡아먹는 움직임이 실현되었다면 그 후의 일본도 상당히 다른 흐름으로 전개되었으리라고 생각하기에 참 아쉬울 따름이다.

TBS 주식을 취득한 것과 같은 시기에 해외 진출도 적극적으로 시도하기 시작했다. 1,000억 엔 이상 투입한 전자상거래 집객 지원 서비스 이베이츠, 500억 엔 이상 투입한 전자도서관 사업 오버드라이브 등 수익에 공헌한 성공 사례도 있다. 한편 2015년 12월기에는 전자상거래 사이트를 운영하는 프랑스의 프라이스미니스터, 캐나다의 전자책 기업 코보 등의 수익이 계획 당시와 큰 차이가 있어 400억 엔에 가까운 감손을 계상했다. 그리고 2016년 들어서는 미국에서 사업을 축소하고 아시아와 유럽에서 전자상거래 사업을 철수한다고 잇따라 발표했다. 상당히 고전하고 있음이 전해진다.

최근에는 일본 내의 라쿠텐이치바도 부진에 빠졌다는 뉴스가 보도되고 있다. 한때 3조 엔이 넘던 시가총액도 절반 수준까지 하락했다. 아마도 향후 라쿠텐의 중심 사업은 일본 국내의 전자상거래 사업 매출과 비등한 수준으로 성장한 금융 사업이 될 것이라고 생각한다.

라이브도어
: 기득 권익에 맹렬히 도전했던 호리에 다카후미

라이브도어는 신규 프로야구팀 창단, 텔레비전 방송국 제휴 등에서 종종 라쿠텐과 비교 대상이 되었던 곳이다. 라이브도어

(당시는 온디에지)는 사이버에이전트보다 1개월 정도 늦게, 라쿠텐보다는 조금 일찍 상장했다. 1996년에 창업해 웹사이트 제작을 맡으며 출발했고 사이버에이전트와 '사이버클릭'을 협업한 뒤 서로 협력하며 성장했다. 상장 전에는 당시 인기 절정이던 음악가 겸 프로듀서 고무로 데쓰야의 공식 사이트를 수주하는 등 업계에서 존재감을 높여갔다.

일감이 늘어나는 가운데 인건비를 중심으로 한 비용도 커지자 증자를 통해서 미래에 대비해 체력을 키우려 했는데, 바로 그 무렵 IT 버블이 찾아오면서 무수히 많은 출자 요청이 들어왔다. 히카리통신의 시게타도 이 무렵 라이브도어에 투자했다.

호리에의 책을 보면 라이브도어의 상장을 생각한 데는 사이버에이전트 후지타의 영향이 컸다. 결산기를 변경하는 등의 방법으로 최대한 빠른 타이밍에 상장하려고 했지만, 그 무렵 시장은 이미 IT 버블 붕괴를 인식하고 있었다. 그래서 상장 당일에는 공모가를 크게 밑도는 매도 호가만 나왔을 뿐 체결된 거래가 없어 가격이 정해지지 않은 채 끝나고 말았다.

상장 후 2003년까지 주가는 공모가 이상으로 올라간 적 없이 부진을 거듭했다. 바로 그 무렵 나는 호리에를 만나고 있었다. 주가가 보유 자산에 비해 낮은 것은 그 무렵에 상장한 다른 IT 기업과 같은 상태였다. 경영자를 처음 만나기 전에 반드시 그 기업의 재무 상황을 연구하는 습관이 있는 나는 그날도 유가증권 보고서 등을 살펴본 뒤 약속 장소로 향했다. 그리고 세상 돌아가는 이야기를 나눈 뒤 넌지시 말했다.

"보유한 현금 등의 자산에 비해 주가가 너무나도 낮고 커다란 투자 안건도 없는 것 같더군. 이런 상태라면 우리 펀드에서도 과감하게 투자해봐야겠어."

그리고 이에 대한 호리에의 대답은 지금도 잊을 수가 없다.

"주식을 상장했다는 것은 공기(公器)가 되었다는 뜻입니다. 누구나 시장에서 주식을 살 수 있는 상태인 것이지요. 펀드로서도 싸면 사고 비싸면 파는 것은 사업상 당연한 선택입니다. 상장한 이상 저는 누가 대주주가 되든 그 주주 밑에서 기업 가치를 향상시키기 위해 기업을 운영할 겁니다."

호리에의 총명함은 이미 들은 바가 있었지만 자신의 사업에 자신감이 있고, 인터넷이 만들 미래를 논리정연하게 이야기할 줄 알며, 경영에 대한 관점도 매우 합리적이었다. 내심 '정말 재미있는 청년이군' 하고 감탄했다. 견식도 각오도 다른 기업 경영자와는 명백히 달랐다.

그는 시장에서 조달한 자금을 계속 보유하지 않고 성장을 위한 투자에 적극적으로 사용하기 시작했다. 투자은행·주식 공개 지원 사업 등을 하는 자회사 설립을 상장 직후 발표하는가 하면 데이터센터 사업 참가, 전자상거래 사이트와 전자결제 서비스 개시, 이메일 소프트웨어 개발과 판매, FX 개시 등 신규 또는 인수를 통해서 사업을 속속 시작했다. 온디에지에서 변경하는 회사명인 라이브도어를 인수한 것도 이 무렵이다. 2004년에는 밸류클릭에 첫 번째 공개매수를 실시해 성공을 거뒀다.

M&A에 속도를 내는 한편으로 호리에는 프로야구계에 신규 참가를 표명했다. 이것도 그에게는 기업 지명도를 높이기 위한 사업 투자였다. 결과적으로 참가에는 이르지 못했지만 라이브도어의 지명도를 크게 높일 수 있었으니 투자로서는 대성공이었다고 그는 말했다.

닛폰방송 주식 취득에 관해서는 4장에서 언급했으니 자세한 내용은 생략하지만 2005년 전반기의 일본은 '라이브도어의 닛폰방송 인수' 뉴스로 연일 떠들썩했다. 결국은 그 자신이 책에서 말했듯이 '쓰디쓴 화해'로 끝났으며, 라이브도어가 후지TV와 확고한 제휴 관계를 맺는 데는 실패했다. 그러나 당시 호리에의 기세는 내 상상을 크게 초월했다.

이때가 2005년 2월이었고 그로부터 반년 후에는 정계 진출까지 시도했다. 호리에와 나는 어느 자민당 국회의원의 격려회에서 열린 공개 토론회에 참가한 적이 있다. 이 자리에서 호리에는 "투표 따위 해본 적이 없습니다. 투표한들 무슨 의미가 있는지 모르겠습니다"라고 말했다. 이 말에 크게 웃는 청중도 있었지만 나란히 앉아 있던 자민당의 의원과 장관 들은 벌레 씹은 표정으로 호리에를 노려봤다. 그런데 2005년 여름 우정 민영화 법안이

부결되고 고이즈미 준이치로 총리가 중의원 해산을 단행하기 직전, 호리에가 내 사무실로 찾아와 이렇게 말했다.

"지금이라면 캐스팅보트의 위치도 차지할 수 있으니 저와 함께 신당을 만들지 않겠습니까? 당명은 무라카미 신당이어도 상관없습니다."

투표하는 의미를 모르겠다고 공언했던 사람이 갑자기 선거에 출마하겠다는 것이었다. 나는 순간적으로 멍해졌다. 나는 타인의 돈을 맡아서 운용하는 처지이기에 그 자리에서 거절했지만 호리에는 계획을 그대로 진행해 실제로 입후보했다. 자민당의 공천을 얻지 못하자 무소속으로 출마했다. 히로시마 6구에서 가메이 시즈카 후보에게 안타깝게 패하고 말았지만, 프로야구계 참가 표명에 이어서 잇따라 큰 화제를 만든 까닭에 텔레비전에서 거의 매일 호리에를 볼 수 있었다.

만약 그 선거에서 승리했다면 이후 호리에의 운명은 크게 달라졌을 것이다. 어쩌면 내 운명까지도 달라졌을지 모른다는 생각을 지금도 종종 한다.

누구도 손댈 엄두를 내지 못했던 기득 권익에 정면으로 도전했던 호리에. 그것을 가능케 했던 라이브도어의 자금 조달 능력에는 나도 크게 놀랐다. 그러나 그 기세 속에서 호리에는 사업 확대에 매진한 나머지, 자금의 융통과 조달을 전부 다른 사람에게 맡긴 듯 보였다. 물론 기업이 커질수록 최고경영자 한 명이 모든 것을 파악하고 관리하기는 불가능해지고, 따라서 역할을 분담하는 것은 당연한 일이다. 그러나 내가 보기에도 과연 괜찮을까 싶은 걱정이 들 정도의 분위기였던 것은 사실이다. 기업 내부의 인재와 관리 체제가 너무나 빠른 성장 속도를 따라가지 못했던 것이리라.

소문을 유포하고 유가증권 보고서에 허위 사실을 기재해 증권거래법을 위반했다는 혐의를 받은 라이브도어 사건으로 호리에는 징역 2년 6개월 실형을 선고받고 복역했다. 그는 라이브도어를 떠났고, 라이브도어도 상장기업의 지위를 잃었다.

그로부터 10년이 지난 현재, 그는 완전히 복귀에 성공했다. 나는 매년 봄이면 가족, 친구 들과 죽순을 캐러 나라현의 산에 가는데 2005년에는 호리에를 초대해 동행했다. 그리고 호리에가 형무소에 들어가기 전에 "나오면 다시 함께 죽순을 캐러 가세"라고 약속했다.

실제로 2013년에 그가 출소한 직후 약속대로 함께 죽순을 캐러 갔고 죽순을 캐면서 이런저런 이야기를 나누었다. 나는 그가 체포되기 직전과 마찬가지로 내가 해줄 수 있는 일이 있는지 물었다. 그러자 그는 "이것저것 하고 싶은 일은 있는데 투자 등을 할 자금이 없네요"라고 말했다. 그래서 나는 "그렇다면 재무는 내가 맡아줄 테니 함께 재미있는 사업에 투자해보세"라고 제안했다.

그렇게 해서 현재 나는 그와 함께 벤처 투자를 하고 있다. 큐레이션 미디어, 동영상을 만드는 기업, 가상현실 기업에도 투자하고 있다. 자세한 이야기는 뒤에서 하겠지만 가장 큰 안건은 미국의 핀테크에 대한 투자다. 온라인으로 청구서를 발행하고, 여기에 부수되는 사내 업무와 자금 조달까지도 인터넷에서 처리하는 샌프란시스코의 벤처기업이다.

우수한 인재를 확보하고 시스템을 개발하는 데 막대한 자금이 들어가는 바람에 당초 예정한 엑시트 기간을 넘겼지만, 이륙하기까지는 아직도 시간이 필요해 보인다. 작년에도 30억 엔 정도 적자를 냈고, 흑자 전환과 사업 전개 계획을 연기한다는 보고를 수없이 받았다. IT 기업에 투자할 때는 '기다리는' 것이 중요함을 알고는 있지만 성격 급한 나는 그런 보고를 받을 때마다 피가 거꾸로 솟는 기분이다.

다시 한번 말하지만 유감스럽게도 나는 IT라는 분야를 투자자의 눈으로 바라볼 수가 없었다. 이것은 타고난 능력이나 감각의 차이라고 느낀다. 내가 이제 와서 이 분야를 공부하기 시작한들 첨단 기술이 가져다줄 미래를 머릿속에 그릴 수 있게 되리라고는 생각하지 않는다. 그래서 나는 이 분야의 투자에 관한 '기댓값'을 혼자서 생각하는 것은 포기하고 호리에 같은 '안목 있는 친구'에게 배우기로 결심했으며, 그 결과 현재에 이르렀다.

이렇게 IT 기업의 움직임을 돌아보면 이들 기업에 대한 기댓값은 매우 높았음을 알 수 있다. 그리고 저마다 긴 도움닫기 기간을 거쳐 이룩했음을 이해할 수 있다. 사업에서 충분한 운전자금을 확보할 수 있는 단계에 이르러 시장에서 자금을 조달할 필요가 없어지면 다음 단계는 성장을 위한 사업 투자와 병행해 주주환원을 적극적으로 생각해야 한다. 마이크로소프트와 애플은 이미 그 단계에 접어들었다.

리턴을 얻은 투자자는 반드시 다음 투자를 하기 마련이며, 그 자금은 유망한 기업으로 들어가 성장의 계기를 만든다. 그러면 기업의 성장으로 리턴을 얻은 투자자는 또다시… 이런 선순환이 만들어지기 때문이다.

7장

生涯投資家

일본의 문제점:

성장이 없는 곳에는 투자도 없다.
사반세기 동안 일본은 GDP도 주식시장도 성장하지 못하고 있다.
투자 대상으로 선택받기 어려운 상황에 있는 이 나라는
앞으로 어떻게 될 것인가.

투자자의 관점에서

이 나라는 앞으로 어떻게 되어갈까? GDP는 이미 지난 사반세기 동안 성장하지 못했다. 성장이 없는 곳에는 투자도 없다. 성장성이야말로 투자자에게 가장 중요하다 해도 과언이 아니기 때문이다. 투자자에게 성장은 미래의 수익이며 투자할 이유 자체다. 그래서 일본 주식시장도 GDP와 마찬가지로 최근 사반세기 동안 성장하지 못했다. 상장기업의 자본 효율은 세계적으로 봐도 낮은 수준에 머물러 있고 따라서 평가도 낮다. 일본 시장은 투자자에게 매력적이라고 말하기 어렵고 투자 대상으로 선택받기 어려운 상황이다.

유신(U-Shin)이라는 도쿄증권거래소 1부 상장기업이 있다.

토요타나 닛산 등의 계열에 속하지 않는 자동차 부품 제조사다. 4억 엔 적자를 내고도 사장이 14억 엔 넘는 보수를 받았다는 뉴스로 세상을 떠들썩하게 만들고 인지도가 높아졌다.

그 뉴스가 보도되기 전인 2013년 여름, 내 딸이 "조금만 투자하면서 상황을 살펴보고 싶어요"라고 말했다. 공개된 정보에 따르면 창업자의 아들인 다나베 고지가 1978년부터 사장으로 군림해왔다.

신문을 통해서 두 차례 차기 사장 후보를 공개 모집했는데 첫 번째 공모에서 채용한 인물이 사장이 되기 전 단계에 떠나고 두 번째 공모에서는 채용에 이르지 못하자, 다나베는 자기 딸을 이사로 취임시켰다. 전부터 거래가 있었던 미국인을 부회장으로 임명하고 그 인물이 경영하는 컨설팅회사에 매년 10억 엔이나 되는 자문료를 지급했다. 개인 기업처럼 다나베 마음대로 경영해온 듯했다.

주가도 저평가된 채 방치되고 있었기에 우리는 주식 수 퍼센트를 샀다. 딸이 주주로서 면담하러 갔더니 노무라증권 출신이라는 IR 담당자가 나와서 "사장 비서가 되지 않겠습니까?", "사장님은 병 때문에 출근도 안 하시는데 이렇게 높은 보수를 받는 건 문제가 있습니다" 같은 말을 하며 상당히 우호적인 태도를 보였다고 한다. 방문자가 누구인지 몰라서 그랬는지, 상대가 무라카미 요시아키의 딸인 것을 안 순간부터는 극도로 적대적인 태도가 되었다고 한다.

참고로 이 유신의 IR 담당자에 관한 후일담이 있다. 2015년에 우리가 구로다전기에 주주 제안을 했을 때 임시 주주총회가 큰 주목을 받았는데, 그때 이 IR 담당자가 구로다전기의 일반 주주로서 인터뷰에 응해 "주주가 멋대로 임시 총회를 열고 이런 제안을 하는 것은 문제가 있습니다"라는 비판적 발언을 하는 모습이 텔레비전에 방송되었다고 한다.

2015년 4월에 도쿄상공리서치가 발표한 '상장기업 임원 보수 1억 엔 이상 공시 기업 조사'에서 다나베가 14억 엔 이상 받아 역대 1위가 되었다는 것이 밝혀졌다. 한편 유신의 2014년 11월기 결산은 4억 3,300만 엔 적자였다. 일본 최고의 급여를 받는 사장이 기업을 적자로 만들었으니 당연히 비판이 쏟아졌다.

다나베는 2012년에 4억 엔 이상, 2013년에도 8억 엔 이상 보수를 받았는데, 그동안 기업 실적은 적자 혹은 간신히 흑자를 낸 수준이었다. 게다가 이 시기에 주주총회에서는 임원 보수 총액을 대폭 확대하는 안건이 매년 가결되었다. 이런 경영이 있을 수 있을까?

유신의 주주 구성에서 상호 보유 주주의 비율이 높다는 점이 이런 사태의 원인일 것이다. 주식을 상호 보유함으로써 서로 기업 거버넌스의 원리가 기능하도록 한다면 문제가 없을 것이다. 현실은 그 반대다. 경영자들이 서로의 보신을 꾀하는 의미가 강하며, 그 결과 상식 밖의 경영이 버젓이 통용되는 토양을 만든다. 기업 거버넌스 코드는 이와 같은 정책 보유*에 관해 방침, 경제 합리성, 의결권 행사에 관한 기준을 작성하고 게시하라고 요구한다.

결국 유신은 2016년 11월기에 100억 엔 가까운 특별 손실을 계상했다. 그 무렵의 시가총액은 200억 엔 정도였다. 이 특별 손실을 계상해 실적을 대폭 하향 수정한다고 발표한 날, 82세의 다나베는 회장 겸 사장직을 사임했다.

2015년에 받은 14억 엔 넘는 보수를 반환하라는 주주 대표 소송이 제기된 상태다. 또 보수의 세부 내역을 공개할 것을 요구하는 주주 제안이 2017년 2월 열린 주주총회에서 표결에 부쳐졌으나 부결되었다.

물론 유신은 극단적인 사례다. 그러나 기업 거버넌스 원리가 작동하지 않는 일본 상장기업의 좋지 않은 내부 사정을 잘 보여준다. 현재는 투자법인인 에피시모**가 대량보유상황 보고서를

* 투자 목적이 아니라 고객과의 관계 유지를 위해 주식을 보유하는 것을 가리킨다. 제2차 세계대전 이후 정책 보유주라는 이름으로 상호 주식을 보유하는 관행이 있었고 경영진의 자리 보전에 이용되어왔기에 비판이 크다. 현재는 정부와 시장의 압력으로 정책 보유주가 크게 줄어드는 추세다.

** 싱가포르 소재의 초대형 행동주의 펀드. 운용자산 규모는 1조 3,000억 엔 수준으로 알려져 있다. 무라카미펀드에서 일했던 고사카 다카시, 이마이 요이치로, 사토 히사키가 설립했으며 샤프, 도시바, 닛산자동차 등에 투자한 것으로 유명하다. 본문의 유신은 2019년 미네베아미쓰미에 공개매수되었고 에피시모의 투자도 성공했다.

제출하고 5%가 넘는 주주가 되었다. 앞으로 주주 거버넌스의 재건을 기대한다.

기업 지배의 변천
: 관 주도에서 금융기관으로, 그리고 투자자에게로

기업 지배라는 관점에서 일본 주식시장의 과거를 돌아보자. 재벌은 반토 제도로 거대해졌다가 제2차 세계대전 이후 해체되어 소멸했다. 새로 탄생한 기업에는 창업자라는 존재가 없었고 관료가 주도하는 경제 재건이 시작되었다.

일본은 1960년대부터 1970년대에 걸쳐 고도 경제 성장의 파도에 올라탔고 국가의 목표는 적은 자금으로 외국 자본에 대항하는 것이었다. 외국 자본 진출을 방어하는 수단으로 우호 주주를 만드는 작업이 진행되는 가운데, 현금흐름이 만들어진 기업과 은행은 서로 주식을 발행하고 그 주식을 보유하는 식으로 증자를 반복했다. 은행이 기업의 주주인 동시에 기업에 돈도 빌려주는, 미국에서는 이해관계 충돌로 엄격히 규제하는 상태가 된 것이다.

이러한 움직임은 버블 경제기를 향하면서 더욱 속도를 높였다. 서로의 주식을 대량으로 보유한 가운데 주가가 상승함에 따라 각자의 재무상태표에는 미실현 이익이 더욱 빠르게 늘었고 순자산은 점점 불어났다. 은행은 기업의 주거래 은행으로서 '토지 가치는 계속 상승한다'라는 신화 아래 담보의 가치를 크게 웃도는 대출을 대량으로 실시했다. 그리고 이런 상태에서 버블이 붕괴했다.

주식시장의 시가총액 추이를 대략이나마 살펴보면 1960년에 4조 엔이었던 것이 1970년 20조 엔, 1980년 100조 엔, 1990년 500조 엔으로 10년마다 5배씩 성장했다. 이 책의 앞머리에서 내가 어렸을 때 부모님께서 증여한 돈으로 구입한 주식 200만 엔어치가 1990년에는 2,000만 엔 정도의 가치가 되었다는 일

※ 데이터 출처: 주식회사 일본거래소그룹

화를 소개했는데, 딱히 투자를 잘한 것이 아니라 세상의 흐름이 그랬다.

이런 상황을 기업 지배라는 관점에서 바라보면 고도 성장기의 일본에서는 기업과 정부의 정책이 크게 맞물려, 말하자면 '관 주도의 관여를 통한 기업 지배'가 작동했다. 그랬다가 외국자본으로부터 일본을 지킨다는 목적 아래 우호 주주를 확보하기 위해 은행과 주식을 상호 보유하는 사례가 증가함에 따라 은행을 통한 지배로 서서히 이행했다고 생각한다. 1980년대 후반에는 상호주 비율이 50%까지 상승하기도 했다.

은행이 기업의 채권자이자 주주였다. '주식 상호 보유'는 성격상 '주주로서 주식을 통한 지배'가 아니라 '채권자로서 채권을 통한 지배'를 했던 것으로 추측된다. 당시 일본 기업은 공개매수 등으로 인수당할 위험도 없고 주주에 대한 존중도 없는 상태였다.

1985년 플라자 합의를 계기로 달러화 강세가 시정되어 불황에 빠진 일본은 경기 대책으로서 5%대이던 기준금리를 2.5%까지 낮췄다. 그러자 차입 비용이 낮아진 기업은 토지 가격 상승을 내다보고 은행에서 돈을 빌려 토지를 사들였고, 은행은 담보 대상인 토지의 가치보다도 훨씬 많은 돈을 빌려주었다. 그리고 같은 무렵 주식시장에 신규 상장한 NTT의 주가가 급등한 것을 계기로 일반인들도 투자에 손을 대기 시작했다. 지가도, 주가도 비약적으로 상승했다.

이렇게 되자 기업은 은행 차입보다 비용이 덜 든다고 여겨진 시장에서 자금을 조달하기로 한다. 그리고 돈을 빌려줄 곳이 줄어 곤란해진 은행은 개인 대출에 힘을 쏟기 시작한다. 버블이 끝나기 직전에는 마침내 은행이 돈을 빌려줄 곳이 없어질 정도였고 그 결과 '오노우에 누이 사건'이라는 상징적인 사건이 일어난다.

이 사건을 보면 당시가 얼마나 광기로 가득한 시대였는지 쉽게 이해할 수 있으니 간단히 소개하고 넘어가고자 한다. 내가 태어난 곳이기도 한 오사카의 미나미를 무대로 일본흥업은행 오사카 지점과, 센니치마에의 '에가와' 등 요정 여러 개를 경영하는 여주인으로 알려진 오노우에 누이 사이에서 일어난 사기 사건으로, 버블 시대의 금융 범죄 중에서도 최고액을 기록했다.

거래하는 대형 기업들이 돈을 빌리지 않자 수익을 확보하기 위해 일본흥업은행이 프라이빗 뱅킹 사업으로 전환하려던 때였다. 사건은 오사카 지점장의 방문 영업에서 시작된다. 오노우에 누이는 유력 인물에게서 받았을 거액의 자금을 가지고 있었고, 빈번하게 찾아오는 지점장에 대한 '의리'로 1987년에 일본흥업은행 할인금융채권인 와리코(할인 미즈호은행 증권)를 10억 엔어치나 구입했다.

동시에 주식 투자도 시작했는데 오노우에는 완전한 초보자였다. 그럼에도 매주 일요일 오노우에의 요정에서는 '교우(行)'라는 종교적 의식이 열렸고 접신한 오노우에가 개별 종목을 두고 "아직 더 오른다", "아직 일러" 같은 계시를 내렸다고 한다. 애초에 전문 지식이나 전략에 입각한 투자 판단이 아니었다.

오노우에는 1990년에 부동산 관리 법인까지 설립했다. 일본흥업은행이 주식에 이어 부동산 투자도 권유했기 때문이었다. 그러나 버블은 이미 붕괴를 향하고 있었다. 주가가 하락하기 시작해 1989년 말 6,200억 엔에 달했던 오노우에의 금융 자산은 불과 1년 만에 2,650억 엔으로 줄었다. 부채는 7,300억 엔까지 부풀어 올랐고 이자만 하루에 1억 7,000만 엔이 넘었다고 한다. 오노우에와 친분이 있었던 도요신용금고는 이런 부채 초과 상태를 메우기 위해 3,425억 엔짜리 가짜 예금증명을 발행했다.

1991년 일본흥업은행 관계자가 언론에 정보를 제공하면서 너무나도 비정상적인 이 사태가 수면 위로 올랐다. 오노우에 누이는 체포되어 징역 12년 실형을 선고받고 복역했고, 2002년에 그의 파산이 확정됨에 따라 사건은 막을 내렸다.

이 사건을 돌아보면 버블 말기의 은행과 증권사의 비정상적인 모습이 잘 드러난다. 일본흥업은행을 비롯한 증권사와 부동산회사 들은 금융과 주식을 전혀 모르는 오노우에의 무지를 악용해 잔혹하게 수익을 냈다. 상식적으로는 생각할 수 없는 광기의 세계다.

일본흥업은행은 처음부터 와리코를 담보로 대출을 해주었다. 와리코로 얻는 이율과 대출 금리를 비교하면 오노우에가 손해를 볼 수밖에 없는 시스템을 제공해, 자신들은 리스크를 지지 않고 수수료와 이자로 수익을 확보했다. 최종 국면에서 오노우에가 위기에 처했음을 감지하고도 일본흥업은행은 다른 금융기관이 눈치채기 전에 자신들의 채권을 철저하게 회수했다.

버블이 그렇게 비정상적인 상태를 만들고 있을 무렵, 나는 1990년 3월부터 1993년 4월까지 남아프리카의 일본 대사관에 1등 서기관으로 나가 있었다. 나는 부임하기 전에 내가 보유한 주식과 부동산을 거의 다 팔았다. 이유는 단순했다. 외국에서 거래하기가 번거로웠기 때문이다. 아직 인터넷이 발달하지 않은 시기여서 일일이 전화를 걸어 가격을 물어봐야 했다.

그때 일본에 없었던 것이 내게는 행운이었다고도 할 수 있다. 먼 남아프리카에서 일본의 상황을 보며 '이건 뭔가 잘못되었어. 큰일이 일어날 거야'라고 느꼈다.

버블이 붕괴한 이유로는 여러 설명이 있다. 다만 애초에 그런 비정상적인 상태가 오래 계속될 리 없었다. 일본은행의 금융 긴축 정책을 계기로 버블은 단숨에 붕괴를 향했다. 은행과 기업이 상호 보유한 주식은 서로의 재무상태표를 기하급수적으로 축소시켰다. 팔아치울수록 상대의 주가가 하락하고 그 하락이 자신의 재무상태표에 영향을 끼치는 악순환에 빠졌다. 금융기관은 주식뿐만 아니라 대량의 부실채권에도 대응해야 했다. 이 혼란의 시기에 들어서자 그때까지 기능하던 다양한 기업 거버넌스는 존재감을 거의 잃은 듯 보였다.

이익을 많이 내서 차입금을 일찌감치 갚는 기업은 부채 제공자인 금융기관이 경영을 감시하는, 채권을 통한 지배를 환영하지 않는다. 이를 선호하는 기업은 자금을 빌려 리스크가 낮은 곳에 사용하고 오래 이자를 지급하면서 일정 수준의 이익을 안정적으로 만들어내려는 기업이다.

또 일본에는 '총회꾼'이라고 부르는 자들에게 기업을 빼앗길지 모른다는 공포와, 그 대책을 마련하느라 고심한 경험 탓인지, '투자자' 전반을 부정적으로 보는 이미지가 강하다.

채권을 통한 지배 속에서는 우량해 보이던 기업이 여러 차례 경영 위기를 경험한 결과, 적절한 차입을 통한 성장을 추구하기보다는 수중에 자금을 모아두는 성향이 강해지게 되었다. 그리고 경영자들은 투자자를 적으로 간주하게 되었다. 현재도 일본 주식시장은 투자자가 경영을 감시하는, 주식을 통한 지배가 작용하고 있다고 말할 수 없는 상태다. 기업으로서는 버블이 꺼지고 금융기관이 주식을 내다 판 뒤로 자신을 보호해줄 주주는 줄고 대신 '괴상한 주주가 늘어났다'고 느끼지 않을까?

본래는 주식시장이 활성화되었던 버블 경제 시기에 주식을 통한 지배가 발전해서 채권을 통한 지배를 대체했어야 한다. 그러나 주가가 상승만 거듭해서, 기업에 대한 지배권을 굳이 행사하지 않아도 수익을 충분히 얻을 수 있는 상태였으니 전환이 제대로 진행되지 않았다. 그로부터 약 20년이 흘러 아베 정권이 되어서야 비로소 경제 재건의 관점에서 기업의 수익률을 높이자는 목표가 설정되었다. 그래서 기업 거버넌스가 또다시 주목받게 되었고, 2014년 이후 기업 거버넌스 코드와 스튜어드십 코드*가 제정되었다. 다만 상장기업의 자발적인 움직임은 아니었다. 관이 주도하자 비로소 기업이 마지못해 움직이기 시작한 것이 일본 주식시장의 현주소다.

버블 붕괴 후 은행과 기업의 주식 상호 보유가 서서히 해소되는 가운데 '외국인'과 '연금'이 주주로서 존재감을 급격히 키웠다. 1990년대에는 외국인 투자자라도 일본 기업에 적극적으로 행동하는 일명 행동주의 투자자는 아직 없었다. 이 또한 일본에 주식을 통한 지배가 침투하지 못한 큰 이유일 것이다. 그러다 2000년대 들어 비로소 내 펀드를 포함해 자본 효율 향상, 배당금 증액 등 주주환원을 요구하는 행동주의 투자자가 등장하기 시작했다.

미국의 기업 거버넌스 역사를 살펴보면 기업이 거대해지고

* 기관투자가가 투자 대상 기업의 경영 활동에 적극적으로 참여하도록 유도하는 행동 지침이다.

산업 구조가 변화함에 따라 1970년경부터 기존 경영자의 독단 대신 시장 메커니즘을 통해 자원을 배분할 필요성과 중요성이 거론되었다. 1970년대 후반에는 다양한 규제 완화와 함께 주주 구조가 개인에서 기관투자가 중심으로 넘어갔고, 이런 요인도 겹쳐서 기업 거버넌스가 주주 이익 극대화를 강조하게 되어갔다. 1장에서 소개한 로버트 몽스가 1986년에 ISS를 설립하면서 커다란 공적을 남겼다.

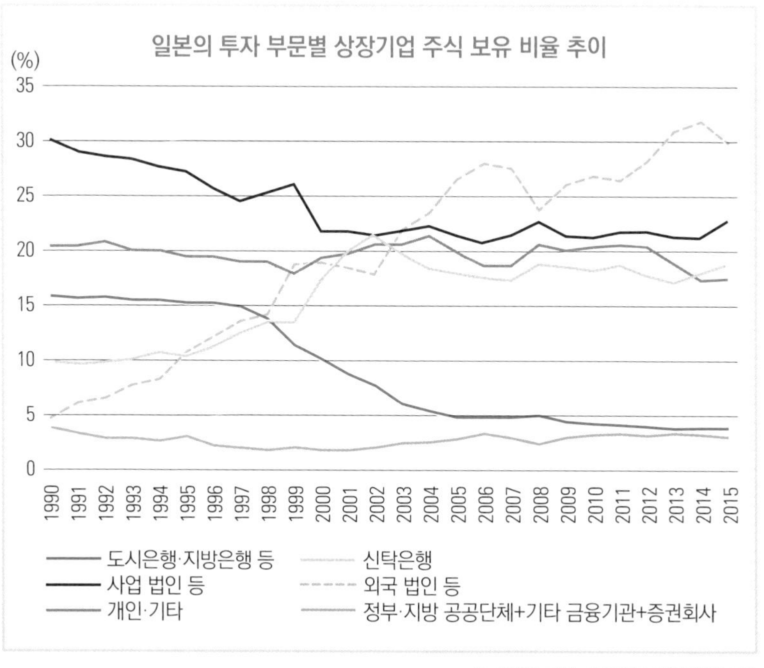

※ 데이터 출처: 주식회사 일본거래소그룹

2000년대 들어서는 2001년 엔론의 회계장부 조작이 발각되고 이듬해인 2002년에 월드컴의 분식 회계가 폭로되는 등 대기업의 스캔들이 잇달아 발생했다. 이에 따라 공개기업에 적용되는 감시 제도인 기업 거버넌스와 기업 경영 내용 공개(디스클로저) 등에 관한 미국 기업 개혁법(사베인스-옥슬리법) 등이 2002년에 제정되었다. 뉴욕증권거래소도 상장 기준 개정, 감시 체제 강화, 각 기업의 기업 거버넌스 가이드라인 공시 등을 요구하면서 기업 거버넌스를 둘러싼 환경 정비가 한층 진행되었다.

일본의 기업 거버넌스를 둘러싼 움직임은 미국보다 15~20년 뒤처져 있다. 일본의 주식시장과 기업이 투자 대상으로서 더 매력적인 존재가 되고 자본 효율을 높이는 가운데 수익률을 향상시켜 세계 시장에서 살아남으려면 이 격차를 시급히 좁힐 필요가 있다.

일본 주식시장이 빠진 악순환

기업 거버넌스에 일본 기업의 대응이 늦어지고 있다는 사실은 주식시장의 성장과 관련된 수치를 보면 명확히 드러난다. 일본 주식시장의 규모는 500~600조 엔이다. 미국 주식시장의 규모는 약 2,000조 엔이므로 일본의 3~4배에 이른다. 그러나 상장기업 수는 양쪽 모두 2천 수백이어서 큰 차이가 없다.

그렇다면 무엇이 다를까? 바로 PBR이다. 일본 TOPIX(도쿄증권거래소 주요 주가지수) 기업의 평균 PBR은 1.0~1.3배인데 미국 S&P500 기업의 PBR은 3배가 조금 안 되는 수준이다. 어디까지나 대략적인 계산이지만 이 PBR 수치를 시장 전체에 적용하면 일본 상장기업의 순자산과 미국 상장기업의 순자산에는 거의 차이가 없음을 알 수 있다.

이는 일본 기업은 순자산 규모가 같은데도 가치가 주가에 제대로 반영되지 않았음을 의미한다. 바꿔 말하면 투자자는 일본 기업이 장기적으로 현재 자산 이상의 가치를 만들어내리라고 기대하지 않는다는 뜻이다.

다음 쪽의 그림은 미국과 일본의 시가총액 추이다. 버블이 정점에 도달한 1989년 도쿄증권거래소 1부의 시가총액은 590조 엔이 넘었다. 이 무렵의 시가총액은 일본이 미국을 상회했다. 그러나 일본에서 버블이 붕괴된 무렵부터 미국 시장이 눈부시게 발전해 부침이 있기는 해도 시가총액이 크게 우상향한다. 일본은 미국과의 차이가 크게 벌어졌을 뿐만 아니라 2015년 기준으로 최근 사반세기 동안 거의 성장하지 못했다. 여기에서 강조하고 싶은 것은 1990년대 이후 미국 기업의 자기자본은 거의 변화하지 않았는데도 시가총액은 크게 증가했다는 사실이다.

거의 같은 수준의 순자산을 보유했으면서도 주가가 3~4배나 차이가 나는 것은 투자자의 '기댓값 차이', 투자자에 대한 '환

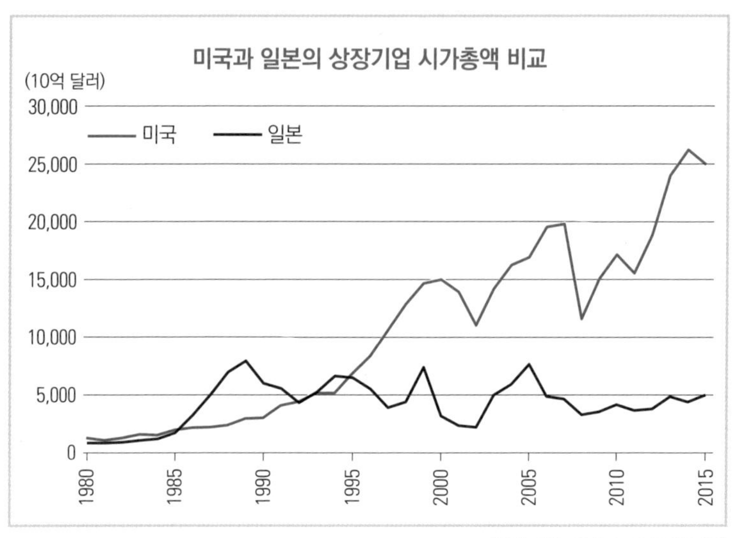

※ 데이터 출처: 세계거래소연맹(WFE)

원의 차이'에 있다. 이것은 미국의 총주주환원율이 최근 90%가 넘는 데 비해 일본은 50% 전후에 그치고 있다는 사실을 보아도 명백하다. 세계의 투자자가 가장 중시하는 지표는 ROE다. 그러나 일본에서는 ROE를 중시하는 경영을 하지 않는다. 이것은 앞에서 이야기했듯이 채권을 통한 지배를 중심으로 한 시대가 길었던 탓에, 성장성과 투자자 환원보다 재무 건전성을 지표로 우선시해온 영향이 크다.

다음으로 상장 주식을 누가 보유하고 있는지 살펴보자. 일본은 외국인 투자자 30%, 사업 법인 20%, 개인 20%, 신탁은행 20%, 생명보험·손해보험 5%, 도시은행·지방은행 5%다. 한편 미국은 수년 전 데이터이기는 하지만 개인과 투자신탁 55%, 연금 15%, 외국인 투자자 15%, 헤지펀드 5%, 기타 10%다. 개인에 속한다고 추측할 수 있는 비중을 비교하면 일본은 개인과 투자신탁을 합쳐서 20% 조금 넘고 미국은 개인과 투자신탁을 합쳐서 50%가 넘는다.

세대의 자산 내역을 살펴보면 일본은 현금·예금이 50% 이상이고 주식·투자신탁·채권이 18% 정도다. 한편 미국은 50% 정도를 주식·투자신탁·채권으로 가지고 있고 현금·예금은 10% 조금 넘는 수준에 불과하다. 직원 스톡옵션을 일본에 비해 압도적으로 많이 제공하고, '투자야말로 미래를 위한 저축'이라는 인식이 널리 확산되어 있는 듯이 보인다.

일본에서는 기업도 가정도 전부 자금을 수중에 모아둔다. 이렇게 예금이라는 형태로 모든 자금을 묵혀두면 세상에 돈이 돌지 않고 불어나지도 못한다. 주식시장이 활성화되지 않고 주가도 오르지 않는다. 그러면 '반드시 돈이 불어날 것'이라는 생각이 들지 않으니 더더욱 투자하지 않는다. 완전한 악순환에 빠진다.

생명보험협회가 2013년 실시한 '주식 가치 향상을 위해 기업이 중시해야 할 경영 지표'라는 설문 조사(복수 응답 가능) 결과를 보면 투자자는 90% 넘는 압도적 다수가 ROE라고 답했다. 그런데 기업 답변에서는 '매출총이익률'이 1위를 차지했고, ROE는

50%가 조금 넘는 수준에 그치며 3위에 올랐다. ROE는 개인 투자자가 기업의 경영 상황을 판단할 때 매우 중요하게 여기는 지표다. 수익이 어느 정도일지 예측할 수 있기 때문이다. 물론 리스크도 커지지만 저금할 때보다는 자산을 더 불릴 수 있겠다는 기대감을 주려면 ROE가 일정 수준을 넘기는 것이 중요하다.

바이아웃 펀드 등이 기업을 인수하는 사례를 떠올리면 상장 기업이 왜 ROE를 높이고자 노력해야 하는지 이해할 수 있다. 평균적으로 봤을 때 인수 자금의 4분의 1은 주주 자본이고 4분의 3은 차입이다. 차입에는 후순위채를 포함하는 경우도 많고 리스크에 따라 금리도 달라진다. 수익을 추구하며 기업을 인수하는 프로들이 어떻게 자금을 조달하는지 살펴보면 재무상태표가 어떤 상태일 때 자본 효율을 가장 높일 수 있는지 자연스럽게 알 수 있다.

자본을 줄이고, 이자 부담을 고려하면서 부채비율을 높이며, 레버리지를 활용한 상태에서 이익을 높이면 자본 효율은 높아진다. 참고로 일반적인 기업 인수에서 주주 자본:후순위채:일반 차입이 1:1:2 정도라면 내부수익률(IRR)은 20%:8~10%:2~5%가 된다. 거꾸로 말하면 일반 차입은 거의 회수할 수 있지만 주주 자본은 회수할 수 없는 경우도 있기 때문에 리스크가 높아지는 것에 비례해 수익도 높아진다.

그러나 일본 기업 대부분의 재무상태표는 그렇지 않다. 따라서 ROE도 낮은 수준을 벗어나지 못한다. 실적이 급격히 악화될 때 어떻게 대비할 것인가, 기업이 도산하면 직원은 어떻게 되는가 하는 문제도 있으므로, 자본이 적을수록 무조건 좋다고는 말할 수 없다. 그러나 순수하게 투자의 관점에서 자본 효율을 높이려면 자본이 적은 편이 좋다.

일본의 시장에서 ROE가 조금이나마 인식되기 시작한 것은 버블 붕괴 후 외국인 투자자의 주식 보유 비율이 빠르게 높아지기 시작한 1995년 전후라고들 한다. 그러나 당시는 경영 환경이 열악해 재무 건전성이 중시된 까닭에 ROE라는 지표가 정착하지 못했다.

두 번째는 2000년 들어 외국인이 주식 보유 비율을 급격히 높였을 때다. 외국인 투자자들이 일본 상장기업을 상대로 주주를 중시하는 경영을 하라고 촉구하기 시작했고, 동시에 일본에서도 행동주의 투자자의 활동이 두드러지기 시작했다. 그러나 기업들은 포이즌 필을 도입해 대항하는 등 외국인 같은 기관투자가들에는 달갑지 않은 반응을 보였다.

2012년 시작된 2차 아베 신조 정권은 일본 경제 부활을 위해 기업의 국제 경쟁력을 높이려면 반드시 수익성을 높여야 한다고 판단하고 이를 위해 기업 거버넌스를 강화하려 했다. 그리고 이듬해 아베노믹스의 세 번째 화살인 '일본 부흥 전략'이 결정되었다. 투자자를 위한 스튜어드십 코드와 기업을 위한 기업 거버넌스 코드가 논의되고, 2014년에는 그 두 코드를 연결할 목적에서 〈이토 보고서〉가 발표되었다.

히토쓰바시대학교 대학원 상학연구소의 이토 구니오 교수가 좌장으로 있었던 경제산업성의 '지속적 성장을 위한 경쟁력과 인센티브: 기업과 투자자의 바람직한 관계 구축' 프로젝트에서 1년 동안 논의한 내용을 정리한 최종 보고서다.

이 보고서에서는 "기업과 투자자, 기업 가치와 주주 가치를 대립 관계로 파악하지 말고 '협조'의 성과로서 지속적인 기업 가치 향상을 지향해야 한다"라는 개념을 제시하고 "중장기적인 ROE 향상을 지향하는 '일본형 ROE 경영'이 필요하다"라고 주장했으며 "8%를 웃도는 ROE를 최저선으로 삼고 더 높은 수준을 목표로 삼아야 한다"라며 구체적인 수치도 목표로 내걸었다. 그리고 투자자와 기업의 상호 커뮤니케이션이 중요하고 양쪽이 같은 방향을 향해 나아가는 동반자라는 인식을 공유하는 것이 중요하다고 강조했다.

투자자와 기업이 윈-윈 관계가 되려면

2000년대에 들어서자 많은 기업이 잇달아 포이즌 필을 도입했다. 내 펀드 같은 행동주의자들에 대항하려고 부심한 나머지, 자라 보고 놀란 가슴 솥뚜껑 보고 놀라는 식으로 '일단 뭐라도

하자'며 무작정 도입한 느낌이 있다. 그러나 최근에는 포이즌 필을 폐지하는 기업이 늘었다. 정점을 찍은 2008년 말에는 약 570개 기업이 도입했는데 조만간 절반 정도로 줄지 않을까 싶다. 기한이 도래하면 주주총회를 거치지 않고 자주적으로 폐지하는 기업이 늘어날 것이다.

기업 거버넌스 코드에도 이렇게 규정되어 있다. "이른바 매수 방어책*(중략)은 경영진, 이사회의 보신을 목적으로 삼는 것이어서는 안 된다. 그 도입과 운용에 관해서는 이사회, 감사역이 주주에 대한 수탁자 책임을 다한다는 관점에서 그 필요성과 합리성을 철저히 검토하고 적정한 절차를 확보하는 동시에 주주에게 충분히 설명해야 한다." 애초에 포이즌 필을 도입한 것 자체가 국제 기준과는 거리가 멀었는데 마침내 일본 상장기업도 그 사실을 깨닫기 시작했다고 생각한다.

극단적으로 말하면 기업 인수에는 크게 두 가지 종류가 있다. 첫째는 다른 기업과 합병 등을 함으로써 각자의 사업에 커다란 상승 효과가 발생하는, 1 더하기 1이 4가 되는 식으로 쌍방에 플러스가 되는 인수다. 그리고 둘째는 그 기업이 보유한 자산에 비해 주가가 낮을 때 실시하는 인수다. 이 경우는 자산이나 현금만 빨아먹고 버리는 일도 있을 수 있다. 그런 인수를 막으려

* '포이즌 필'의 일본식 용어.

면 기업이 미래 성장성을 명확히 제시하거나 주주에게 적극적으로 환원하는 등의 자조 노력을 통해 자사 주가를 끌어올리는 것이 중요하다. 그런 노력을 포기하고 포이즌 필에 의존하려는 것은 상장기업의 바람직한 모습이 아니다.

주주와 경영진 사이에서 기업 거버넌스에 입각한 커뮤니케이션이 충분히 이루어진다면, 공개매수가 시도되었을 때 주주와 경영진이 같은 판단을 할 것이다. 여기에서도 기업 거버넌스가 얼마나 합리적이며 기업의 진로에 얼마나 중요한지 알 수 있다. 내가 관료였을 때부터 연구했고 줄곧 주장해온 기업 거버넌스가 마침내 기업에 구체적인 방침으로 제시된 것은 매우 기쁜 일이다.

지금까지 세상 사람들은 내 발언의 일부 혹은 인상적인 말만을 보고 나를 그린메일러(Green Mailer) 같은 존재라고 오해해왔다. 그린메일러는 목표로 삼은 기업의 주식을 대량으로 산 다음에 비싼 가격에 사 가라고 기업에 요구하는 적대적 인수자를 가리킨다. 경영에 부당하게 개입하거나, 경영자가 원하지 않는 상대에게 주식을 넘길 것 같은 분위기를 풍기는 식으로 협박에 가까운 수단을 동원할 때도 있는 악질적인 투자자다.

나는 펀드 경영자로서 이익 추구를 최우선으로 여기며 행동할 수밖에 없었던 시대에조차도 투자 대상 기업에 "지금 보유한 현금이나 환금 가능한 자산을 즉시 주주에게 환원하십시오"

같은 요구를 한 적이 단 한 번도 없다. 주주 가치를 높이라고 요구했을 뿐이다. 다만 과거를 돌아봤을 때 표현이 과해서 인상이 좋지 않았던 것은 인정한다.

나는 투자 대상 기업에 대해 처음에는 이렇게 물어본다. "거액의 현금이 있고 이익을 만들지 못하고 있는 자산도 보유한 듯한데 그것들을 향후 사업에 어떻게 활용할 계획입니까?"

자금을 묵혀서 세상에 돈의 순환을 정체시키는 것이야말로 상장기업이 가장 해서는 안 될 행동이라고 생각하기에 반드시 이 질문을 던진다. 그러나 명확하고 수긍할 만한 대답은 거의 듣지 못한다. 명확하게 대답할 수 있는 기업이라면 애초에 용도가 불분명한 거액의 자산을 보유하고 있을 리가 없으므로 당연하다면 당연한 일이겠다.

기업 가치 향상이라는 관점에서 수긍할 만한 대답을 듣지 못하면 나는 다음 단계로 세 가지 제안을 한다. 첫째, 더 많은 수익을 만들어 기업 가치를 높이기 위해 M&A 등 사업 투자를 검토하고 중기 경영 계획 등에 포함한 뒤 확실히 정보를 공개할 것. 둘째, 향후 수년 안에 유효한 사업 투자가 기대되지 않으면 배당, 자사주 취득 등으로 주주환원을 실시할 것. 셋째, 두 가지 모두 실시하고 싶지 않다면 MBO 등을 통해 상장을 폐지할 것.

구체적인 예로 다시 한번 사이버에이전트를 생각해보고자 한다. 앞서 이야기했듯이 IT 버블이 붕괴한 뒤 사이버에이전트의 주가는 상장으로 시장에서 조달해서 그대로 보유한 현금·예금 등의 금액보다 훨씬 낮은 수준에 머물러 있었다. 그래서 구마가이 마사토시의 GMO는 이전부터 말해온 사이버에이전트와의 합병을 추진코자 시장에서 주식을 모으고 있었다. 나 또한 펀드로서 투자하기로 결정하고 주식 매입을 진행했다. 이 시점에 리스크를 가장 많이 진 것은 GMO와 내 펀드였다.

이 과정에서 나는 사이버에이전트의 후지타 스스무 사장에게 자본 정책에 관해 질문을 계속했다. 그러나 그는 "언젠가 어떤 형태로든 사업을 위해 사용하고 싶습니다"라고 말할 뿐이었다. 나는 끝내 구체적인 자본 정책을 들을 수 없었기에 이렇게 제안했다. "당장 큰 자금 수요가 없고 현재의 주가가 낮다고 생각한다면, 수중에 자금이 있으니 미래를 위해서라도 준비금을 사용하든 해서 철저히 자사주를 취득해야 하네."

내가 보유한 주식만 비싼 가격에 사라는 말이 아니었다. 자사주 취득은 주주 전원에게 엑시트라는 선택지를 평등하게 제공함은 물론이고, 기업이 스스로 자본 효율을 높여 장기적으로 더욱 매력적인 투자처가 되는 효과적인 수단이기도 하다. 기업이 자금을 순환시키면 주주 자신의 자금도 순환된다. 투자처에서 자금이 돌아오면 투자자는 필요로 하는 다른 기업에 그 자금을 투자할 수 있는 것이다.

그러나 당시 사이버에이전트의 후지타는 '지금 주가가 낮아도 시장에서 조달한 자금은 언젠가 사용하게 될 때를 위해 남겨두고 싶다'라는 마음이 강했을 것이다. 결국 사이버에이전트는 자사주 취득을 실시하지 않았고, 주가가 상승한 시점에 GMO는 보유분 절반을, 내 펀드는 보유분 전체를 매각했다. GMO도, GMO 보유분 절반을 구입한 라쿠텐도 지금은 사이버에이전트의 대주주가 아니다. 통합이나 사업 제휴에 이른다면 이야기가 다르지만, 투자했다가 이윽고 그 주식을 매각한 뒤 다시 다른 곳에 투자하는 것은 주식시장에서 지극히 자연스러운 흐름이라는 것이 나의 생각이다.

펀드를 경영하던 시절에는 이익을 올리려다가 결과적으로 단기 투자가 되어버린 사례도 있었다. 다만 나는 중장기적 투자는 선, 단기적 투자는 악이라고는 생각하지 않는다. 스튜어드십 코드에 나오듯이 주주로서 '중장기적 관점에서 투자 대상 기업의 기업 가치와 자본 효율을 높이고 그 지속적 투자를 촉진할 것을 목적으로 한 대화'를 나는 줄곧 지향해왔고 지금도 그렇다.

주식에 투자하는 사람 중에 수익을 신경 쓰지 않는 사람은 없다. 배당이든, 주주 우대든, 장기적인 주가 상승이든, 투자자는 수익을 추구하기 마련이다. 다만 주주는 어디까지나 자금을 제공한 존재일 뿐, 투자한 기업이 하고 있는 사업의 전문가가 아니다. 그 분야 혹은 그 기업의 성장을 기대하고 법률로 정해진 권한에 따라 경영을 위탁한 것이다. 투자한 기업이 더욱 성장하기 위해 어떤 생각과 계획에 입각해 사업을 진행하고 있는지 알고 싶어 하는 것은 당연한 일이다.

경영자는 사업의 전문가로서 위탁받은 자금을 어떻게 효율적으로 활용해서 성장하고자 하는지 미래를 예측해 계획을 세우고 최대한 그 정보를 게시해야 한다. 주주와의 면담을 포함해 결산 설명회 등 모든 주주가 기업과 평등하게 커뮤니케이션할 수 있는 장소를 적극적으로 마련해야 한다.

이것이야말로 주주와 투자 대상 기업이 윈-윈 관계가 되기 위한 가장 중요한 사항이다. 물론 서로 의견이 다를 수 있다. 성장을 기대한 투자가 실패로 끝날 때도 있기 마련이다. 그럴 때일수록 더더욱 주주와의 커뮤니케이션이 큰 의미가 있다. 경영진이 자기 보신을 위해 필요 이상의 자금을 끌어안은 채 주주들의 목소리를 들은 척도 하지 않는 기업보다, 결과적으로는 실패로 끝나더라도 맡은 자금을 적극 활용해 성장을 위해 도전한 기업이 더 높게 평가받는 주식시장이 되기를 바란다.

해외 기업 사례
: 애플과 마이크로소프트

앞서 미국과 일본의 주식시장을 비교했는데 여기에서는 구체적인 기업의 사례를 소개하고자 한다. 미국 기업은 수중에 자금이 쌓이거나 투자를 받으면 M&A를 비롯한 사업 투자를 실시하는 등 기업 가치를 높이는 일에 적극적으로 쓴다. 쓸 곳이 없다면 주주에게 환원하고 그 후 자금이 필요해지면 다시 시장에서 조달하는 흐름이 당연하다는 듯이 형성되어 있다. '수중에 돈을 남기지 않는' 경영이다. 그렇게 자금을 순환시킴으로써 상장기업은 더 많은 투자를 불러들여 실적을 확대하며 이것이 주식시장뿐만 아니라 경제 전체의 성장으로 이어진다.

다음 쪽의 그림은 애플의 재무상태표다. 2012년 말에 대규모 자본 환원 프로그램을 개시했고 2016년 말이 최근이다. 2012년 3월, 애플은 7월부터 분기별로 배당을 실시하고 9월 30일에 시작하는 2013년부터 매년 자사주를 100억 달러 취득하는 등 3년 동안 450억 달러에 이르는 자본 환원 프로그램을 시행한다고 발표했다. 현재는 그 규모를 2,000억 달러까지 끌어올려 '초(超)'라는 말을 앞에 붙여야 할 만큼 적극적으로 주주환원을 실시하고 있다.

이 재무상태표를 보면 알 수 있듯이 2012년 말에는 레버리지가 전혀 없다. 애플은 이익 잉여금 형태로 수중에 자금을 쌓아두고 있었고, 투자자들이 그 자금을 환원하라고 강하게 압박해 환원 프로그램이 시작되었다고 알려졌다.

이 프로그램으로 애플의 레버리지가 크게 바뀌었다. 무차입이던 2012년 이후 애플은 자본 환원 프로그램에 사용할 자금을

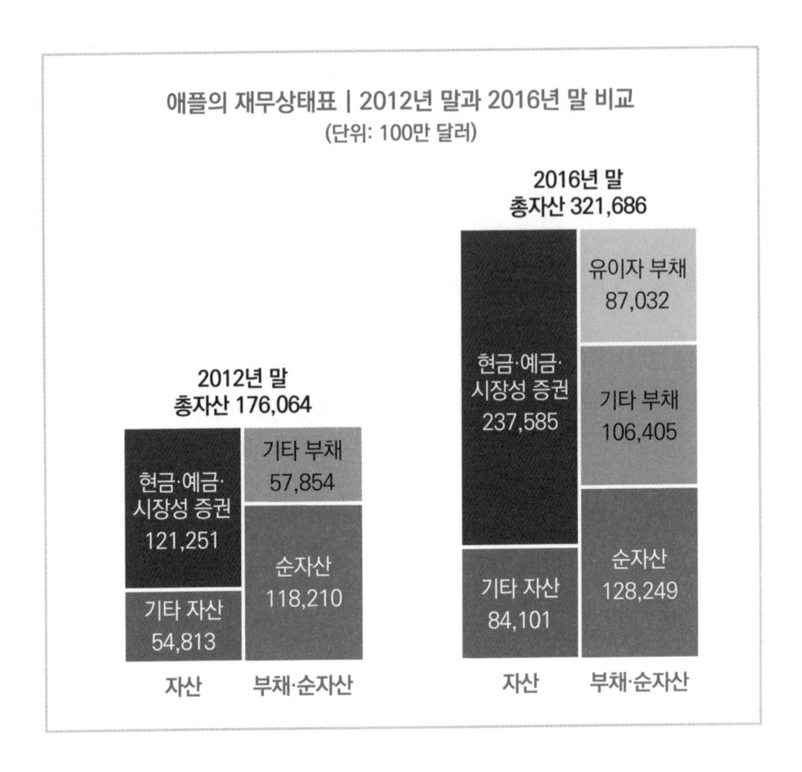

회사채 발행과 차입으로 마련했다. 그리고 이 프로그램을 시작한 뒤 총자산은 4년 사이에 2배 가까이 증가했는데, 적극적으로 주주환원을 실시해서 순자산은 거의 증가하지 않았음을 알 수 있다.

최근에는 사업 성장성에 불안감이 드리우기 시작함에 따라 주가가 마냥 우상향하는 상태는 아니다. 그러나 적당한 레버리지, 적극적인 주주환원, 자사주 매입을 통한 주가 방어 같은 요인도 있어서 애플의 주가는 PBR 6배, PER 18배 정도의 높은 수준을 유지하고 있다. 회사채 발행과 차입 등을 통해 자금을 순환시킴으로써 더 높은 이익을 내는 좋은 사례다.

다음으로 소개하는 마이크로소프트도 지금은 매우 적극적인 주주환원으로 유명하다. 1975년 창업한 마이크로소프트가 처음 배당을 지급한 시기는 2003년이다. 그리고 이듬해인 2004년 7월에 4년 총액 750억 달러에 이르는 주주환원 계획을 발표하기 전까지, 투자자들은 자본 차익을 기대할 뿐이었다.

이 거대한 환원 계획을 발표하기 직전의 재무 상황을 살펴보면 총자산 924억 달러에 현금 606억 달러를 보유하고 있었다. 당기 이익은 80억 달러 정도, 연간 배당은 2003년에 17억 달러였다. 이 상태로 시간이 흐르면 점점 현금이 쌓일 상황에서 주주환원 프로그램을 발표했다. 그 후 속도를 줄이기는 했어도 2011년 9월에는 회사채를 발행하고 400억 달러 전액을 자사주 매입과 배당 증액에 사용한다고 발표했다. 이 계획이 2016년 말 종료되고 수중의 자금이 점점 불어나서 2016년 9월에 새로운 400억 달러 규모의 주주환원 프로그램을 계획하고 있다.

다음 쪽의 그림은 주주환원을 거의 실시하지 않았던 2004년 말과 2016년의 재무상태표다. 총자산 규모가 2배 이상이 되었는데도 순자산은 감소했고 레버리지도 적당한 상태임을 알 수 있다.

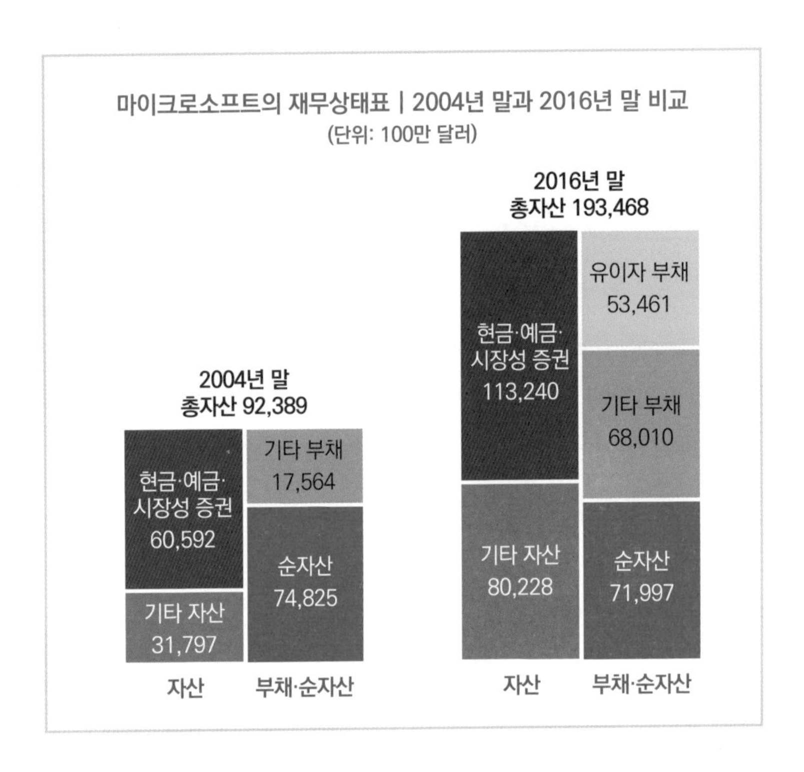

이 두 기업 외에도 P&G, 인텔, GE 같은 미국 정상급 기업은 금액으로 200~500억 달러, 발행주식의 10~30% 규모로 자사주 매입을 실시하고 있다. 극단적인 자사주 매입에 대한 비판도 있지만 직접적인 주주환원이 될 뿐만 아니라 주가가 하락하는 것을 막거나 주가를 상승시키는 데 기여한다.

미국에서는 2000년경부터 모든 투자자가 목소리를 높이며 '환원'을 요구해왔다. 대응하는 기업도 개인이 투자하는 비율이 매우 높고 스톡옵션 등을 통해서 투자자의 관점을 갖는 경우가 많은 까닭에, 소리 높여 리턴을 요구하는 투자자들에게 거부 반응을 보이는 일이 적다.

투자자는 투자처에서 자금이 돌아오면 반드시 다른 투자처를 찾는다. 더 많은 수익을 얻을 수 있는 투자처를 끊임없이 물색한다. 따라서 일본 상장기업처럼 아무것도 만들어내지 않는 상태로 자금을 묵혀두기만 하면 성장을 위해 적극적으로 자금을 원하는 기업에 자금이 돌지 않는다. 그 결과 시장이 정체되고 경제 전체가 침체에 빠진다.

투자자가 평가하는 미국과 일본의 주식 차이는 투자자와 기업이 자금을 캐치볼하듯 주고받느냐 아니냐의 차이다. 기업 거버넌스에 대한 이해와 대응의 차이라고도 말할 수 있다.

8장

生涯投資家

일본을 향한

경제를 활성화하려면 자금 순환이 필요하다.
주식 상호 보유 등의 악습을 일소하고 적극적으로 투자를 촉진한다.
이익을 과도하게 내부에 묵혀두는 기업에는
미국처럼 과세해야 한다.

제언

일본 경제를 활성화하고 촉진하려면 자금 순환이 필요하다고 수없이 반복했다. 그러면 구체적인 방책을 생각해보자.

기업 거버넌스가 주목받은 경위부터 다시 살펴보자. 일본 경제를 부흥하려면 가장 먼저 일본 기업의 수익성을 높여야 한다. ROE가 수익성 지표인데 국제 표준으로 통하는 8%에 비해 일본 기업은 너무나도 낮다.

앞서 언급한 2014년 〈이토 보고서〉는 "각 기업은 8%를 상회하는 ROE를 책임지고 달성해야 한다"라고 분명하게 제언했다. 그리고 이 목표의 달성을 대전제로 주주에게 큰 영향을 끼치는 자본 정책의 합리성·필요성 설명, 이사회 등의 책무로서 '주주에 대한 수탁자·설명 책임, 지속적 성장과 기업 가치 향상, 수익력·자본 효율 등의 개선' 등을 규정한 기업 거버넌스 코드가 발표되었다. 투자를 받는 기업의 종합적인 규범이다.

투자자의 목표는 기업 거버넌스 원칙의 철저한 준수가 아니다. 투자자의 목표는 수익이고, 거버넌스 원칙은 그 수익을 얻기까지 투자처와 공유하고 서로 확인하는 커뮤니케이션의 규칙일 뿐이다. 최종 도착점은 어디까지나 기업이 성장이나 주주 환원이라는 형태로 주주에게 더 많은 수익을 제공하는 것이다.

주식회사 일본

금융기관을 제외한 일본 상장기업 전체를 '주식회사 일본'이라는 하나의 기업으로 생각해보자. 주식회사 일본의 주주 구성을 보면 개인, 연금, 생명보험, 신탁은행이 절반을 크게 넘긴다. 요컨대 이 나라의 주권자인 국민이 이 기업을 자신들 뜻대로 경영할 수 있다. 국민 전체가 투자자라는 위치에서 주식회사 일본을 어떻게 경영해야 발전으로 이끌 수 있을지 궁리해보자.

주식회사 일본의 2016년 현재 재무상태표는 대체로 오른쪽과 같을 것이다. 당기 이익은 매년 30~35조 엔, 자기자본비율은 50%가 조금 안 되며, ROE는 시장의 가중평균을 적용해 6~7%라고 가정한다. 그러면 재무 상황은 이렇다(외상 매출금과

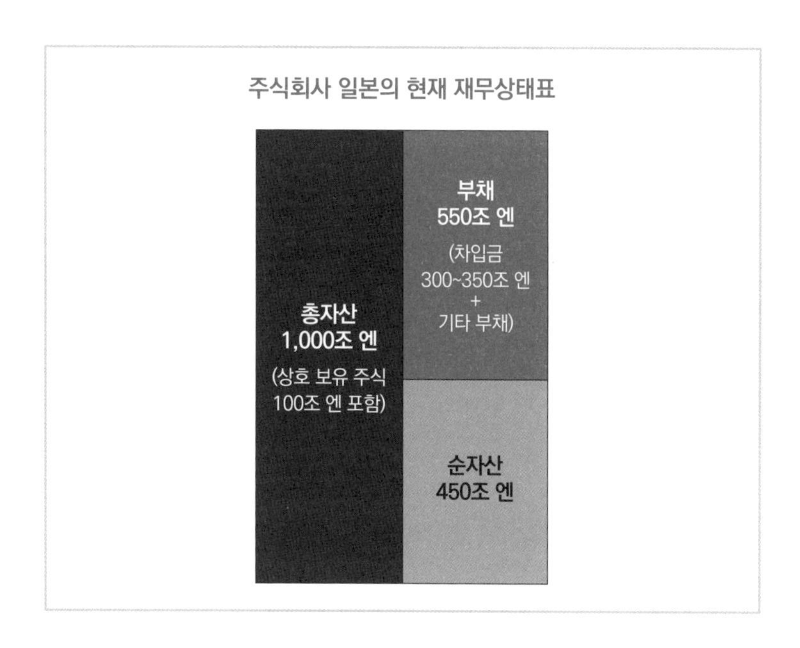

외상 매입금은 기업 사이에서 상계되므로 여기서는 고려하지 않는다).

ROE를 높이는 방법은 둘 중 하나다. 자기자본을 줄이거나, 이익을 높이거나. 앞서도 이야기했듯이 미국과 일본을 비교하면 자기자본 금액은 그렇게까지 크게 차이가 나지 않는다. 그럼에도 일본 기업의 당기순이익은 미국 기업의 절반이 채 못 되고, ROE는 절반이 조금 넘는 정도에 불과하다. 과도한 자기자본 때문에 ROE가 낮아졌음을 의미한다.

예를 들어 불필요하게 보유한 현금과 상호 보유 주식을 비롯해 이익을 만들어내지 않으면서 현금화가 가능한 자산을 현금

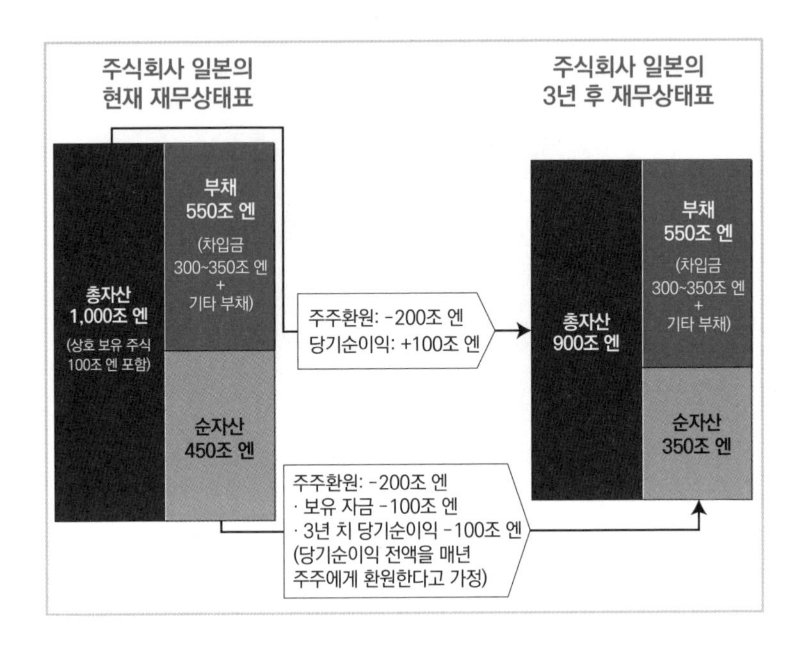

화해 3년 동안 200조 엔을 시장에 환원한다. 일본 기업의 악습인 주식 상호 보유는 근본적으로 경영자의 자기 보신에 불과하고 서로의 재무상태표를 부풀릴 뿐이다. ROE에서는 배당분만이 이익이 되기에 '백해무익'임을 강조하고 싶다.

주주환원 자금 200조 엔은 이런 상호 보유 주식을 100조 엔어치 매각하고(매각 이익에 부과되는 세금은 고려하지 않는다) 아울러 향후 3년간의 당기순이익 100조 엔을 주주에게 100% 환원한다고 가정한다. 그러면 재무상태표는 100조 엔 정도 줄어들고, 자기자본이 감소해 ROE가 10% 전후까지 개선된다.

현재 매년 15조 엔 정도인 주주환원 규모를 앞으로 3년 동안 합계 200조 엔으로 확대하자고 말하면 엄청나게 대담한 제안처럼 들릴지도 모른다. 그러나 그렇게까지 해야 비로소 주식회사 일본이 미국 시장의 수준에 가까워질 수 있다. 주식 상호 보유를 해소하고 이익 잉여금을 환원하면 재무상태표의 규모는 줄어들지만 사업에 필요한 자산 상황은 전혀 달라지지 않는다. 자기자본의 적정 수준이 얼마인지는 의견이 다양하지만, 이와 별개로 현재 일본 기업의 자금 효율이 얼마나 나쁜 상태인지 이해할 수 있을 것이다.

본래는 이와 함께 은행에서 100조 엔 정도를 빌려서 더 적극적으로 사업에 투자하거나 자사주 취득을 실시해야 한다. 미국 S&P500 기업의 수치를 보면 이익의 거의 전부를 매년 주주에게 환원하며, 신규 사업에 대한 투자 등은 차입으로 해결하는 경향이 있다.

이렇게 적당한 레버리지를 활용해 자기자본을 줄여 얻는 효과는 단순히 ROE를 끌어올리는 데 그치지 않는다. 불필요한 보유 자금을 푸는 가운데 필요에 따라 은행에서 자금을 빌리면, 앞서 든 예에서라면 100조 엔이나 되는 돈을 신규로 대출할 수 있다. 은행에 잠자던 거액의 예금도 효과적으로 활용되는 것이다. 은행의 대출 자금이 장기적으로 감소하는 추세라는 점을 봐도 자금이 얼마나 순환하지 않는지 알 수 있다. 나는 기업이 필요 이상으로 내부 유보금을 쌓아두는 이유를 도저히 모르겠다.

이번에는 소프트뱅크의 재무상태표를 살펴보자. 다양한 사업을 급격히 확대해온 소프트뱅크는 일본에서 빚이 가장 많은 기업으로 알려져 있다. 2016년 실적을 보면 총자산 약 25조 엔에 유이자 부채가 15조 엔이고 기타 부채는 5조 엔이다. 자기자본 4조 5,000억 엔에 당기 이익이 1조 5,000억 엔으로, 2016년의 ROE(소프트뱅크 발표)는 45%가 넘는다. 이렇게 돈을 빌리면서 M&A를 반복하는 소프트뱅크의 인터넷 기업 투자 IRR은 40%를 가볍게 넘긴다고 한다. 차입 금액을 크게 웃도는 수익을 만들고 있는 것이다. 2016년부터 2017년에 걸쳐서는 5,000억 엔 정도의 자사주를 취득해 주주 가치 향상에도 힘쓰고 있다.

2017년 현재 일본은행이 마이너스 금리까지 도입하며 적극적으로 대출을 촉진하고 있음에도 돈을 빌리는 쪽의 메인 플레이어인 기업이 자금을 쌓아두고 돈을 빌리지 않아, 은행은 돈을 빌려주고 싶어도 빌려줄 곳이 없는 상황에 빠져 있다. 도산할 위험을 피하고 금융기관의 간섭도 받지 않으므로 기업의 무차입 경영이 바람직하다고 생각할 수도 있다. 터무니없는 착각이다. 무차입 경영은 자금 순환을 정체시키는 동시에 부채 활용도 수치를 낮춰 ROE를 낮추는 요인이 된다.

소프트뱅크의 유이자 부채 15조 엔은 이자율을 2%로 가정해도 이자가 3,000억 엔 발생한다. 총자산이 25조 엔인 기업에 경영 리스크로 작용할 만한 금액이 아니고, 이 차입금을 바탕으로 사업 투자를 실시해 이자 부담을 크게 웃도는 수익을 만들고 있으니 바람직한 경영이다.

자금 순환을 촉진한다는 관점에서 상장기업은 주주환원뿐 아니라 적당한 레버리지를 활용해서 지속적 성장을 위해 적극적으로 투자해야 한다. 기업이 성장을 위해 움직이면 새로운 업무가 파생되거나 일자리와 고용이 창출됨으로써 단순히 그 기업의 가치가 향상되는 것 이상의 경제 효과를 불러온다.

M&A도 좋고, 신규 사업의 연구개발이나 설비 투자도 좋으며, 신규 인재 고용도 좋다. 혹은 직원의 의욕을 높이기 위한 급여 인상도 좋다. 급여를 인상함으로써 직원의 의욕이 높아지고 이것이 기업의 성장으로 이어진다면 그 또한 미래를 위한 훌륭한 투자다. 보유한 자원을 어떻게 배분해야 E(자산)에 대한 R(이익)을 극대화할 수 있을지 궁리하는 것이 경영자가 할 일이다. 그리고 여기에는 기업의 평판이라는 요소도 포함된다. 구조조정도, 신규 고용도, 인원 배치도, 급여 체계도 종합적으로 가장 큰 이익을 내기 위한 중요한 요소다.

최근 세제 개정안에는 기업이 임금을 인상하면 법인세를 우대해주는 조치를 일부 확대하는 방안이 포함되었다. 고용을 창출하고 급여를 인상하고자 힘쓰는 기업에 인센티브를 부여하는 것은 가장 적극적으로 실시해야 할 정책이다. 일본 기업은 전체적으로 급여 수준이 낮다.

물론 무작정 급여를 올리라는 말은 아니다. 장기적으로 기업 가치를 향상하는 데 공헌하리라고 기대되는 직원에게 급여 인상, 스톡옵션이라는 인센티브를 제공하거나, 실제로 공헌이 인정된 직원에게 대담하게 환원하면 기업 성장을 촉진하는 데 큰 효과가 있다. 기업은 성장의 과실이 경영진과 직원에게 돌아가는 시스템을 적극적으로 만들어야 하며, 정부는 그런 기업을 우대하는 세금 제도를 만들어야 한다.

반면 일정 수준을 초과하는 이익을 내부 유보금으로 돌리는 기업에는 이 내부 유보금에 세금을 매겨야 한다. 미국은 이미 이런 과세 제도를 도입했다. 다만 과거에는 내부 유보금을 쌓아 놓았는데 최근 계속 적자인 기업에는 그런 과세를 한들 의미가 없다. 이를테면 3년 연속 이익의 50% 이상을 잉여금으로 돌리면 그 잉여금에 과세하는 식으로, 기업이 아무 계획도 없이 과도하게 자금을 쌓아두지 않도록 정부가 대책을 세워야 한다.

직원 환원도, 투자도, 내부 유보금 과세도 목적은 어디까지나 자금을 순환시키는 것이다. 자금이 돌기 시작하면 경기가 반드시 회복되며 경제가 성장한다. 물가가 상승하고 기업 실적도 좋아진다. 그렇게 되면 가까운 미래에 니케이 평균 주가가 과거 최고인 4만 엔대를 회복하는 것도 불가능은 아니라고 생각한다.

적극적으로 노력하는 기업을 우대하는 조치를 마련하면 좀처럼 움직이지 않는 기업을 움직이게 하는 데 도움이 된다. 다만 그것은 어디까지나 계기일 뿐이다. 자금 순환을 촉진하는 시스템이 그 후에도 지속해서 기능하려면 반드시 기업 거버넌스를 철저하게 개혁해야 한다는 것이 나의 믿음이다.

기업 거버넌스의 개선을 향해

2015년 6월부터 기업 거버넌스 코드가 적용되었다. 기업이 여기에 대응하기 시작한 듯 보이는 것은 분명 진전이라고 말할 수 있다. 그러나 상장기업이 게시한 기업 거버넌스 보고서를 보면 어쩔 수 없어 형식적으로 따를 뿐, 아직은 기업 가치를 높이거나 경쟁력을 확보하려고 진심으로 임한다는 느낌이 들지 않는다. 경영진의 급여가 기업 실적과 연동되지 않고, 실적 때문에 해고당하는 일이 없으며, 따라서 주가를 높여야 할 유인이 없다는 일본 기업 풍토에 원인이 있지 않을까 싶다. 그 결과 경영진의 자세가 상장기업의 바람직한 모습과는 거리가 멀다.

아무리 가이드라인을 설정한들 실행 주체인 기업 경영자들에게 그 의의를 인식시키고 이해시키지 않는다면 의미가 없다. 그렇다면 어떻게 해야 기업 거버넌스의 중요성을 인식시킬 수 있을까?

나는 일본은행과 연금에 답이 있다고 생각한다. '이차원(異次

元)'으로 불리는 금융 정책의 결과, 2016년 3월 말 현재 일본은행과 연금적립금 관리운용 독립행정법인(GPIF)*을 합친 공적 자금은 약 40조 엔에 이른다. 도쿄증권거래소 1부 상장기업 전체의 절반 가까운 기업에는 지분 5%가 넘는 대주주이고, 상장기업 전체의 25%에는 사실상 최대주주인 상황이다. 일본 주식 전체에서 차지하는 비율은 약 8%에 이른다. 2011년 3월 말 시점에는 십수조 엔 규모에 비율이 4%를 조금 넘는 수준이었으므로 존재감이 매우 커졌음을 알 수 있다.

현재 주식회사 일본의 실질적인 최대주주가 일본 정부인 것이다. 이렇게 공적 기관이 실질적인 최대주주가 된 사례는 미국에서는 거의 찾아볼 수 없고, 유럽에서도 수 퍼센트에 불과하다고 알려져 있다. 싱가포르와 사우디아라비아처럼 국부펀드가 활약하는 나라도 있기는 하지만 선진국에서는 매우 보기 드문 사례일 것이다.

공적 기관이 최대주주인 상태는 민간 기업에 정부가 개입할 위험성 때문에 바람직하다고 생각하지 않는다. 그러나 이미 이런 상황이 되어버린 이상 일본은행과 연금이 '슈퍼 행동주의자'가 되는 기회로 삼기를 바란다. 이를테면 연금은 각 기업의 경영 내용을 개별적으로 판단하고 가이드라인에 입각해 의결권

* 한국 국민연금공단 기금운용본부의 역할을 하는 기관이다.

행사 상황을 공표한다. 일본은행은 주식을 직접 보유할 수 없기에 상장지수펀드(ETF)를 통해 투자하는데 운용하는 증권사를 통해 명확하게 의결권을 행사한다.

투자자로서 투자 대상 기업에 좀 더 직접적으로 명확한 메시지를 전달하고, 일본이라는 나라가 상장기업에 무엇을 기대하고 있는지를 당사자뿐만 아니라 외국을 포함한 모든 시장 참가자에 전달하도록 환경을 정비했으면 한다.

미국에서는 로버트 몽스가 연금을 이끌던 시절에, 충분한 수익률을 확보하지 못한 연금이 주식 같은 하이 리스크 하이 리턴 대상에 투자할 수 있도록 법률이 제정되었다. 그 결과 연금이 투자 대상에 행동주의자로서 행동해 기업 거버넌스에 대한 이해가 깊어졌고 이것이 주식시장 성장으로 이어졌다. 나는 지금 일본에도 이와 같은 일이 일어나야 한다고 생각한다.

일본인 경영자에게 일본은행과 장래에 자신이 받을 연금의 동향은 결코 남의 일이 아니다. 이런 최대주주가 관여한다면 기업 경영자도 쉽게 받아들일 것이다. 또한 공적 기관이 투자 대상 기업의 거버넌스를 평가하는 시스템이 있다면 국제적으로도 투자 대상으로서 매력이 커질 것이다. 그리고 기업 거버넌스를 향해 노력하고 철저히 준수해 주식시장의 평가가 높아진다면 틀림없이 다른 상장기업에 기업 거버넌스의 중요성을 인식시키는 역할도 할 것이다.

일본은행과 연금이 이런 적극적인 행동을 하면서 수익을 얻는 것은 재정 문제를 해결하는 데 큰 도움이 될 뿐만 아니라 일본 상장기업이 향후 국제 경쟁력을 확보하는 데도 중요한 전환점이 되리라고 확신한다.

대표 사례인 일본우정

기업 거버넌스라는 관점과 일본의 재정 상황 개선이라는 관점에서 '일본우정(日本郵政)' 사례를 살펴보려 한다.

2015년 11월, 일본우정, 유초은행, 간포생명보험 등 3사가 도쿄증권거래소 1부에 동시 상장했다.* 일본 역사상 최초의 '모자회사 동시 상장'이었다. 이 상장으로 모회사인 일본우정은 100% 자회사이자 비상장기업인 일본우편, 동시 상장한 은행과 생명보험 두 금융회사를 산하에 둔 형태가 되었다. 일본우정은 현재 유초은행 주식의 74%, 간포생명보험 주식의 89%를 보유하고 있고, 당면 과제로 보유율을 50%까지 낮추고 장기적으로는 '최대한 빠른 시기에 전량 매각한다'는 방침을 세웠다.

그러나 그룹의 현재 구조를 살펴보면 우편 사업이라는 공공

* 일본우정 민영화 사업으로 기존 우체국예금 등 은행 업무는 유초은행, 보험 관련 업무는 간포생명보험으로 이관, 승계했다. 일본우정의 자회사들은 우정 민영화법에 따라 장래에는 100% 민영화될 예정이다.

서비스를 보유한 일본우정은 전국의 거점을 유지하고 인원을 확보해야 하는 부담이 크고, 스스로는 필요한 운영비를 전부 마련할 수 있는 상황이 아니다. 그래서 유초은행과 간포생명보험에서 받는 창구 업무 등의 업무 위탁비가 일본우정의 커다란 수익원이다. 이처럼 그룹의 각 계열사는 서로 떼려야 뗄 수 없는 관계다. 그래도 일본우정그룹은 매년 4,000억 엔이 넘는 당기순이익을 내고 있으며 유이자 부채 없이 경영하고 있다.

일본우정의 주가는 PBR이 0.4배 정도로, 상장 후 일시적으로 상승한 뒤로는 줄곧 우하향해 최근에는 공모가 근처에 머물고 있다. 나는 주가가 이처럼 부진한 것은 언제 주식 매각이 있을지 알 수 없어 수급 불균형이 크기 때문이라고 생각한다.

정부가 기업 거버넌스 코드 등을 책정한 이상, 정부가 대주주인 상장기업에 기업 가치를 향상시키라고 더 적극적으로 촉구했으면 한다. 먼저 언제 주식이 매각될지 모른다는 투자자의 우려를 불식하려면 앞으로의 매각 로드맵을 제시해야 한다. 대략 언제까지 어떤 방법으로 보유분을 줄이겠다는 단계를 명시하면 투자자는 미래를 예측하면서 좀 더 적극적으로 투자를 검토할 수 있다. 이렇게만 해도 일본우정의 주가는 크게 개선될 것이다.

나는 앞으로 5~10년에 걸쳐 현재 일본우정 주식의 80%에 달하는 정부 지분 중 약 3분의 1을 매각하고, 약 3분의 1은 일본우정이 자사주 매입을 실시해 최종 목표치인 3분의 1까지 낮춰야 한다고 생각한다. 그리고 일본우정은 매입한 자사주를 소각해 주가 상승을 꾀해야 한다. 정부가 부흥 재원 확보와 우정 민영화 달성이라는 목적을 이루는 동시에 현재 지나치게 낮은 일본우정의 주가를 개선하려면 이 정도의 자사주 매입과 소각이 반드시 필요하다. 현재 일본우정그룹의 재무 상황과 수익 상황으로는 이 정도 자사주 매입은 매년 사업에서 나오는 이익으로 충당할 수 있다.

또한 이렇게 해서 정부가 방출하는 일본우정 주식 중 최대한 많은 양을 일본우정그룹의 직원이 보유하는 것이 바람직하다고 생각한다. 일본에서 가장 많은 직원을 보유한 그룹이 직원에게 인센티브로 많은 자사주를 보유하도록 하면 향후 일본의 보수 체계, 기업 거버넌스에 모범 사례가 될 수 있다. 특히 일본 전국에서 전개되는 우편 사업은 사실 공공 서비스라는 측면이 있어서 이익만을 중시하며 사업을 취사선택할 수가 없다. 그러나 직원 한 명 한 명이 장래의 퇴직금 같은 자산에 대해 생각하고 일상 업무에서 사업 효율과 수익성을 고려하면 기업 전체의 가치를 향상하는 데 크게 공헌할 뿐만 아니라 열심히 일하려는 동기가 될 것이다.

구체적인 방법론은 제쳐놓고 주가와 연동해 퇴직할 때 보유분을 매각해 퇴직금으로 삼을 수 있게 하고, 일본을 대표하는 기업에 좀 더 주주의 관점을 침투시키며, 기업 거버넌스가 좋아지는 사례가 되었으면 한다.

그리고 또 한 가지, 주가 향상과 사업의 계속성을 생각하면 일본우정그룹 각 사업의 수익성 개선 또한 시급한 과제다. 우정그룹을 둘러싼 자금 흐름을 살펴보면 0.1% 금리로 자금을 조달해 재정을 뒷받침하는 정부가 일본우정이라는 상장기업의 주식을 보유하고 있고, 일본우정의 배당 수익률은 3~4%다.

이 배당 자금 대부분은 유초은행의 수익에서 나온다. 유초은행의 재무상태표를 보면 총자산 200조 엔 가운데 20% 이상이 수익에는 거의 공헌하지 않는 일본은행을 중심으로 한 예치금이고, 30% 이상을 국채에 투자하고 있다. 그 국채의 평균 금리는 0.1%다. 니케이 평균 배당 수익률이 2%를 밑도는 데 비해 일본우정의 배당 수익률이 높은 것은 주가가 매우 낮은 상태에 머물러 있기 때문이기도 하다. 자산 자체가 거대한 까닭에 배당 수익률이 운용 이율을 웃도는 것 자체는 현시점에서는 문제가 아니지만, 전체적으로 보면 배당이 과다한 상황이다.

이를 개선하려면 앞서도 이야기했듯이 현재 일본우정을 지탱하는 유초은행 민영화를 고려해 좀 더 자유롭게 사업할 수 있도록 조속히 환경을 정비해야 한다. 유초은행의 ROE는 3% 전후여서, 사업 특성이 유사하다고 알려진 지방은행보다 낮다. 내부 규제 탓에 자산 운용의 자유도가 다른 은행보다 낮기 때문이다.

역사적인 저금리 시대에 내부 규제에 묶여 국채 중심으로만 운용한다면 다른 은행에 비해 운용 수익이 낮을 뿐만 아니라 수익률이 정부의 금융 정책에 좌우되는 상황이 줄곧 이어진다.

현재 보유한 국채 중에는 과거에 구입해 발생한 미실현 이익도 있다. 나는 이런 이익이 있는 동안 유초은행을 중심으로 일본우정그룹 전체의 사업 구조를 재검토해, 주식 매각에 앞서 자본 효율을 높일 대책을 강구해야 한다고 생각한다.

유초은행은 외국계 투자은행과 증권회사에서 인재를 확보해 운용 전문가가 늘었다고 들었다. 이런 인재를 좀 더 활용하기 위해서라도 어떻게든 규제를 완화했으면 한다. 그리고 많은 자금을 보유한 유초은행이 일본 주식에 적극적으로 투자하기를 바란다. 민간이 아닌 일본은행과 연금도 일본 주식에 대규모로 투자하는데 민영화 속도를 높이는 유초은행이 그런 투자를 한다고 해서 전혀 이상한 일이 아니다. 이렇게 하면 일본 주식시장의 기업 거버넌스를 발전시키는 데 크게 공헌할 것이다.

올해 초 "일본우정 주식 추가 매각?"이라는 뉴스를 보고 이런 생각을 했는데 최근 일본우정이 거액을 투자했다가 손실을 냈다는 뉴스가 날아들었다. 2015년 국제 물류 노하우를 보유한 호주 기업 톨홀딩스를 6,300억 엔에 인수했는데 2017년 5월 시점으로 4,000억 엔이 넘는 손실을 기록할 것으로 보인다. 이것이 확정된다면 일본우정은 상장 후 첫 적자 결산이 된다.

그룹에서 가장 먼저 수익 구조를 개혁해야 하는 것은 일본우정이다. 도이체포스트가 성공한 요인이 인수 전략에 있다고 판단하고 이를 본받아 적극적으로 사업 투자를 한 것은 높게 평가할 만하다. 그러나 도시바 사례와 마찬가지로 리스크와 사업의 상승 효과를 충분히 파악하지 못한 것은 아니었을까? 이렇게 짧은 기간에 이렇게 손실이 큰 투자는 찬성하기 어렵다.

일본 주식시장의 기업 거버넌스가 좋아져 기업들이 기업 거버넌스 원칙을 철저히 준수한다면 일본 재정은 개선될 수 있다. 정부는 이를 염두에 두고 일본우정그룹을 대표 사례로 삼아 현재 상황을 개선하도록 행동에 나서길 바란다. 일본우정 사례는 일본 시장에 그리고 세계에 일본의 메시지를 발신할 수 있는 둘도 없는 기회가 될 것이다. 부디 국가 차원에서 상장기업의 바람직한 모습을 추구하기를 기원한다.

또 하나의 과제

자금 순환에 관해서 또 하나의 커다란 문제, 그것도 일본 특유의 문제가 자리하고 있다는 느낌을 받는다. 기업 거버넌스와 마찬가지로 내가 관료였던 시절부터 기회가 있을 때마다 해결 방법이 있을지 궁리했던 문제다. 그것은 바로 비영리조직(NPO), 비정부기구(NGO) 같은 비영리단체의 활동에 충분한 자금이 흘러들지 않는다는 것이다.

일본에는 여러 사회적 과제를 해결하기 위해 노력하는 뜻있는 사람이 많다. 이들이 활동을 계속하려면 자금이 필요하다. 그러나 단체 대부분이 자금을 마련하는 데 어려움을 겪는다. 기부 문화가 뿌리내린 미국에서는 비영리단체가 비용을 들여 자금을 조달하는 것을 당연하게 받아들이지만 일본은 다르다. 모금한 돈을 홍보 활동에 쓰면 부정적으로 생각하는 기부자가 많다.

비영리단체는 기부금을 모을 수 있고 자원봉사를 의뢰할 수도 있다. 일정한 규칙을 준수하면서 사업을 벌여 수익을 올릴 수도 있다. 그런데 일본 사회에는 비영리단체가 일반 기업과 마찬가지로 대가를 받고 서비스를 제공하면 저항감을 느끼는 사람이 많다. 혹은 영리 기업과 같은 서비스라도 비영리단체의 서비스는 당연히 저렴해야 한다고 생각한다. 이런 사회 통념이 비영리단체의 수입을 감소시켜 서비스를 제공하는 데 악영향을 끼칠 뿐만 아니라, 비영리단체에서 일하는 사람들의 급여 수준을 낮춰 장기적이고 안정적인 근무를 어렵게 만든다.

9장에서 자세히 이야기하겠지만 나는 NPO의 자금 문제를 개선하기 위해 직접 NPO를 설립하고 활동을 계속 해왔다. 그리고 NPO에서 활동하는 가운데 비영리단체든 영리 기업이든 '경영'이라는 관점이 필요하다는 점은 다르지 않음을 강하게 느꼈다. 최종 이익과 기부금 모금액을 어디에 사용할 것인가, 어디에 사용해도 되는가라는 점에서 분명 차이가 있기는 하다. 그러나 영리 기업이든 비영리단체든 충분한 활동을 하려면 무엇보다 자금이 필요하다. 영리 기업의 경영자와 비영리단체의 대표는 활동을 위한 수입을 어떻게 확보할지 궁리해야 한다.

내가 잘 아는 NGO인 피스윈즈재팬(Peace Winds Japan)은 메인 스폰서의 지원이 끊겨 자금난에 직면한 적이 있다. 그러자 오니시 겐스케 대표는 직접 사업을 해서 수익을 기부하고 다른 NGO인 재팬플랫폼을 설립하기도 하며 열심히 활동 자금을 모았다. 그러나 통상적인 NPO나 NGO에 종사하는 사람은 본업이 따로 있거나, 자금 조달을 위한 네트워크가 전혀 없거나, 공감을 얻기 어려운 사회적 과제에 몰두하는 경우가 있다. 시간과 노력을 들여서 활동 자금을 확보하기가 어려운 형편이다.

활동 자금을 확보하기 위한 첫 번째 단계는 활동 내용을 '알리는 것'인데 단체 대부분은 홍보 활동에 할애할 시간도 자금도 없고 전문 인재도 없다. 사회적 과제의 해결을 지향하는 NPO, NGO와 사회 공헌에 관심이 있는 사람을 연결하는 '펀드레이저(fundraiser)'라는 직업도 일본에서는 이제 겨우 인지도가 생겼기에 정착되기까지는 아직 갈 길이 멀다. 넘어야 할 벽이 많다.

나는 비영리단체와 상장기업이 비슷한 처지라고 생각한다. 투자나 기부라는 형태로 자금을 위탁받아서, 어디에 쓰려는지 명확히 보고하며, 보상으로서 성과를 자금 제공자에게 전달한다. 바람직한 흐름은 그 모습이 같다. 그리고 안타깝게도 일본에서는 양쪽이 안은 문제도 비슷하다. 거버넌스 원칙이 준수되지 않는다는 점이다. 상장기업에서는 투자자를 위한 거버넌스 원칙이 준수되지 않고, 비영리단체에서는 기부자를 위한 거버넌스 원칙이 준수되지 않는다. 즉 기부자와의 커뮤니케이션, 기부자에 대한 정보 게시가 뒷전으로 밀려나 있다.

이 문제도 미국과 비교하면 쉽게 이해할 수 있다. 미국에서는 상장기업들이 기업 거버넌스의 일부로 IR을 실시하듯, DR(Donor Relation, 기부자 대상 홍보)에 힘을 쏟는 비영리단체가 많다. 이들은 기부자의 생일과 크리스마스 같은 명절에 카드를 보내는 등 개인적인 커뮤니케이션과 함께 정기적인 성과 보고회와 파티 같은 기회를 1년에 몇 차례씩 마련한다. 그래서 기부자는 자신이 맡긴 자금이 어떻게 쓰이고 누구에게 도움이 되고 있는지 실감할 수 있다.

기부자와 단체가 같은 방향을 향하고 있음을 확인하는 이런 기회는 또 다른 기부로 이어진다. 그러나 일본의 비영리단체는 그렇게까지 할 여력이 없다. 그래서 지속적으로 기부금을 모으기가 어렵고, 그 결과 더더욱 기부자를 고려한 경영을 하지 못해 계속 자금 문제에 시달린다.

나는 기부가 투자와 같다고 느끼기 때문에 투자자와 기업처럼 기부자와 단체 사이에도 밀접한 커뮤니케이션이 필요하다고 생각한다. 미국처럼 기부금이나 지원을 받으면 그 성과와 결과를 보고하고 "당신의 기부 덕분에 이런 성과를 올렸습니다"라고 전할 기회를 마련해야 한다. 또 그곳에서 다음 계획을 소개하고, 그 계획에 필요한 자금을 마련하도록 협력해달라고 부탁하면서, 그 기부로 무엇을 실현할 수 있을지 소개해야 한다.

활동 자금을 지속적으로 확보하려면 이런 커뮤니케이션이 반드시 필요하다. 기부자에게는 자신의 기부로 무엇인가를 바꿀 수 있었다, 누군가에게 도움이 되었다고 실감하는 것이야말로 최고의 보상이다. 기부하길 잘했다고 생각하면 다음 기부로 이어진다.

기업 거버넌스 원칙이 준수되지 않는 곳에서는 반드시 자금 순환이 정체된다. 자금은 순환하지 않으면 아무것도 만들어내지 못한다. 상장기업이든 비영리단체든 이 메커니즘은 완전히 동일하다.

세계 최고의 채무 대국에서 벗어나기 위해

지금까지 투자자라는 관점에서 기업 거버넌스를 축으로 일본의 경기 회복과 경제 성장을 향한 내 나름의 고찰을 이야기했다. 그리고 마지막으로 내 전문 분야는 아니지만 주식시장에 영향을 끼치는 구조적인 문제로서 인구 감소와 나날이 증가하는 국가 부채 문제를 조금 언급하고자 한다.

일본의 출생률은 1975년 이후 계속 2.0을 밑돈다. 2005년에 바닥을 친 뒤 매우 완만하기는 해도 상승하는 추세지만, 2.0을 넘지 못하면 인구 증가로 이어지지 않기 때문에 앞으로도 인구 감소와 고령화가 진행되는 것은 피할 수 없다. 그리고 인구가 점점 감소하는 탓에 향후 경제 성장도 기대할 수 없다. 2015년 발표된 〈고령사회 백서〉에 따르면 2015년에 1억 2,700만 명이던 일본 인구는 2060년에는 8,700만 명을 밑도는 수준까지 감소하며 그중 40%가 60세 이상일 것으로 예상된다.

국가 인구를 늘릴 방법은 두 가지뿐이다. 출생률을 높이는 것, 또는 외국인 노동자 또는 영구 거주자를 많이 받아들이는 것이다. 일단은 출생률을 높이는 것을 우선으로 해서 대담한 우대 조치를 마련해야 한다. 일본에서 '아이를 낳지 않는다, 늘리지 않는다'를 선택하는 이유는 '육아와 교육에 돈이 너무 많이 든다'가 압도적인 1위이고 '내가 하는 일(직장 근무나 가업)에 지장을 준다'가 2위다(국립 사회보장·인구문제연구소 조사). 둘 다 이 나라에서 사는 것의 적나라한 현실을 드러낸다.

첫 번째 이유인 돈이 너무 많이 드는 문제의 해결책으로 가령 첫째를 출산하는 동시에 지원금 200만 엔을 일괄 지급하고 둘째 이후에는 더 큰 금액을 지급한다. 또는 키우는 자녀 수에 따라서 자녀가 성인이 될 때까지 매년 200만 엔 이상 소득 공제를 적용한다. 이런 우대 조치 중 하나를 각 세대가 선택할 수 있게 함으로써 자녀를 갖는 것의 경제적 불안감을 줄여주어야 한다.

두 번째 이유인 일에 지장을 주는 문제는 핵가족화나 여성의 사회 진출과 얽혀 있다. 현재 내가 사는 싱가포르에서는 외국인 도우미를 정부가 권장하고 국민들도 적극적으로 이용한다. 집안일의 부담을 줄여줄 뿐 아니라 갑자기 야근해야 한다거나, 자녀를 어딘가에 데려가고 데려와야 한다거나, 갑자기 자녀가 아프다거나 할 때 24시간 대응할 수 있는 저렴한 상주 도우미라는 존재는 더 많은 자녀를 낳게끔 한다. 일하면서 자녀를 키운다는 선택을 가능케 하기 때문이다. 오사카와 도쿄 등 일부 지역에서 외국인 가정부를 도입하는 시도를 시작한 듯하지만 상주가 아니고 시급도 일본인과 동등한 수준으로 설정된 까닭에 아직 허들이 높다고 느낀다.

노동인구를 늘린다는 관점에서는 외국인 노동자와 이민자의 수용이 필수다. 일본은 선진국 중에서도 외국인 노동자 비율이 매우 낮다. 법무성에 따르면 일본에 체류하는 외국인은 2015년 6월 말 현재 약 220만 명으로 총인구에서 차지하는 비율이 약 1.7%에 불과하다. 반면에 2014년 데이터이기는 하지만 OECD 국가에서 중장기로 체류하는 외국 국적 인구는 평균적으로 총인구의 8%가 넘는다. 국제 기준에서 일본 체류 외국인이 얼마나 적은지 알 수 있다.

대략적인 내역을 살펴보면 영구 거주자·정주자·일본인의 배우자 등이 115만 명, 국제 업무·경영·기업 내 전근 등이 20만 명, 유학 23만 명, 기능 실습·연수 17만 명이다. 노동인구의 관점에서는 국제 업무·경영·기업 내 전근의 수치가 중요한데 그 수가 전체 인구의 0.15%인 20만 명에 불과하다.

인구 감소가 경제에 끼치는 영향에 반드시 비관적인 견해만 있는 것이 아니고 이민 문제는 사회보장과도 큰 관계가 있기 때문에 찬반이 갈리는 것은 당연한 일이다. 분명 이대로 인구가 감소해도 1인당 GDP를 높게 유지할 수는 있을 것이다. 그러나 국력 측면에서 인구 감소는 GDP 저하로 이어진다.

언어 문제를 비롯해서 일본이 외국인을 받아들이기 쉬운 환경이라고 말하기는 어렵다. 그러나 국가의 경제 성장을 촉진하려면, 더 나아가 재무 상황을 개선하려면 총인구에서 노동인구가 차지하는 비율이 급격히 감소하는 일만큼은 피해야 한다. 일정한 수의 노동인구 확보는 조속히 해결해야 할 과제다.

계속 늘어나는 일본의 빚은 고령화와 관계가 크다. 고령자 비율이 높아지는 만큼 사회보장비가 커진 것이 원인이기 때문이다. 보험료 수입으로는 사회보장비를 온전히 충당할 수 없으니 매년 40조 엔에 이르는 적자 국채를 발행해 보전하고 있다. 잔액은 이제 1,000조 엔을 넘어 계속 증가하고 있다. 적자 국채의 40% 이상은 일본은행이 보유하고 상환분은 일본은행 환승이라고 부르는 차환을 실시하기 때문에 실질적으로는 빚을 갚지 않고 있는 상황이다.

2016년 현재 일본 정부의 총채무 잔액은 명목 GDP 대비 240%여서 세계 1위다. 2위가 약 180%인 그리스이므로 일본이 독보적인 1위다.

이 문제를 해결하는 방법은 지극히 단순하다. 정부가 매년 쓰는 비용보다 더 많은 수입을 얻으면 된다. 그런데 정부의 주된 수입은 세금이다. 요컨대 노동인구 문제와 깊은 관계가 있다. 인구 문제는 장기적으로 접근해야 한다. 효과 또한 긴 시간에 걸쳐 조금씩 나타난다. 빚이 늘어나는 속도를 생각하면 이 흐름을 가까운 미래에 멈출 수 있는 해결책은 되지 못한다. 따라서 정부 부채 문제를 빠르게 해결할 방법은 역시 '자금을 순환시키는 것'뿐이다.

다음 쪽의 그림들을 보면 명확히 알 수 있다. 일본에는 돈이 있다. 일본 정부가 보유한 금융 자산은 500조 엔이 넘는다. 대외 순자산 잔액도 300조 엔 이상으로 오랫동안 세계 1위 자리를 지키고 있다. 가계의 금융 자산 또한 1,700조 엔이 넘는다. 당장 현금화가 가능한가 같은 사소한 문제는 일단 제쳐놓고 단적으로 말하면 일본에는 아직 돈이 있다. 정부도 개인도 돈은 있다. 그럼에도 세계 최대의 채무 대국이 되었다. 이유는 무엇일까? 내 대답은 간단하다. 전적으로 '돈이 순환하고 있지 않기

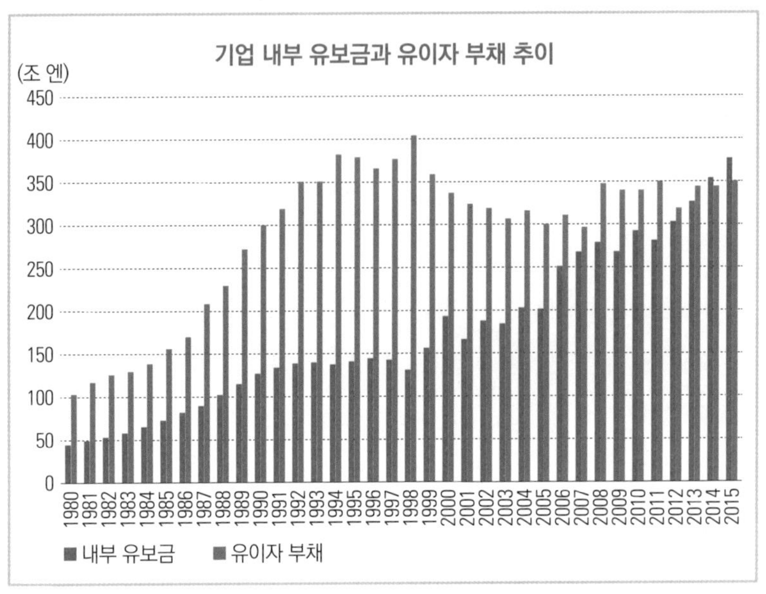

※ 데이터 출처: 법인 기업 통계

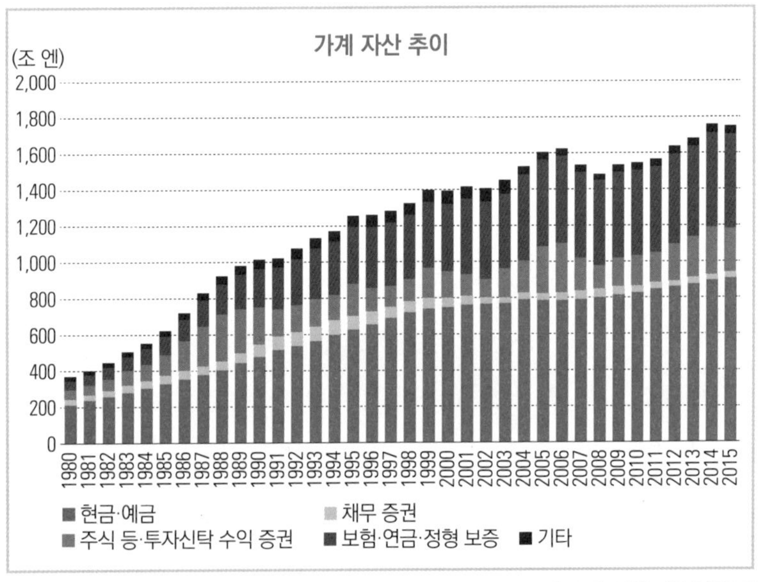

※ 데이터 출처: 일본은행 자금 순환 통계

때문'이다.

최근에는 장기적으로 국채 상환이 심각하게 지체되면 예금에서 강제로 상환 자금을 빼낸다는 해결책까지 공공연하게 나온다. 나는 이런 이야기 또한 돈이 순환하지 않는 것은 기업부터 개인까지 자금을 끌어안고 있기 때문임을 보여주는 증거라고 생각한다.

자금 순환을 촉진하는 계기는 먼저 기업이 기업 거버넌스 코드에 따라 투자와 주주환원을 실시해 보유 자금을 내보내는 가운데 남은 자금과 은행 차입으로 마련한 자금을 급여 인상 또는 신규 고용에 적극 사용하는 것이다. 그 결과 새로운 일자리가 생기고, 환원을 받은 투자자가 다른 투자처를 물색하고, 급여가 오르거나 새 일자리를 얻은 사람들이 돈을 쓰게 된다.

이렇게 해서 경기가 움직이기 시작하고 시장이 활성화되면 개인도 은행에 저금하는 대신 주식에 투자하거나 부동산에 투자하는 새로운 움직임이 생긴다. 그리고 이런 움직임 속에서 새로운 세금 수입이 생긴다.

이 세수 증가가 세입과 세출의 괴리를 줄이고 한동안은 그렇게 만들어진 여유분으로 빚 상환이 진행된다. 빚을 갚아가면서 세출에서 국채 비용이 차지하는 비중이 감소하며 그 여유분을 문화와 교육, 과학 진흥비 같은 미래 투자에 사용하는 선순환이 가능해진다.

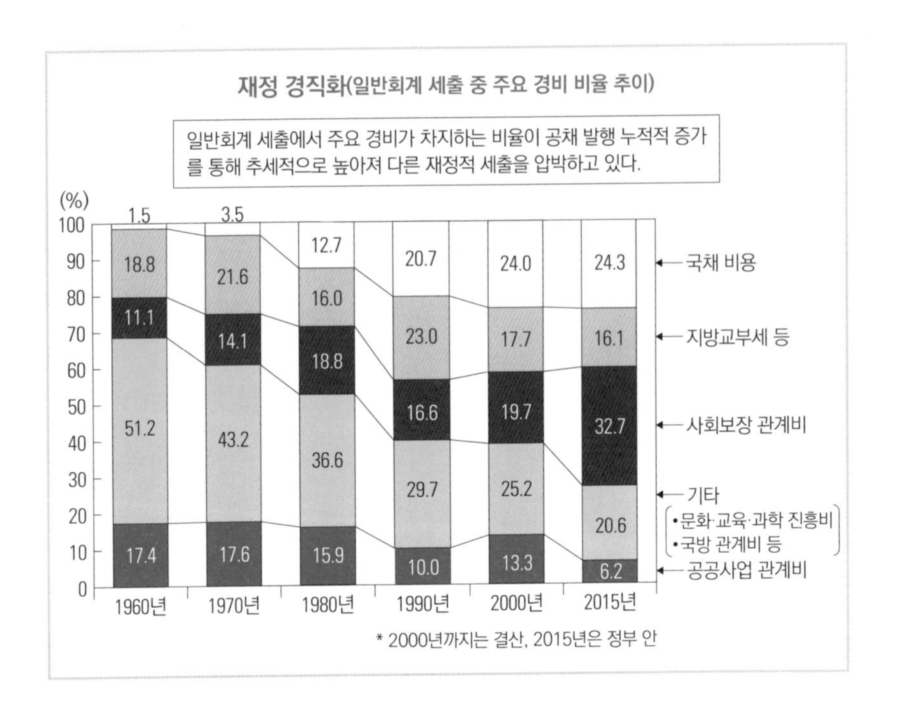

일본이 경기를 회복하고 경제를 성장시키기 위한 과제로 내가 자금 순환을 얼마나 중요하게 생각하는지 이제 이해했기를 바란다. 자금 순환의 역할이 그만큼 크기에 지금까지 투자자로서 있는 힘껏 목소리를 높여 '기업 거버넌스 개선'을 외쳐왔다.

다시 한번 더욱 소리 높여 말하고 싶다. '기업 거버넌스 개선을 통한 자금 순환 촉진'이야말로 경제 성장을 촉진할 방법이라고. 나는 관료일 때부터 줄곧 이렇게 말해왔다. 펀드매니저이던 때에도, 순수한 투자자가 된 지금도 이 신념은 변함이 없다.

자금은 피와 같다. 흐름이 막히면 몸은 건강을 잃는다. 피의 흐름을 막는 가장 큰 원인 제공자인 일본 기업 경영진은 자신의 행동이 자손들에게 어떤 악영향을 끼칠지 곰곰이 생각했으면 한다.

9장

生涯投資家

체포 이후

펀드매니저로서의 내 인생은
2006년에 내부자 거래 혐의로 체포되었을 때 막을 내렸다.
이후에는 싱가포르에서 1년의 3분의 2를 보내면서
내 자금만으로 투자하고 있다.

10년

최근 10년 동안 나는 1년의 3분의 2 정도를 싱가포르에서 지낸다. 일본에는 60~100일 정도 머물고, 나머지 기간에는 투자 안건이 있는 나라로 출장을 가거나 가족 여행을 한다. 싱가포르는 관광 목적으로 오면 화려하고 즐거운 이미지가 있는 나라지만 직접 살아보면 할 것이 별로 없다. 나는 러닝과 수영을 반복하는 가운데 오로지 '생각하는' 데 시간을 쓴다. 물론 투자에 관해서만 생각하는 것은 아니다. 무엇이든 머릿속에 떠오르면 다른 것은 잊고 골똘히 생각에 잠기는 성격이다.

한때는 이른 아침이나 저녁에 혼자서 골프를 쳤는데 나도 모르게 '생각하는' 데 정신이 팔리는 바람에 카트를 운전하다 연못에 빠질 뻔하기도 하고, 앞 조의 플레이어가 있는 줄 모르고 공을 치기도 했다. 너무 심하게 하면 허리에 안 좋아서 최근에 골프를 그만두었다. 수영을 하다가 너무 골똘히 생각에 빠진 나머지 정신을 잃은 적도 있다. 조깅할 때도 마찬가지여서 '생각하는' 데 몰두한 채 하늘을 보면서 달리다 교통사고를 당할 뻔한 무서운 경험도 수없이 했다. 최근에는 자동차가 들어올 수 없는 공원이나 강변 등에서만 러닝이나 워킹을 하고 있다.

그렇게 10년을 살면서 내가 경험한 NPO 지원, 동일본 대지진, 일본 부동산 투자, 돌봄 사업 참여, 중국과 그리스 투자 실패에서 얻은 교훈 등을 돌아보며 책을 마무리하려 한다.

다만 먼저 그 사건을 언급하고 넘어갈 필요가 있을 것 같다. 펀드매니저로서 나의 인생은 2006년에 내부자 거래 혐의로 체포되었을 때 막을 내렸다. '수익을 낸다'라는 행위를 부정당한 까닭에 투자뿐 아니라 어떤 사업도 할 수 없는 상태가 되어버렸고, 실의 속에서 대체 앞으로 무엇을 하면서 살아가야 할지, 일본을 위해서 무엇을 할 수 있을지 생각을 거듭했다.

당시에도 내가 어떤 혐의로 체포되어 재판에서 유죄를 선고받았는지 정확히 이해한 사람은 적었을 것이다. '그렇게 연일 신문과 텔레비전에 나오다 체포되었으니 틀림없이 부정하게 돈을 벌다 들켰겠지.' 대부분 이렇게 생각하지 않았을까 싶다.

나는 라이브도어의 호리에 다카후미에게 들은 '닛폰방송 주식을 5% 이상 사고 싶다'라는 취지의 말이 내부자 정보에 해당하며, 그 정보를 바탕으로 주식을 거래해 이익을 얻었다는 혐의로 체포되었다. 그러나 실현 가능성이 거의 없는 정보를 과연 '내부자 정보'라고 말할 수 있을까? 그리고 표현 문제이기는 하지만 나는 기업 내부에서 정보를 얻은 것이 아니기에 "내부자 거래를 했다"라는 말에 솔직히 매우 큰 위화감을 느낀다.

펀드매니저 시절 나는 투자 대상 기업의 경영자나 관계자와 이야기할 때 '절대로 내부자 정보를 듣지 않도록' 최대한 주의를 기울였고 직원들에게도 지나칠 만큼 주의를 주었다. 만에 하나 상대가 무슨 정보를 발설했다면 즉시 거래를 멈추고 그 정보를 공개하도록 요구했고, 공개되기를 기다렸다가 거래를 재개했다. 나는 다른 사람들보다 몇 배는 더 철저히 규칙을 지키고자 노력해왔다.

그때 호리에에게 들은 이야기는 닛폰방송 내부의 미공개 정보가 아니었고, 당시 라이브도어의 재무 상황을 생각하면 실현 가능성이 거의 없었다. 말하자면 그의 '꿈'이나 '바람'에 불과했기에 그것이 내부자 정보에 해당하리라고는 상상조차 하지 못했다. 내부자 정보에 해당한다고 판단했다면 즉시 대응했을 것이다. 실제로 그 후 호리에가 "외국인 투자자들에게서 주식을 사고 싶습니다"라고 구체적으로 의뢰했을 때, 나는 그 의뢰를 받은 즉시 닛폰방송 주식 거래를 멈추라고 펀드에 지시했다.

그런 까닭에 나는 재판에서 '누가 어떤 기업의 주식을 5% 이상 사고 싶다고 말하는 것을 들었다면 그의 경제 상황이나 실현 가능성이 어떻든 상관없이 내부자 거래로 간주되는 것인가?'라는 점을 다투었다.

그러나 5년이나 걸려 확정된 판결은 "공개매수 등의 실현을 의도하고, 공개매수 등 또는 그것을 위한 작업 등을 회사의 업무로서 실시하는 취지의 결정이 내려졌다면 충분하며, 공개매수 등의 실현 가능성이 있음이 구체적으로 인정될 필요는 없다고 해석하는 것이 응당하다"였다. 누군가가 대량으로 주식을 사면 대상 기업의 주가에 영향을 끼칠 가능성이 있으므로 이런 정보도 내부자 정보와 같은 처벌 대상이 된다는 해석이다.

먼 미래에 돌아보면 내게만 적용된 판례가 되지는 않을까, 단순한 '무라카미 죽이기'가 아니었을까 하는 의심까지 든다. 아직도 그때 대체 무슨 일이 일어났던 것인가 생각한다. 10년이 지난 지금도, 아무리 생각하고 또 생각해도 위화감을 떨칠 수가 없다.

소란스러운 일본에서 조금 멀리 떨어져서 살고 싶어진 나는 가족과 함께 싱가포르로 이주했다. 그 후에는 싱가포르에 거점을 두고 예전부터 흥미가 있었던 요식업과 매우 좋아했던 부동산업에 투자하기 시작했다. 물론 기댓값이 높다는 것을 기본 전제로 해서 업종에 대한 개인적인 애착과 취미가 반영된 투자다.

일본 주식에 투자해서 일본의 기업 거버넌스를 개선시키고 싶다는 마음은 지금도 펀드 시절과 다르지 않다. 그러나 지금은 2장에서도 언급했듯이 내가 보유한 현금만으로 투자하고 있다. 펀드 시절과는 달리 나 개인의 마음을 좀 더 투자에 반영하고 금전적인 수익 자체보다 즐거움에 중점을 둘 수 있기 때문이다. 그리고 펀드 시절과 크게 달라진 점 중에서 무엇보다 중요한 것은, 수익이나 엑시트 시기를 무시하고 나 자신이 수긍할 때까지 신념을 밀어붙일 수 있게 되었다는 점이다.

NPO

앞 장에서 언급했듯이 나는 자금이 부족한 비영리단체를 위해 내가 할 수 있는 일이 있을지 생각해왔다. 관료 시절에 NPO 경영자인 사토 다이고를 만난 것이 계기였다. 그는 자신이 직접 비즈니스를 하고 있기도 해서 일반적인 기업 경영과 같은 관점에서 NPO를 운영했다. 나는 비영리단체 활동에 자금이 흘러드는 구조에 관해 그와 토론을 거듭했다.

2006년에 체포된 뒤 원치 않게 시간이 조금 생겨, 구상만 한 채 묵혀두었던 이 문제에 몰두해보기로 했다. 그리고 비영리라는 섹터에서 내가 무엇을 할 수 있을지 다시 한번 곰곰이 생각하기 위해 전국의 중간 지원 조직에 협력을 의뢰하기도 하고,

지인의 연줄로 단체를 소개받아 1년 동안 아오모리에서 규슈까지 각지에서 세미나와 교류회를 개최했다. 역시 그들이 가장 어려움을 겪는 문제는 '지속적인 활동 자금 확보'였다.

한편 일본에는 '무엇인가 사회에 공헌하고 싶다'라고 생각하는 사람이 많다. 어디에 기부해야 할지 모르는 사람도 있다. 그래서 양쪽을 연결하는 중간 지원 조직 같은 단체를 만들자고 결심했다. 체포 후 2년 동안은 이 과제에만 몰두했다. 1심에서 내게 실형 판결이 내려진 2007년 7월 19일은 내 생각을 구현하기 위해서 전면적으로 지원해 설립한 NPO 법인 채리티플랫폼이 도쿄도의 승인을 받은 날이기도 했다.

채리티플랫폼은 일정 기준을 충족한 단체를 소개하는 '채리내비(채리티 내비게이션)'라는 사이트를 만들어서 기부자가 기부처를 비교 검토할 수 있게 했다. 말하자면 크라우드펀딩의 선구적인 시스템이다. 무엇인가를 하고 싶다고 생각한 사람이 기부처를 찾는 단계에서 포기하는 일이 없도록 정보에 원활히 접근할 수 있게 하고, 안심하고 자금을 맡길 만한 단체에는 사이트에서 바로 기부할 수 있도록 만들었다.

또 일본 최초라고도 말할 수 있는 기업 연합형 채리티 캠페인, 영국의 저명한 펀드레이징 사이트 '저스트기빙'의 일본판 설립 지원 등 다양한 도전을 했다. 나는 지원자이자 조언자라는 형태로 관여하면서 채리티플랫폼이 나아가야 할 로드맵을 그렸고,

협력자를 소개하고 10억 엔이 넘는 자금도 지원했다.

같은 무렵, 광고 대행사인 하쿠호도 출신으로 지금은 시부야 구청장인 하세베 겐이 이끄는 쓰레기 줍기 자원봉사 NPO 그린버드의 활동에 여러 차례 참가했다. 채리티플랫폼으로 그린버드의 담배꽁초 줍기 프로젝트에 2,000만 엔 정도를 지원하고 있었는데 나도 직접 체험해보자고 생각한 것이다.

기업 광고가 그려진 끈조끼와 장갑을 착용하고 양손에 비닐봉지와 집게를 들고 두 시간 정도 시부야 거리를 돌아다니며 쓰레기를 줍는다. 쓰레기를 다 주우면 차와 주먹밥을 받을 수 있다. 생각보다 즐겁고 기분도 상쾌해져서 시간이 나면 혼자서 참가하거나 딸과 함께 참가했다. 대학생이 동아리 활동 차원에서 오는 경우가 많았는데 언제 가도 수많은 젊은이가 참가해 즐겁게 활동하는 모습이 인상적이었다. 평소 생활하면서는 만날 수 없는 사람들을 만남으로써, 자신도 모르게 좁아지기 쉬운 시야를 넓혀주는 효과도 있다. NPO의 활동과 지원은 이렇게 매우 귀중한 경험을 선사한다.

쓰레기를 줍다가 지나가던 젊은이에게 "아저씨, 젊은 사람들 틈에 섞여서 함께 쓰레기를 줍다니 대단하시네요"라는 말을 들은 기억이 지금도 선명하다. 내부자 거래 사건으로 마음고생이 심해서 머리카락이 새하얘진 탓에 몰라봤을지도 모르겠지만 말을 걸어주어서 기쁜 한편으로 '이제는 나를 알아보는 사람이

별로 없구나'라는 서글픈 마음이 공존했기에 조금은 씁쓸한 추억이다.

그 밖에 일본 NGO 활동의 리더 같은 존재인 피스윈즈재팬의 오니시 겐스케를 만난 이야기, 그리고 그와 협업 프로젝트로 시작한 시빅포스라는 단체에 관한 이야기도 꼭 하고 싶다.

비영리 섹터 전체의 과제가 무엇인지 듣고자 그와 만나는 자리를 마련했다. 처음 만난 자리에서 그가 불쑥 이렇게 말했다.

"일본에는 대규모 재해가 발생했을 때 외국처럼 긴급 지원을 실시할 수 있는 단체가 없습니다. 일본은 지진이 빈발하는 나라이기에 대규모 재해는 필연적으로 발생합니다. 그런 대규모 재해에 대비하기 위해 행정 당국과 연계하면서 긴급 재해 지원을 실시할 수 있는 단체를 만들고 싶지만 자금이 문제입니다. 부디 협력해주셨으면 합니다."

나는 갑작스러운 요청에 조금 놀라면서도 그런 적극적인 자세도, 직설적인 요청도 매우 기분이 좋았다. 무엇보다 대규모 재해 발생에 관해서는 나도 같은 우려를 하고 있었기에 즉시 협력하겠다고 답했다.

나는 시즈오카현 후쿠로이시와 협정을 맺고 긴급 재해에 즉시 대응할 수 있도록, 피스윈즈재팬이 다른 나라에서 난민 지원에 사용하는 초대형 에어텐트를 대량으로 구입해 보관했다. 에어텐트와 물자를 운반할 때 전면적인 협력을 얻을 수 있도록 헬리콥터회사와 계약도 맺었다. 그 후 이 프로젝트는 시빅포스로 독립해 대만과 필리핀의 재해 구호를 지원했다. 설립 3년 후 동일본 대지진이 발생했을 때는 곧바로 시빅포스가 준비해둔 텐트 등을 현지로 보내 재해 지역에서 수많은 이재민을 지원할 수 있었다.

채리티플랫폼은 비영리단체가 지속적으로 모금할 수 있는 시스템을 만들기 위해 시행착오를 거듭했다. 어려움도 많았고 내 마음이 제대로 전해지지 않아 안타까운 적도 많았다. 슬픈 경험도 많이 했다. 그러나 내가 할 수 있는 범위에서 최선을 다해 도전했다고 자부한다.

지금은 크라우드펀딩 사이트가 속속 탄생해 많은 사람이 기부에 적극적으로 참여하고 있다. 이제 비영리단체의 세계에서 일정 수준으로 자금 순환이 시작되었다고 느끼며 채리티플랫폼의 존재 의의는 약해졌다고 생각한다. 비영리단체의 최종 목적은 '자신들이 필요하지 않은 상황이 되는 것'이기에 이것은 기쁜 일이다.

주체적인 기부자로서도 일본 비영리단체의 활동을 응원하고 싶어져, 영리 사업으로 얻은 돈을 기부하는 일반 재단법인 무라카미재단을 설립했다. 투자 활동으로 얻은 리턴의 일부를 사회공헌에 사용하는 것이 목적이다. 무라카미재단의 대표이사는 채리티플랫폼과 시빅포스를 설립하기 위해 분투하던 시절부터 대학생 인턴으로서 내 활동을 도왔던 내 큰딸이 맡았다.

오니시 겐스케가 대표를 맡은 피스윈즈재팬은 1999년 독립 찬반 투표 이후 파괴와 학살을 겪은 동티모르에서 커피 생산자를 지원했는데, 큰딸은 여름방학을 이용해 2주 동안 동티모르를 방문했다. 그리고 전기도 수도도 없는 상황에서 오니시와 동행해 커피 생산자를 대상으로 한 연수에 참여하고 공정무역 시스템 등을 공부했다고 한다. 샤워도 할 수 없는 환경에 상당히 충격을 받은 모양이었지만 밤에 전기가 들어오지 않아 촛불로 주위를 밝힌 작은 오두막에서, 남수단에서 총격전에 휘말렸던 경험담과 지금까지 해온 활동에 관한 이야기를 오니시에게 듣고 사회 공헌의 의의를 강하게 느꼈다고 한다.

현재는 큰딸의 강한 의향에 따라, 환아 돌봄 NPO 플로렌스가 시부야에 신설한 장애아 보육 시설에 기부하면서 아이들의 생활 환경을 개선하기 위한 집밥 프로젝트에도 참가하며, 아이들을 폭넓게 지원하는 키즈도어라는 단체에도 기부하고 있다. 앞으로는 활동 범위를 더 넓혀갈 생각이다.

동일본 대지진에 관해

최근 10년 사이에 일어난 일 중에서 모든 일본인의 가슴속에 가장 강렬하게 남은 사건은 틀림없이 동일본 대지진일 것이다.

발생 당시 나는 일본에 없었지만 그 뒤에 무엇을 했는지 이야기 하고자 한다.

2011년 3월 11일 금요일 오후 2시 46분 동일본 대지진이 일어났을 때, 나는 싱가포르에서 도쿄에 있는 증권회사와 통화하고 있었다. 직후에 도쿄에 있는 내 사무실에서 책장이 쓰러졌다는 보고가 들어와 상당히 큰 지진이 일어났음을 짐작했다.

그리고 몇 분 후, 주식시장에서 갑자기 수많은 종목이 매도세로 전환되었다. 3시에 정규장이 마감되기까지 약 15분 동안 전례 없는 하락세와 함께 종목 대부분이 하락한 채 끝났다. 50년에 걸친 투자 인생에서 한 번도 겪은 적이 없는 상황이었다. 이때 나는 일본이라는 나라가 늘 자연재해라는 리스크와 공존하고 있음을 새삼 인식했다.

새로운 한 주가 시작된 3월 14일에는 니케이 평균 주가가 약 1,000엔, 10% 가까이 하락했다. 그리고 15일에 후쿠시마의 원자력발전소에서 대규모 폭발이 일어나자 약 1,000엔이 더 떨어지며 니케이 평균 주가가 한때 8,000엔대 중반까지 하락했다.

처음 겪는 사태에 놀라기는 했지만 나는 즉시 두 가지 결단을 내렸다. 첫째는 채리티플랫폼에서 알게 된 단체와 그때까지 지원해온 단체를 통해 최대한 긴급 지원에 협력하자는 것이었다. 말하자면 일본인으로서의 결단이었다. 그리고 둘째는 계속 하락하는 주가를 주시하면서 일본 주식을 중심으로 일본 투자를 계속하자고 결심한 것이었다. 말하자면 투자자로서의 결단이었다.

재해가 발생한 다음 날 이른 아침, 한시라도 빨리 긴급 지원 활동을 개시하기 위해 채리티플랫폼 대표이사인 사토 다이고가 헬리콥터를 타고 현지로 향했다. 외국에서 활동하던 오니시 겐스케도 다음 날 급하게 귀국해 재해 지역에서 진두지휘를 시작했다. 나는 점차 판명되는 피해 상황을 현지에서 연락받고 텔레비전으로 정보를 얻으면서 먼저 재해 지역에 무엇이 필요할지, 내가 할 수 있는 일은 무엇일지 생각했다.

도호쿠는 아직 눈도 내리는 추운 때였다. 모든 라이프라인이 멈추고 잘 곳조차 빼앗긴 이재민들에게 당장 생활을 뒷받침할 물자를 보내는 것이 가장 중요한 과제라고 느꼈다. 시빅포스는 헬리콥터로 시찰한 결과 가장 피해가 큰 지역으로 생각되는 미야기현 미나미산리쿠정을 지원 거점으로 삼기로 결정했다고 내게 보고했다. 시빅포스는 긴급 지원의 일환으로 피난소에 대형 목욕탕 설치도 결정했다.

12일에는 때마침 싱가포르에 와 있었던 오츠카제약의 오쓰카 다로와 식사하면서 어떤 지원이 가능할지 의논했다. 하트이사센터로 유명한 하트인터내셔널의 사장이자 전부터 친하게 지낸 오타 요시카즈에게도 연락했다. 물자를 운반하려면 무엇보다 트럭이 필요하다고 생각해서다. 마침 오타도 자신이 할 수 있는 일이 있을지 생각하던 참이었다. 내가 지원하는 단체가 이미 현지에서 활동을 시작했고, 그 단체가 즉시 물자를 전달할 수 있도록 통행허가증 취득을 포함해 완전한 연계 체제를 갖출 수 있다고 전하자 오타는 "이런 기회를 얻을 수 있어서 기쁘네"라면서 전면적인 협력을 약속했다.

지원 물자를 조달하기 위해 나는 머릿속에 떠오르는 친구와 지인에게 모조리 전화를 걸었다. 오츠카제약의 영양보조식품, 화이텐의 보온 효과가 높은 속옷 등 시빅포스로부터 현지 필요 물품을 보고받고 필요한 물자를 모아 매일 하트이사센터 트럭 5~10대분을 현지로 보냈다. 동행한 오타는 미나미산리쿠정의 피난소에 물자를 전달했을 때 이재민들로부터 "고맙습니다", "큰 도움이 되었습니다"라는 말을 들었다고 내게 전화로 알렸다. 채리티플랫폼의 설립 목적인 '지원이 필요한 사람과 지원을 원하는 사람을 연결하는' 일의 중요성과 의의를 새삼 느낄 수 있었다.

나도 서둘러 귀국해 미나미산리쿠정으로 무료 급식을 하러 갔다. 가는 도중에 본 풍경은 지금도 잊을 수가 없다. 피난소에 도착하기 직전에 자동차가 산을 넘어서 바다를 향해 내려가기 시작하자, 갑자기 눈앞에 '무(無)의 세계'가 펼쳐졌다. 시야 전체에 잔해만 가득할 뿐, 말 그대로 모든 것이 사라진 상태였다.

그 충격에서 벗어나지 못한 채 피난소에서 햄버그스테이크를

1,000개 정도 구웠다. 인사를 받아도 이름을 밝히지는 않았기에 내가 구웠다는 건 아무도 몰랐을 것이다. 내가 구운 햄버그스테이크를 기쁜 표정을 받아주시는 것이 너무나도 기뻤다. 무료 급식이 끝난 뒤 이재민들이 피난처로 삼은 체육관으로 불려가 그곳에 있는 분들에게서 감사 인사를 들었다. 지진이 발생하고 벌써 며칠이 지났지만 따뜻한 음식을 먹은 것은 처음이었다고 한다. 마지막에는 성대한 박수까지 받았다.

말로 하니 진부한 표현이 되어버렸지만 진심으로 감동했다. 재난을 당한 모든 분을 생각하면 극히 일부 이재민만을 대상으로 한 것이었어도 그분들에게 조금이나마 도움이 되었을지 모른다는 생각이 들었다. 시빅포스가 준비한 목욕탕도 추운 시기에 피난소 생활을 하던 이재민 여러 분의 생활에 정신적으로나 위생적으로나 도움이 되고 있음을 직접 목격할 수 있어 참으로 기뻤다.

그리고 재해 지역에서 자위대가 내 생각보다 더 조직적으로 구호 활동을 훌륭히 펼쳤다는 것 또한 강하게 느꼈다. 역시 자위대라는 조직의 압도적인 힘과 잘 통솔된 움직임은 NGO나 NPO가 따라잡을 수 있는 것이 아니었다. 평소에 긴급 상황에 대비해 자위대와 NGO, NPO가 어떻게 역할을 분담할지 미리 협의해놓아야 한다. 연계가 원활해져 한 명이라도 더 많은 생명을 구하고 수많은 이재민을 신속하게 지원하는 체계가 만들어지기를 기원한다.

채리티플랫폼은 시빅포스의 자원 조달 부대로서 과거에 접점이 있었던 기업과 모든 기부자에게 지원을 호소했다. 기업에 대여하려고 만들어놓았던 모금함 5,000개를 무료로 배포하고 물품 기부도 접수했으며, 기부처에 관한 문의가 있으면 기업의 요망을 들으면서 시빅포스를 중심으로 그전까지 관계를 맺었던 단체를 소개해 기부자와 단체를 연결했다.

이때 같은 사내 프로젝트로 설립을 지원했던 저스트기빙재팬이 큰 역할을 했다. 저스트기빙재팬은 영국에서 성공을 거둔 펀드레이징 사이트 저스트기빙에서 사업 모델 라이선스를 취득해 설립한 것이다. 기부하고 싶은 사람은 자신이 무엇에 도전할지 등록하고 기부할 단체를 지정한다. 이렇게 해서 챌린지 페이지라고 부르는 자신의 페이지를 만들어 친구 등에게 소개하고 "나를 응원한다는 생각으로 기부해줘"라고 호소한다. 그러면 호소에 응한 사람은 자신이 결정한 금액을 지정된 단체에 기부한다. 이것이 저스트기빙재팬의 시스템이다.

저스트기빙재팬 사이트에 시빅포스를 기부처로 지정한 챌린지 페이지가 수십 개나 생겼다. 호리에 다카후미를 비롯해 유명한 운동선수와 모델, 의류 브랜드인 빔스 같은 유명 기업도 챌린지 페이지에 이름을 올렸다. 시빅포스 외의 단체를 지정한 챌린지 페이지도 많이 생겼다. 저스트기빙재팬은 재해가 발생한

지 약 2주 만에 5억 엔을 모으고 최종적으로는 10억 엔에 가까운 돈을 모았으며, 대부분은 시빅포스를 기부처로 지정했다.

일본 전역에서 지원을 행동으로 옮기는 사람들의 모습과 기업의 대응을 보면서 나는 '이 나라는 반드시 다시 일어설 수 있어'라고 확신했다. 첫 주말에 투자자로서 결정한 '투자 지속'도 잘못된 판단이 아니었다고 확신했으며, 그래서 원자력발전소 문제가 심각해진 뒤에도 방침을 바꾸지 않았다.

앞 장에서 이야기했듯이 나는 비영리단체에 대한 지원도 투자라고 생각한다. 리턴으로서 받는 것이 금전인가, 아니면 최종 수익자의 웃는 얼굴이나 "고맙습니다"라는 말 혹은 사회 환경 개선인가가 다를 뿐이다. 지원은 이재민의 생활 개선이나 재건, 지역 부흥이라는 뉴스, 무엇인가 도움이 되었다는 생각 등의 형태로 자신에게 돌아온다. 자신이 무엇인가를, 누군가를 지원할 수 있었다는 기쁨은 매우 소중하며 가슴속을 따뜻하게 만든다.

오해를 무릅쓰고 말하자면 그런 기분이야말로 지원이나 기부라는 이름의 투자에 대한 둘도 없는 리턴이다. 그런 기분은 반드시 그 사람을 다음 행동으로 이끌고 지원의 선순환이 이어진다. 자금을 회수한 투자자가 반드시 다음 투자를 시작하는 것과 마찬가지다. 일본의 비영리단체에서 이런 자금 순환이 안정적으로 그리고 발전적으로 정착하기를 기원한다.

일본 부동산 투자

2009년부터 이듬해에 걸쳐 일본 부동산에 많이 투자했다. 리먼브러더스 사태 직후였던 그 무렵, 부동산시장은 침체에 빠져 아무도 대형 물건을 구입하려 하지 않았다. 2장에서 이야기했듯이 일반적으로 투자자는 승률이 낮은 안건에는 투자하지 않는 경향이 있다. 그러나 나는 승률이 낮더라도 기댓값이 높으면 과감하게 투자한다. 그리고 이 시기에 일본의 부동산 투자에 관한 나의 기댓값은 1.5~2.5로 매우 높았다. 그래서 부동산회사인 제크스와 다이나시티의 분양 사업 부문 등에 투자했고, 기업 재건을 떠맡은 안건도 있었다.

1년에 수천 채 단위로 구입했는데, 리스크도 높은 상태였기에 구입과 동시에 매각하거나 팔 곳을 찾은 다음 사는 등 리스크를 최소한으로 억제하려고 노력했다. 2010년 후반부터는 시장이 상승 추세에 접어들었고, 동일본 대지진 때문에 일단 제동이 걸리기는 했어도 2012년 후반부터 다시 상승 기류에 올라탔다. 그리고 현재는 높은 수준을 유지하고 있다.

부동산 가격에는 반드시 부침이 있다. 나는 "오르기 시작하면 사고, 내리기 시작하면 팔아라"라는 아버지의 철학을 계속 따르고 있다. 현재는 리츠(부동산투자신탁)의 존재도 있어서 부동산 수익률이 상당히 평준화되었고 이에 따라 기댓값이 특출하게 높은 물건은 보기 힘들어졌다. 그래도 일본 부동산에 관해서는 어렸을 때부터 아버지와 함께 보러 다니기도 했고 기업을 재건할 때 떠맡은 직원을 판매원으로 50명 정도 데리고 있기도 해서 투자를 계속하려고 생각 중이다.

돌봄 사업

나는 2007년부터 돌봄 사업에도 손을 대고 있다. 아버지가 돌봄 시설에 신세를 지셨던 것이 계기였다. 아버지는 2000년경부터 인지증을 앓으면서 입원과 퇴원을 반복했다. 처음에는 당신이 시설에 들어가기를 원치 않기도 해서 어머니를 중심으로 가족 모두가 집에서 돌봤지만, 점점 증상이 심해지더니 순식간에 요개호 5등급*이 되었다.

2007년에는 내가 시부야구에 집을 지었고 인재 파견 기업인 굿윌그룹의 오리구치 마사히로와 개인적인 친분이 있기도 해서, 집 근처에 굿윌이 운영하는 돌봄 시설에 빈자리가 나자 들어가기로 했다. 시설 생활이 아버지에게 잘 맞을지 알 수 없으니 시험 삼아 들어가 보자는 생각이었다. 그런데 아버지께서 들어가신 직후 굿윌이 돌봄 사업에서 철수하자 제크스가 시설을

* 거의 모든 일상생활을 지원해야 하는 상태다.

이어받아 경영하게 되었다.

그리고 이번에는 제크스가 경영 부진에 빠져 입소자도 가족도 '식사나 돌봄 서비스를 제공받지 못하는 것은 아닐까? 제크스가 파산하면 이미 납부한 거액의 위탁금은 어떻게 되는 걸까?'라며 불안감에 떠는 사태가 발생했다. 나는 입소자의 가족으로서 제크스와 빈번하게 이야기를 나눴는데, 그 인연으로 제크스로부터 "고령 노인 돌봄 시설 사업을 도와주실 수 있습니까?"라는 요청을 받았다.

내부 사정을 조사해보니 개선하기에 따라서는 앞으로 운영에 문제가 없어 보이는 시설도 있었고 그렇지 못한 시설도 있었다. 그러나 미래의 경영에 불안이 없는 시설만 골라서 구입하면 또 세상으로부터 큰 비판을 받을 테니 모든 시설을 구입하기로 했다. 경영이 안정적이지 못한 시설에 있는 입소자와 그 가족의 불안감을 내 눈으로 직접 본 것도 이 투자를 결심한 이유였다.

결국 시로가네, 아시야, 마이코, 도요스, 혼고, 미조노쿠치의 시설을 구입해 그중 돌봄형 시설인 혼고와 미조노쿠치는 돌봄 사업을 하고 있는 내 친구가, 도요스는 본래의 자금 제공자가 인수하고 나는 시로가네와 아시야, 마이코, 세 곳의 시설을 운영하게 되었다.

시로가네와 아시야의 시설은 내가 구입한 시점에 각각 164실 중 29실, 600실 중 60실만 차 있었고, 입소자들은 앞으로 어떻게 될지 불안해하고 있었다. 만약 운영회사가 파산하면 입소할 때 납부한 거액의 소중한 위탁금을 돌려받지 못한다. 나는 이 위탁금을 소유권 구입비로 삼아 입소자가 자신의 거주지로 보유할 수 있는 형태로 만들자고 제안했다. 시로가네와 아시야의 입소자들이 거의 만장일치로 이 제안에 찬성해 시로가네는 도쿄 최초의 소유권형 고령자 주택이 되었다.

이때도 〈아사히신문〉에서 내가 돌봄 사업으로 큰 이익을 냈다고 비판적으로 보도해 굉장히 슬펐다. 물론 NPO에 대한 기부와는 달리 사업으로서 실시한 투자이므로 리턴을 기대한 것은 맞다. 그러나 한편으로는 아버지에 대한 나 자신의 경험에서 내가 그 시점에 시설을 사들여 운영에 관여한다면 입소자들이 불안을 떨칠 수 있으리라고 생각한 것도 투자의 큰 동기였다. 나는 고령화가 점점 진행되는 일본에서 돌봄 사업을 계속하자고 결심했다.

아버지는 결국 2009년에 세상을 떠나기 전까지 시설과 병원을 오가며 생활하셨다. 그전 해에는 나도 알아보지 못할 정도였다. 내가 체포되었던 것도 기억하지 못하셨다.

지금도 아버지를 생각하면 인지증에 걸린 뒤에도 항상 "네놈한테는 안 진다!"라고 말씀하시던 것이 제일 먼저 떠오른다. 마지막까지도 '내가 투자에 관한 모든 것을 가르쳤다'라는 자부심만큼은 잊지 않으신 것이리라. 내가 투자자로서 살아가도록 이끄신 아버지 또한 '평생 투자자'였다.

요식업

나와 가까운 사람들은 알고 있듯이 내 취미 중 하나는 요리다. 나는 낚시도 하고 버섯도 캐러 다니고 도쿄에 있는 집의 옥상에서 채소도 키우고, 그런 수확물을 직접 요리해 사람들에게 대접한다. 특히 '밑국물'은 신경 써서 만든다. 무엇을 얼마나 넣으면 어떤 맛이 나는지, 어떤 밑국물이 어떤 요리에 어울리는지 시행착오를 거치는 것이 즐겁다.

내가 아직 어렸을 때 아버지는 일 때문에 싱가포르로 자주 출장을 가셨기 때문에 1년에 절반 정도는 집을 비우셨다. 그리고 형은 내가 중학교 2학년 때 도쿄의 대학교에 진학했다. 그래서 당시는 사실상 어머니와 나 단둘이서 사는 것이나 다름이 없었는데 그때 매일 어머니에게 이것저것 배우면서 요리를 익혔다.

좋아하는 것은 직접 연구하고 실험해야 직성이 풀리는 나는 맛이 궁금한 요리를 발견하면 그 요리를 잘한다고 소문난 음식점에 가서 먹어보기도 하고, 사이가 좋은 주방장이나 요리사에게 맛있게 만드는 비결을 배워서는 시행착오를 거치며 직접 만들어보기도 한다. 그렇게 해서 나의 간판 메뉴가 되어 프로듀서인 아키모토 야스시가 "일본에서 제일 맛있다"라는 말까지 해준 것이 오뎅이다. 집에 사람들을 초대할 때나 신세 진 분에게 감사의 선물을 가져갈 때면 종종 오뎅을 만들어서 대접한다. 연구에 연구를 거듭한 보람이 있어서 누구에게든 자신 있게 대접할 만한 수준이 되었다.

그 밖에도 소 힘줄로 만든 밑국물로 끓이는 카레, 가쓰오부시와 다시마와 요거트를 내 나름의 비율로 넣고 담그는 누카즈케(쌀겨절임), 바비큐의 마지막에 내놓는 '아빠 볶음밥'이 있다. 특히 아빠 볶음밥은 가족들이 매우 좋아해서 반드시 요청이 들어온다. 바비큐 고기에 파, 부추, 양파, 마늘, 마늘종, 당근을 잘게 썰어서 섞고 밑국물과 간장을 약간 넣어 간을 맞춘다. 간장이 약간 탈 정도의 센 불에 볶아 만든 볶음밥은 내가 말하긴 조금 그렇지만 정말 최고다.

싱가포르로 이주한 뒤에는 일식의 인기와 가능성을 실감할 때가 많아서 '세계에 일식을 확산시키고 싶다'라는 마음이 강해졌다. 그런데 불고기 전문점 규카쿠를 운영하는 레인즈인터내셔널의 대표일 때부터 친분이 있었던 니시야마 도모요시가 마침 사업을 매각했다. 그래서 이야기를 나누다 "함께 세계를 목표로 일식 사업을 해봅시다"라고 의기투합했다.

실제 운영은 니시야마가, 재무는 내가 담당하는 형태로 2012년에 다이닝이노베이션이라는 기업을 창업했다. 다이닝이노베이션은 닭꼬치, 라멘, 불고기, 샤부샤부를 중심으로 일본 국내뿐 아니라 싱가포르, 인도네시아 등 아시아 각국에서 점포를 운영하고 있다. 시작한 지 2년 반 만에 점포가 100개에 도달했고 지금도 출점을 확대하고 있다.

다이닝이노베이션의 큰 실적 중 하나는 일본에서도 큰 인기를 끌고 있는 우동 전문점 쓰루돈탄의 해외 영업권을 획득한 것이다. 여러 곳에서 제안이 있었던 듯한데 니시야마와 내가 쓰루돈탄의 오너와 이야기를 나눠 영업권을 획득했다. 2016년 겨울에 해외 1호점이 뉴욕에 문을 열어 큰 화제가 되었다. 이런 인기 브랜드를 산하에 두고 해외에 일식 레스토랑 수천 개를 전개한다는 목표를 실현하고자 착실히 앞으로 나아가고 있다.

점포 전개 속도에 박차를 가하고 새로운 브랜드를 만드는 단계가 끝나갈 무렵, 내 큰딸이 임원으로 이름을 올린 것 때문에 수많은 문의와 취재 요청이 들어와 다이닝이노베이션에 폐를 끼친 적이 있다. 여기에 더해 자금에 여유가 생긴 니시야마가 단독으로 운영하고 싶다고 요청해서 최근에 이 사업을 전부 양도했다.

다음에는 이런 레스토랑을 이런 장소에 내면 어떨까 논의한 결과를 실제로 구현하기도 했고, 오픈한 레스토랑에서 행복한 표정으로 식사하는 사람들을 볼 수 있어 참으로 즐거웠다. 내가 좋아하는 음식이라는 분야의 스타트업에 관여했던 것을 지금도 기쁘게 생각한다.

아시아 부동산 사업

싱가포르로 거점을 옮기자 동남아시아가 친근한 존재가 되었고 동남아시아의 급성장을 피부로 느낄 수 있었다. 그래서 나는 2013년경부터 아시아 각지에서 부동산에 투자했다. 현재는 말레이시아, 방글라데시, 캄보디아, 미얀마, 베트남, 인도네시아에서 부동산 개발사로서 사업을 전개하고 있다.

부동산을 좋아하는 나는 종종 매입 후보지나 건설 현장을 찾아가 사회 환경이나 물건 주변의 상황이 어떻게 변화하고 있는지 등을 시찰한다. 지금까지 판매한 주택은 수천 채, 토지 구입을 마치고 착공을 앞둔 주택과 건설 중인 주택을 포함하면 1만 채에 가깝다. 토지 면적으로 치면 30만 제곱미터, 여기에 용적률을 곱하면 전부 합쳐서 바닥 면적으로 100만 제곱미터 정도의 물건에 투자해왔다.

아시아의 부동산 시황을 살펴보면 2012년부터 3년 동안 상승추세였다가 2015년부터 이듬해까지 정체 상태였다. 처음에는 일본에서 부동산에 투자했던 경험에 입각해 고급 노선에 특화했다. 고급 물건을 구입하는 사람은 대부분이 외국인이고 투자 목적으로 구입하는 사례가 대부분이다. 이런 투자는 경기에 크게 영향을 받기 때문에 일단 먹구름이 드리우면 순식간에 판매가 멈춘다. 그러나 동남아시아 각국의 GDP는 대체로 순조롭게 증가하고 있으며 중소득층의 구매력은 세계 경기에 영향을 잘 받지 않는다. 그런 상황을 고려해 최근에는 현지에 사는 중소득층을 타깃으로 삼은 물건을 개발하는 쪽으로 방향을 전환했다.

가령 대성공을 거두고 있는 베트남은 10년 전에 1,000달러도 안 되었던 1인당 명목 GDP가 매년 10% 이상 성장해 최근에는 2천 수백 달러 수준이 되었다. 향후의 부동산 투자는 베트남, 인도네시아, 필리핀 등 인구가 많은 나라가 좋겠다고 느끼고 있다.

아무것도 없었던 곳에 건물이 들어서고, 도로가 깔리고, 많은 사람이 모여 공동체가 형성되는 과정은 보고만 있어도 매우 즐겁다. 문화와 상거래 관행이 달라서 놀라거나 생각처럼 일이 진행되지 않을 때도 많지만, 투자 시작부터 엑시트까지 길면 10년 정도 시간이 필요한 부동산 개발 사업을 하면서 그 나라와 사람들의 생활이 바뀌어가는 모습도 볼 수 있다. 성장 에너지를 느끼면서 일할 수 있는 것도 부동산 투자의 큰 매력이다.

실패한 투자 사례
: 중국 마이크로파이낸스, 그리스 국채

투자가 항상 기대대로 진행되는 것은 아니다. 나도 큰 손해를 본 때가 있다. 최근 10년 사이에 크게 실패한 투자 사례와 그 교훈을 소개하고 싶다. 하나는 중국의 마이크로파이낸스(소액금융) 사업 투자, 다른 하나는 그리스 국채 투자다.

중국의 마이크로파이낸스 사업 투자는 골드만삭스US 출신 파트너 투자자가 선두에 서서 시작했다. 복수의 투자자로부터 자금을 모아 중국에서 중소기업에 대출하는 은행을 만들고, 어느 정도 성장한 시점에 주식을 신규 공개하며, 투자자는 그 타이밍에 자금을 회수한다는 계획이었다.

자금이 모여 중국에서 은행을 세운 것이 2007년 전후였고 내가 2013년에 참가할 때까지는 예상대로 이익을 내고 있었다. 대출 채권의 표면 수익률은 25%, 영업 비용과 금융 손실을 제해도 ROE가 10%로 상당히 높았다.

그 무렵은 중국이 리먼브러더스 사태 이후인 2009년에 4조 위안(약 70조 엔)이나 되는 긴급 재정지출을 실시한 성과로 시황이 호조를 보이며 세계 경제에서 독주하는 듯 보인 시기였다. 2013년에 내가 계산한 기댓값은 1.0을 크게 웃돌았다.

당시 나는 자산 대부분을 달러와 엔과 소액의 유로로 운용하고 있었는데, 장기적으로 분명히 세계 최대의 경제 대국이 될 나라의 통화를 채권이라는 높은 이율이 유지되는 자산으로 운용할 수 있고 상장이라는 큰 이익을 올릴 기회도 있으니 합리적인 투자라고 생각했다.

그러나 2015년 이후 중국 경제가 급격하게 감속하면서 부실

채권의 비율이 단번에 높아졌다. 게다가 현지 운영자가 이 부실 채권 비율 증가를 은폐하는 엄청난 배신을 하는 바람에 대책을 마련할 타이밍을 놓쳤고, 최종적으로 수많은 채권의 회수가 불가능해졌다.

중국 경제의 급격한 감속이라는 예상 밖의 요소도 실패 요인이지만, 결과적으로 가장 큰 실패 요인은 투자 대상에 대한 컨트롤이 부족했다는 점이다. 내가 직접 실시한 투자 안건이었다면 매달 현금흐름을 계산하고 손익계산서를 머릿속에 집어넣으며 향후 전략을 짰을 것이다.

상장기업이라면 기본적으로는 감사 법인이 경영진과 재무 지표를 상시 감시한다. 그러나 이 중국 투자 건은 현지와의 커뮤니케이션이 원활하지 않다는 상거래 관행의 벽도 있었지만 무엇보다 투자 대상 기업에 대한 컨트롤이 압도적으로 부족했음을 부정할 수 없다. 게다가 현지에서는 매달 현금흐름을 확인하고 회의에서 연체 채무자 목록을 개별적으로 확인하는 등 대부업자의 기본 업무조차도 충분히 실행하지 않았다.

나 자신이 기업을 컨트롤할 수 있는 안건 혹은 그 시스템 구축을 컨트롤할 수 있는 안건일 때 투자 기댓값이 확실히 높아진다는 사실을 이 실패로부터 배웠다. '투자자에게 투자한다' 같은 간접적 투자는 앞으로 절대 하지 말아야 한다는 교훈도 얻었다. 다만 나는 이 투자로 입은 손실 자체는 그다지 아쉽게 생각하지 않는다. 첫 번째는 경영자가 매우 성실하고 자신도 투자했다는 점 때문이고, 두 번째는 중국의 거시경제를 정확히 예측하는 것이 내 능력을 넘어서는 일이라는 점 때문이다.

그리스 국채 투자는 "무라카미 씨, 유럽연합(EU)에 가입한 나라가 정말로 소멸할 거라고 생각하십니까?"라는 투자은행 경영자의 한마디에 크게 공감해 시작되었다. 그래서 2011년 9월 당시 가격이 액면가의 50% 이하로 내려갔던 2012년 3월 상환 그리스 국채에 투자를 검토했다. 액면가 그대로 상환된다면 IRR로 300%가 넘는 수익이 돌아오는 것이었다.

당시 상황을 간단하게 설명하면 독일을 중심으로 한 EU와 국제통화기금(IMF)이 재정 긴축 정책을 조건으로 780억 유로의 대출을 실시한다는 교섭을 진행하고 있었다. 그리스 측의 재정 긴축액이 미달된 까닭에 교섭이 일단 결렬되었다가 그 후 의회에서 승인되어 교섭이 재개되었다. 그리스는 EU의 추가 대출을 받기 위해 교섭을 진행하는 듯이 보였다.

그리스가 언젠가 파산할 가능성이 높다고는 하지만 긴축 정책이 의회에서 승인되기도 했으니 독일이 6개월 사이에 EU 회원국의 재정을 경착륙시킬 일은 없으리라는 것이 나의 견해였다. 다만 시간 제약도 있기 때문에 추가 대출을 받아서 국채가 전액 상환될 가능성과, 추가 대출을 받지 않고 파산해 국채가 전액 상환되지 않을 가능성은 반반이었다.

또 설령 파산에 이르더라도 과거 러시아, 아르헨티나, 에콰도르, 아이슬란드 사례를 보면 채권자는 국외 자산을 차압할 수 있으므로 차압한 자산으로 30% 정도는 회수가 가능하리라고 생각했다. 그때의 기댓값은 전액 상환될 경우를 100으로 놓고 30% 정도만 회수될 경우를 30으로 놓은 다음 각각의 확률을 곱하면 100×70%+30×30%=79다. 그래서 기댓값이 1.0을 크게 상회한다고 판단했다.*

결과를 말하면 독일은 그리스에 대해 강경 자세에서 한발 물러났고, 2012년 3월 14일에 EU의 추가 대출이 승인되었다. 그러나 2012년 3월 상환분 국채는 전액 상환되지 않았다. 대략 투자 100 가운데 50 이상이 감면, 30 정도가 그리스의 30년물 국채, 20 정도가 액면 그대로의 가치가 있는 EFSF채권(유럽재정안정기금 발행 채권)으로, 그 시점에 현금화가 가능한 것은 20의 EFSF채권뿐이라는 결말을 맞았다.

이 투자도 여러 사례를 바탕으로 직접 기댓값을 산출하고 그 기댓값에 입각해 자신 있게 투자한 결과였기에, 손실을 보기는 했어도 딱히 후회하지는 않는다. 중국 건은 '내가 할 수 있는 일이 조금은 더 있지 않았을까?'라는 마음도 있었지만, 그리스 건

* 당시 그리스 국채의 가격이 액면가의 50% 이하였다고 나오니, 50을 투자했다고 가정하고 79를 얻으면 기댓값은 1.58이 된다.

은 하늘의 뜻이었다고 생각할 수 있다. 앞으로 투자할 때 활용할 포인트로서 추가할 점이 있다면, 이런 투자는 지정학에 입각한 시장에 추종하는 안건이므로 정부에 가까운 기관과 투자자 사이에 정보 비대칭성이 있음을 염두에 두고 신중하게 조사해야 한다는 것이다.

이렇게 내 나름대로 냉정하게, 최대한의 지식과 경험을 동원해 기댓값을 계산해도 모든 것이 그대로 진행된다는 보장은 없기 때문에 크게 실패할 때도 있다. 그러나 투자에는 실패가 따르기 마련이며 아쉽기는 했지만 좋은 교훈이 되었다.

핀테크 투자

마지막으로 벤처 투자에 관해 이야기하려 한다.

나는 2012년 후반부터 첨단 기술 분야를 중심으로 벤처기업에 투자했다. 다시 한번 말하지만 아쉽게도 내게는 IT라는 분야를 투자자의 눈으로 바라볼 능력이 없다. 이것은 타고난 능력의 차이라고 생각하고 이미 포기했다. 이제 와서 이 분야를 공부하기 시작한들 첨단 기술이 가져올 미래를 머릿속에 그릴 수 있게 되리라는 생각은 들지 않는다. 그래서 나 혼자 이 분야의 투자에 관한 '기댓값'을 생각하는 것은 포기하고 '안목이 높은 친구'에게 가르침을 청하기로 했다.

6장에서 잠시 언급했듯이 호리에 다카후미와 함께 벤처기업에 투자하고 있다. 다양한 콘텐츠를 선택해 발신하는 '안테나'를 운영하는 큐레이션미디어, 심플쇼라는 영상 제작 기업, 가상현실 기업에도 투자했다. 이 가운데 안테나 투자는 일정 수준으로 리턴을 얻고 이미 종료했고, 가상현실 사업 투자 건은 슬슬 엑시트가 보인다. 이처럼 엑시트에 이른 안건도 있지만 첨단 기술 기업에 대한 투자는 놀랄 만큼 적자가 계속되는 경우가 많아 좀처럼 예정대로 진행되지 않는다.

핀테크(FinTech)는 파이낸스(finance)와 테크놀로지(technology)를 합성한 조어로, 쉽게 말하면 파이낸스 테크놀로지를 줄인 말이다. 금융의 형태를 크게 바꿀 혁신적인 기술로 이야기된다. 이 분야에서 가장 큰 투자 안건은 미국의 트레이드시프트라는 기업에 대한 투자다.

트레이드시프트는 온라인 청구서 발행과 여기에 부수되는 사내 업무, 자금 조달까지 인터넷에서 처리할 수 있게 해주는 샌프란시스코의 벤처기업으로, 본래는 2017년 말에 수지가 맞춰져 흑자 전환할 예정이었다. 2013년에 투자를 시작했을 무렵에는 매출액 3억 엔에 경비가 30억 엔에 이르렀는데, 이후 매출액이 3배가 되었지만 경비도 배로 증가해서 현재는 매출액 10억 엔에 경비 60억 엔인 상태다.

특히 샌프란시스코라는 거점의 특수성 때문에 우수한 인재 확보와 임차료에 막대한 비용이 들어가고 시스템 개발에 지속적으로 큰 비용이 들어 흑자 전환 시기가 미뤄지고 있다. 현재 계획으로는 2018년에 경비를 웃도는 매출을 올릴 수 있다고 경영자는 말하지만 그 말처럼 될지는 솔직히 모르겠다.

그러나 수년 후의 세상을 완전히 바꿔놓을 기술을 만들어낼지도 모르는 기업을 투자자로서 뒷받침할 수 있다는 것은 매우 고맙고 즐거운 일이다. 투자금을 회수하지 못하고 끝날 수도 있지만, 낮게 웅크릴수록 높게 점프할 수 있듯이 IT 벤처기업에 대한 나의 투자도 우수한 경영자의 노력으로 언젠가 높이 날아오르기를 기도하고 있다.

후기

마지막으로 2006년 사건 이후 최대한 노출을 피해온 내가 이 책을 쓰기로 결심한 경위를 이야기하고 싶다.

9장에서 언급했듯이 나는 2006년에 내부자 거래 혐의로 체포되어 2011년까지 재판을 받았다. 어렸을 때부터 아버지에게 투자자로서의 교육을 받았고, 중간에 16년 동안 통산성에서 관료로 일하면서도 기업 거버넌스를 연구하며 일본 주식시장을 지켜봐 온 내게 '투자'는 인생 자체이며 평생 직업이었다.

그러나 사건 이후로 한때는 앞으로 무엇을 해야 할지 알 수 없는 막막함 속에서 하루하루를 보냈다. 사건 전후로 수많은 언론이 나를 따라다녔고 인터뷰 등의 요청도 쇄도했지만 내 생각이나 주장을 이야기한들 더 크게 비판받을 뿐이라고 생각해 줄곧 언론 노출을 피해왔다.

2015년 11월 하순 내 사무실에 강제 수사가 들어오면서 상황이 달라졌다. 당시 큰딸은 내 회사에 입사해 기업 거버넌스 개선을 목표로 함께 일하고 있었다. 고대하던 딸을 잉태해서 가족 모두가 아이의 탄생을 즐거운 마음으로 기다리고 있었다.

그런 상황에서 아무 전조도 없이 갑자기 수사가 시작되었고 임신 7개월 차였던 큰딸까지 수사에 휘말리고 말았다. 큰딸은 수사 대상이 된 시기인 2014년 여름에는 주식 거래와 매매 판단에 전혀 관여하지 않았고 첫째를 낳아 출산 휴가 중이었기 때문에 업무 전반에서 떨어져 있었다. 그럼에도 수사 대상이 되었을 뿐만 아니라 체포될 수도 있다는 억측까지 흘러나왔다.

임신 중이라 몸 상태가 불안정한 가운데 거듭된 수사로 스트레스까지 받은 결과 큰딸은 갑자기 건강이 나빠졌고 결국 유산하고 말았다. 그때 병실에서 오열하는 딸을 보고 나는 말로는 도저히 표현할 수 없는, 가슴이 찢어지는 슬픔과 함께 나 때문에 이런 일이 일어났는지도 모른다는 미안함을 느꼈다. 그리고 나 자신이 전면에 나서서 내 이념과 신념을 명확히 전해야겠다는 생각이 들었다.

그 후 큰딸은 다행히도 무사히 다음 생명을 잉태할 수 있었다. 그러나 그때 목숨을 잃은 아이가 돌아오는 것도, 큰딸뿐만 아니라 가족의 마음속에 생긴 상처가 완전히 사라지는 것도 아니었다. 그리고 딸과 아내도 내가 무엇을 지향해왔는지 세상에 알리라고 권했다. 솔직히 말하면 그럼에도 크게 망설였다. 그러나 딸의 배가 다시 불러오는 걸 보면서 내 나름의 책임을 느끼고 이 책을 쓰기로 결정했다.

이 책을 쓰게 된 또 다른 계기는 2015년 강제 수사 이후 나온 기사들과 NHK의 방송이다. 〈도요게이자이신보〉는 2016년 1월 16일 '독점 추적: 무라카미 강제 수사'라는 기사를 20페이지에 걸쳐 실었고, 같은 해 4월 9일에는 '철저 추적: 무라카미 강제 조사'라는 기사를 실었다. 또 〈분게이슌주〉는 2016년 3월호에 이전부터 알고 지내던 이케가미 아키라와 내가 대담을 나누는 형식의 기사를 실었다.

그리고 2015년 강제 수사 당시 제일 처음 보도했던 NHK는 싱가포르까지 취재를 와서 기업 내부 유보금의 바람직한 모습에 관한 내 생각을 2016년 7월 27일 방송된 '클로즈업 현대'에서 소개했다. 2006년 사건으로부터 시간이 흘러 지금에 이르는 동안 주식시장에서도 기업 거버넌스 코드가 제정되는 등 내가 지향했던 방향으로 나아가고 있어서인지, 그 기사와 방송 모두 기존의 부정적 태도와는 달리 내 주장을 이성적으로 받아들인 느낌이었다.

주주행동주의 투자자가 늘고, 의결권 행사 방침을 게시하는 것도 의무화되었으며, 정부가 기업 거버넌스 코드와 스튜어드십 코드, 〈이토 보고서〉와 같이 상장기업과 기관투자가에 대한 지침을 제시함에 따라 투자자와 상장기업의 바람직한 모습이 상당히 명확해졌다. 이것은 틀림없이 내가 지향해온 것이다.

희망적인 관측일지는 몰라도 이런 흐름이라면 내가 마음속에 지녀온 신념도 책이라는 형태로 세상에 공개함으로써 더 많은 사람의 이해를 얻을 수 있지 않을까 생각했다. 그리고 동시에 이 책을 내는 것은 지금까지 강렬한 비난으로 몸과 마음 모두 큰 시련에 직면했던 가족에게 내 나름대로 책임을 지는 방법이라고도 생각했다.

이렇게 해서 나는 이 책을 출판하기에 이르렀다. 이 책을 끝까지 읽은 뒤에도 내가 지향해온 바, 이를 위해 사용한 기법에 동의하지 않을 수도 있다. 나에 대한 나쁜 이미지가 사라지지 않았을지도 모르겠다.

이 책이 출판될 무렵은 일본에서 주주총회가 열리는 시기일 터인데, 올해(2017년) 주주총회에서는 기관투자가가 의결권을 행사한 결과가 의안별로 공표될 것으로 기대된다. 나는 정부의 이런 가이드라인이 형식에 그치지 않고 투자자와 상장기업의 관계를 더욱 건전하게, 그리고 더욱 윈-윈하는 관계로 바꿔가기를 기원한다. 그리고 앞으로는 이를 위해 내가 할 수 있는 일을 하려 한다.

현재 나는 절반쯤 은퇴한 상태여서 직접 뭘 어떻게 하고 싶다는 생각은 없다. 큰딸은 슬픈 사건을 딛고 일어나 아이를 키우면서도 내 뜻을 계승해 일본 주식에 투자하면서 일본 주식시장에서 기업 거버넌스를 개선시키고자 노력하고 있다. 큰아들은 핀테크를 중심으로 IT 관련 기업의 벤처 투자자로서 세계를 무대로 종횡무진 활동하고 있다. 둘째 딸은 아직 대학생이고 둘째 아들은 아직 초등학생이지만, 나는 아이들에게 내 뒤를 이어달라고 부탁하지 않는다. 각자 하고 싶은 일을 찾아 자신의 뜻대로 살아가기를 바랄 뿐이다.

그래도 큰딸과 큰아들은 아주 자연스러운 형태로 내 뜻을 이어받았다. 나의 자녀로 성장하는 과정에서 세상의 비난을 받고 내가 체포되는 등 괴로운 경험을 한 날도 많았을 것이다. 그래도 나를 믿고 내 등을 바라보며 뒤를 따라와 너무나도 기쁠 따름이다.

이렇게 나를 믿어준 가족이 있었기에 나도 지금까지 신념을 꺾지 않을 수 있었다고 진심으로 생각하며 고마움을 느낀다. 완전히 백발이 되었고 사람들 앞에 나서고 싶은 생각도 없기에 앞으로는 자녀들을 지원하는 가운데 내가 해온 일들을 돌아보면서 가족과 함께 여유롭게 살고 싶다.

정말 마지막으로 지금 내가 계획하고 있는 것을 이야기하고 책을 마무리하고자 한다. 나는 이 책을 출판하고 얻는 수익을 일본에서 투자 교육을 위해 사용할 생각이다. 〈분게이슌주〉에서 나를 지원해주신 팀과도 의논한 끝에 이런 결론에 도달했다.

책에서 거듭 이야기했듯이 나는 앞으로 일본에서 무엇보다 중요한 것은 자금 순환이라고 믿는다. 자금 순환은 투자를 중심으로 일어난다. 투자를 하고 수익을 얻어서 그 투자를 회수한 뒤 다음 투자를 한다. 이것은 결코 나쁜 행동이 아니다. 물론 수익을 얻을 때도 있고 얻지 못할 때도 있다. 그렇게 해서 일본 각지에 잠들어 있는 자금을 순환시키는 것의 중요성을, 특히 앞으로 일본을 지탱할 젊은이들에게 알리고 싶다. 마침 무라카미재단을 설립하기도 해서 필생의 사업 중 하나로서 투자 교육과 계몽 활동에 새롭게 도전하려 한다.

나는 지금까지 수많은 비판을 받아왔다. 돌아보면 나 자신의 신념에 믿음과 자신감이 지나친 나머지 성급하게 일을 진행한 것도 원인 중 하나였음을 부정할 수 없다. 그러나 그 방법론이나 나의 언동에 찬반양론이 있을지언정 내가 지향해온 것은 언제나 '시장 거버넌스의 개선과 철저한 준수'였으며 이를 통한 일본 경제의 지속적인 발전이었다. 이 책을 읽은 여러분이 이 점을 조금이라도 이해해준다면 행복할 것이다.

2017년 5월

무라카미 요시아키

평생 투자자

초판 1쇄 | 2025년 5월 10일
2쇄 | 2025년 6월 10일

지은이 | 무라카미 요시아키
옮긴이 | 김정환
감수·해제 | 심혜섭

펴낸곳 | 에프엔미디어
펴낸이 | 김기호
편집 | 양은희
기획관리 | 문성조
디자인 | 채홍디자인

신고 | 2016년 1월 26일 제2018-000082호
주소 | 서울시 용산구 한강대로 295, 503호
전화 | 02-322-9792
팩스 | 0303-3445-3030
이메일 | fnmedia@fnmedia.co.kr
홈페이지 | http://www.fnmedia.co.kr
ISBN | 979-11-94322-07-8 (03320)
값 | 22,000원